gli SPILLI fissano le idee

W0305955

Gli spilli fissano le idee. Con questo slogan Alpha Test mette a disposizione una collana di libri tascabili, utili per lo studio e il ripasso delle principali materie di studio della scuola superiore e dei primi anni di università. Con oltre 100 titoli pubblicati, la collana offre strumenti di preparazione sintetici dedicati sia alle discipline scientifiche (Matematica, Fisica, Biologia, Chimica, Geometria, Scienze della Terra ecc.) sia a quelle umanistiche (Filosofia, Francese, Inglese, Latino, Letteratura Italiana, Storia, Storia dell'Arte, Tedesco ecc). Accanto alle tradizionali **sintesi**, sono disponibili anche i **glossari** (Biologia, Chimica, Anatomia, Diritto, Economia e finanza ecc.), le **monografie** (Storia della civiltà romana, Storia della I guerra mondiale, Storia degli Stati Uniti d'America, I diritti umani, Alimentazione, Evoluzione ed evoluzionismo, Lo sviluppo sostenibile, ecc.) e una serie di **eserciziari** (Esercizi di chimica 1 e 2, Esercizi di Matematica 1, 2 e 3, ecc.).
Realizzata con la collaborazione di insegnanti e docenti universitari, la collana è frutto dell'esperienza più che decennale maturata nei settori dell'orientamento e della formazione da Alpha Test, da sempre attenta alle esigenze degli studenti e ai cambiamenti che interessano da vicino il mondo della scuola, dell'università e della formazione in genere.

GLI SPILLI

Oltre 100 volumi tascabili per il ripasso delle materie di studio delle scuole superiori e dei primi anni di università, adatti anche a soddisfare la curiosità del semplice appassionato.

SAPERNE DI PIù

Dalla storia alle arti, dalle scienze all'attualità, dalla filosofia ai grandi nomi di tutti i tempi: saggi monografici per la lettura e l'approfondimento, dedicati a fatti, idee e personaggi, per conoscere e per capire.

ORIENTAMENTO

Guide aggiornate per la scelta degli studi post-diploma e per l'inserimento nel mondo del lavoro.

ORIENTAMENTO strumenti

Guide per l'aggiornamento e l'attività didattica di insegnanti, orientatori e psicologi sui temi dell'orientamento e dei test a risposta multipla come nuova metodologia di valutazione.

MATURITà

Volumi di informazione e di preparazione all'Esame di Stato, relativi o alle singole prove d'esame o alle diverse tipologie di scuola.

TESTUNIVERSITARI

Manuali ed eserciziari specifici per la preparazione ai test di ammissione di tutte le facoltà universitarie.

ESERCIZIARI PER L'UNIVERSITà

Volumi per prepararsi agli esami universitari di matematica, fisica, chimica e algebra lineare di tutte le facoltà scientifiche, dei Politecnici e degli altri corsi che prevedono esami di queste discipline.

DOPO LA LAUREA

Guide aggiornate con informazioni a tutto campo, utili per inserirsi con soddisfazione nel mondo del lavoro. Ogni volume è dedicato specificamente agli sbocchi occupazionali delle diverse aree di studio.

TESTMILITARI

Manuali ed eserciziari dedicati a chi deve sostenere prove selettive nell'ambito militare.

TESTPROFESSIONALI

Oltre 40 manuali ed eserciziari per prepararsi alle prove di selezione previste per l'accesso e l'abilitazione a specifiche professioni (promotore finanziario, notaio, infermiere, architetto, commercialista ecc.).

LAVORO E CARRIERE

Guide pratiche e informative di supporto allo svolgimento delle diverse professioni.

CONCORSI ED ESAMI

Volumi monodisciplinari con teoria ed esercizi per prepararsi alle prove scritte e orali dei concorsi pubblici e degli esami universitari.

PASSEPARTOUT

Volumi monodisciplinari utili per la preparazione ai test di concorsi pubblici, selezioni aziendali, concorsi dell'Unione Europea, concorsi militari, ammissione all'università e ai master.

METEO

Collana curata dal colonnello Mario Giuliacci realizzata in collaborazione con professionisti del settore e composta da volumi di meteorologia, che coniugano l'approccio divulgativo con il rigore scientifico.

LEGGI LEGGERE

Volumi specificamente destinati ad insegnare come tutelare i propri diritti di: consumatori, lavoratori e cittadini.

I NUOVI CODICI

Codici innovativi per il contenuto e per il formato. Rappresentano un utile strumento per i professionisti del diritto, studenti e candidati a concorsi pubblici. Sempre aggiornati, si caratterizzano anche per la raccolta di indirizzi internet relativi a leggi e sentenze presenti sul web.

FAMILY DOCTOR

Collana che informa in modo semplice e preciso tutti coloro che hanno interesse a comprendere meglio i problemi legati alla salute.

I verbi portoghesi

Edizioni

Alpha Test

Via Mercalli 14, 20122 Milano (Italy)
Tel. 02 5845981 – fax 02 58459896
www.alphatest.it
servizi@alphatest.it

ISBN 13 cifre: 978-88-483-0777-2
ISBN 10 cifre: 88-483-0777-9

Prima edizione: novembre 2006
Ristampa:
4 3 2 1 0 2006 2007 2008 2009

Progetto grafico, composizione e impaginazione: Alpha Test S.r.l., Milano
Copertina di Andrea Morando e Katia Lerario

Stampato da Arti Grafiche Franco Battaia S.r.l., Zibido San Giacomo (MI)
per conto di Alpha Test S.r.l.
nel novembre 2006

INDICE

INTRODUZIONE

Questo volume è un valido strumento di studio o di ripasso per gli studenti delle scuole medie superiori o per chiunque intenda rivedere o scoprire i verbi portoghesi. Scritto direttamente in portoghese, illustra dettagliatamente tutta la casistica relativa alla formazione e alla coniugazione dei verbi in modo semplice, schematico, con tabelle riassuntive e molti esempi.

Il libro è strutturato in tre parti: la prima è relativa alla grammatica del verbo, dunque ne illustra le flessioni, la struttura, la formazione dei modi e dei tempi, le regole di coniugazione, i tempi primitivi, i tempi composti, la voce riflessiva, la classificazione dei verbi, la reggenza e la concordanza; la seconda parte riporta le tabelle di coniugazione di riferimento per i verbi regolari e quelle dei verbi che presentano variazioni ortografiche a seconda dei tempi e dei modi nei quali sono coniugati; la terza parte consiste in un lungo elenco dei principali verbi portoghesi, dei quali sono riportati la traduzione in italiano, la classificazione, la forma e il verbo che vale da modello per la coniugazione.

Per completare e approfondire la preparazione alla materia oggetto di questo libro, Alpha Test ha pubblicato, nella stessa collana, i volumi *Portoghese* (manuale di grammatica e sintassi) e *Portoghese in pratica.*

L'autrice del volume, **Marisete Manica**, desidera ringraziare il **Prof. Francisco Bernardi**, docente di Lingua Portoghese in Brasile, per la gentile collaborazione e revisione del volume.

Al fine di poter offrire libri sempre più aggiornati e completi, il parere dei lettori è per Alpha Test estremamente prezioso. Le chiediamo quindi di dedicare pochi minuti alla compilazione di un'apposita scheda di valutazione di questo libro, disponibile sul sito www.alphatest.it: potrà così beneficiare di un buono sconto per l'acquisto di libri direttamente dal sito. I Suoi suggerimenti costituiranno per noi un valido aiuto e per questo La ringraziamo anticipatamente per la Sua concreta collaborazione.

Saranno molto gradite e apprezzate le osservazioni dei lettori, che potranno essere inviate al seguente indirizzo:

Alpha Test S.r.l.
via Mercalli, 14 – 20122 Milano
tel. 025845981 – fax 0258459896
servizi@alphatest.it

Allo stesso indirizzo si può richiedere gratuitamente il catalogo completo dei libri Alpha Test.

Allo stesso indirizzo si può richiedere gratuitamente il catalogo completo dei libri Alpha Test.

Le informazioni aggiornate sui libri editi da Alpha Test sono disponibili anche su Internet all'indirizzo **www.alphatest.it.**

Simboli utilizzati nel testo

! Concetti da ricordare

☞ Esempi

INTRODUÇÃO

Quando aprendemos uma nova língua, uma das maiores dificuldades encontradas é a aprendizagem dos verbos. Na língua portuguesa, assim como em outras línguas de origem latina, os verbos apresentam um grau de complexidade bastante significativo. Complexos ou não, eles são parte fundamental de qualquer gramática pois representam uma das partes fundamentais da vida: as ações.

O objetivo deste volume é apresentar os verbos da língua portuguesa de maneira clara, proporcionando assim a aprendizagem dos mesmos em todos os seus aspectos. O livro divide-se em duas partes principais: a primeira estuda a gramática verbal, isto é, definição, estrutura, flexões, classificação, conjugação, regência e concordância verbal, e a segunda parte apresenta a conjugação detalhada de inúmeros verbos em todos os tempos e modos, possibilitando assim uma consulta rápida e precisa.

Parte prima

GRAMÁTICA VERBAL

1 DEFINIÇÃO DE VERBO

Verbo é a parte do discurso que indica ação, estado ou fenômeno da natureza.

2 FLEXÕES DO VERBO

Os verbos são palavras variáveis em pessoa, número, tempo, voz e modo.

2.1 Pessoas

As pessoas verbais são:

PESSOAS DO VERBO			
Singular		**Plural**	
1ª pessoa	**Eu** escrevo	1ª pessoa	**Nós** escrevemos
2ª pessoa	**Tu** escreves	2ª pessoa	**Vós** escreveis
3ª pessoa	**Ele** escreve	3ª pessoa	**Eles** escrevem

As três pessoas do discurso representam:

- 1ª pessoa – quem fala;
- 2ª pessoa – com quem se fala;
- 3ª pessoa – de quem (pessoa ou coisa) se fala.

É muito utilizado, especialmente no Brasil, o pronome de tratamento ***você*** (com o verbo conjugado na terceira pessoa singular) em substituição à segunda pessoa singular ***tu***.

Você escreve muito bem

A segunda pessoa plural ***vós*** é raramente utilizada, sendo substituída, seja no Brasil que em Portugal, pelo pronome de tratamento ***vocês*** (com o verbo conjugado na terceira pessoa plural).

Vocês saíram ontem à noite?

Observe a tabela com alguns pronomes de tratamento e seu respectivo uso. Os pronomes de tratamento levam o verbo à terceira pessoa.

Pronome de Tratamento	Uso
Você (V.)	Tratamento familiar, informal
Vossa Alteza (V.A.)	Príncipes, princesas, duques, duquesas
Vossa Excelência (V.Ex.ª)	Altas autoridades
Vossa Santidade	Papa
Vossa Majestade (V.M.)	Reis e rainhas, imperadores
Vossa Senhoria (V.S.ª)	Pessoas de cerimônia, funcionários graduados, correspondências comerciais
Meritíssimo	Juízes de Direito
Senhor, Senhora	Tratamento cerimonioso
Vossa Eminência (V.Em.ª)	Cardeais
Vossa Magnificência	Reitores de Universidade

2.2 Número

O verbo admite dois números: singular e plural.

☞ Meu amigo joga futebol. Meus amigos jogam futebol

2.3 Tempo

O tempo verbal é a localização do fato ou da ação verbal em um determinado momento. Divide-se em:

- **Presente**: indica uma ação que se desenvolve no momento em que falamos, uma verdade científica, uma ação habitual ou uma ação futura que temos certeza de que acontecerá.

  ☞ O bebê chora
  Lucas trabalha naquela fábrica

- **Pretérito**: indica uma ação anterior ao momento em que falamos, passada. Divide-se em:

  pretérito perfeito;

  ☞ Lucas trabalhou naquela fábrica

pretérito imperfeito;

Lucas trabalhava naquela fábrica

pretérito mais-que-perfeito.

Lucas trabalhara naquela fábrica

- **Futuro**: indica fatos ou ações ainda não realizados. Divide-se em:
- *futuro do presente*;

Lucas trabalhará naquela fábrica

- *futuro do pretérito*.

Lucas trabalharia naquela fábrica

! Os tempos verbais podem ser simples (um só verbo) ou compostos (mais do que um verbo).

2.4 Modo

O modo verbal indica a atitude de quem fala em relação àquilo que é dito. Os modos verbais são três:

- **Indicativo**: indica uma ação real, certa.

Sairemos às oito amanhã
Luísa comeu todos os biscoitos do pacote

- **Subjuntivo (conjuntivo)**: exprime uma possibilidade, dúvida ou hipótese.

Se tivesse um emprego seguro, poderia comprar o carro que tanto quer

- **Imperativo**: exprime comando, ordem, pedido, convite, conselho, súplica.

Não diga nada!
Fechem a porta, por favor

2.5 Voz

A voz verbal indica a relação entre o verbo e o sujeito da ação, isto é, indica se o sujeito pratica ou recebe a ação. As vozes verbais podem ser:

- **ativa**: quando o sujeito pratica a ação;

Um grupo de manifestantes fechou a entrada da empresa

- **passiva**: quando o sujeito recebe a ação. É passiva analítica, quando, para exprimir a ação, usa-se um verbo auxiliar mais o particípio de um outro verbo;

  A entrada da empresa foi fechada por um grupo de manifestantes

  é passiva sintética ou pronominal, quando se usa o pronome apassivador *se*;

  Vendem-se laranjas = Laranjas são vendidas

- **reflexiva**: quando o sujeito pratica e recebe a ação ao mesmo tempo.

  O menino machucou-se
  O sol escondeu-se atrás das nuvens

2.6 Formas nominais

As formas nominais são assim chamadas pois, além de sua função verbal, podem desenvolver função de substantivo, adjetivo ou advérbio. As formas nominais são três:

- **Particípio**: deriva do tema (radical + vogal temática) mais a desinência *-do*. Indica ação terminada e possui função semelhante à do adjetivo. Pode ser flexionado em gênero e número.

  (1) Terminado o trabalho, os operários saíram da fábrica
  Terminadas as tarefas, todos saíram da sala de aula

- **Infinitivo**: deriva do tema (radical + vogal temática) mais a desinência *-r*. Exprime ação e desenvolve função semelhante ao substantivo.

  Acreditar é preciso
  Esperamos consumir todo este leite rapidamente

- **Gerúndio**: deriva do tema (radical + vogal temática) mais a desinência *-ndo* e indica uma ação em curso. Desenvolve função semelhante ao adjetivo ou advérbio. Não recebe flexões.

  A criança estava chorando
  Estudando, obterás bons resultados "STUDIANDO"

(1) Gli operai hanno lasciato la fabbrica terminati i compiti

(2) credere è necessario

3 ESTRUTURA DO VERBO

Os elementos que formam o verbo são:

- **Radical**: elemento básico, geralmente invariável, que contém o significado do verbo. Obtém-se o radical, retirando-se as terminações *-ar*, *-er*, *-ir* do verbo.

Radical	Terminação
fal	-ar
sab	-er
sub	-ir

- **Vogal temática**: obtém-se a vogal temática retirando-se a terminação *-r* do infinitivo. Indica a conjugação à qual pertence o verbo.

Verbo	Conjugação	Vogal temática
amar	1ª	a
aprender	2ª	e
partir	3ª	i

- **Tema**: é a junção do radical com a vogal temática.

Radical	Vogal temática	Tema
fal	a	fala
sab	e	sabe
sub	i	subi

- **Desinências**: são sufixos usados para indicar flexão de pessoa, número, tempo e modo.

Radical	Vogal temática	Desinência modo-temporal	Desinência número-pessoal
fal	á	va	mos
aprend	e	sse	m
part	i	ra	m

3.1 As três conjugações verbais

Os verbos, na Língua Portuguesa, possuem três conjugações:

- **1ª conjugação**: verbos com o infinitivo em ***-ar***;
- **2ª conjugação**: verbos com o infinitivo em ***-er***;

• **3ª conjugação**: verbos com o infinitivo em *-ir*.

! O verbo *pôr* e seus derivados fazem parte da segunda conjugação porque provém da antiga forma *poer*.

3.2 Formação dos tempos simples

Na língua portuguesa existem tempos verbais fundamentais chamados **tempos primitivos** dos quais se originam todos os outros tempos verbais chamados de **tempos derivados**.

PRESENTE DO INDICATIVO forma:

• **presente do subjuntivo (conjuntivo)**: troca-se a desinência *-o* da 1ª pessoa singular do presente do indicativo por *-e* dos verbos que fazem parte da 1ª conjugação. Nos verbos que fazem parte da 2ª e 3ª conjugação troca-se *-o* por *-a*.

PRESENTE DO INDICATIVO				PRESENTE DO SUBJUNTIVO (CONJUNTIVO)		
Andar	**Escrever**	**Partir**		**Andar**	**Escrever**	**Partir**
ando	escrevo	parto		ande	escreva	parta
andas	escreves	partes		andes	escrevas	partas
anda	escreve	parte	=>	ande	escreva	parta
andamos	escrevemos	partimos		andemos	escrevamos	partamos
andais	escreveis	partis		andeis	escrevais	partais
andam	escrevem	partem		andem	escrevam	partam

• **imperativo afirmativo**: deriva do presente do indicativo e também do presente do subjuntivo (conjuntivo). As 2ª pessoas derivam do presente do indicativo sem *-s*. A 1ª pessoa plural e as 3ª pessoas derivam do presente do subjuntivo (conjuntivo).

IMPERATIVO AFIRMATIVO		
Andar	**Escrever**	**Partir**
–	–	–
anda	escreve	parte
ande	escreva	parta
andemos	escrevemos	partamos
andai	escrevei	parti
andem	escrevam	partam

- **imperativo negativo**: deriva do presente do subjuntivo (conjuntivo).

IMPERATIVO NEGATIVO

Andar	Escrever	Partir
–	–	–
não andes	não escrevas	não partas
não ande	não escreva	não parta
não andemos	não escrevemos	não partamos
não andeis	não escrevais	não partais
não andem	não escrevam	não partam

PRETÉRITO PERFEITO DO INDICATIVO forma:

- **pretérito mais-que-perfeito do indicativo**: elimina-se a desinência *-m* da 3ª pessoa plural e troca-se *-a* por *-e* na 2ª pessoa plural;

PRETÉRITO PERFEITO DO INDICATIVO				PRET. MAIS-QUE-PERFEITO DO INDICATIVO		
Andar	Escrever	Partir		Andar	Escrever	Partir
andei	escrevi	parti		andara	escrevera	partira
andaste	escreveste	partiste		andaras	escreveras	partiras
andou	escreveu	partiu	=>	andara	escrevera	partira
andamos	escrevemos	partimos		andáramos	escrevêramos	partíramos
andastes	escrevestes	partistes		andareis	escrevêreis	partíreis
andaram	escreveram	partiram		andaram	escreveram	partiram

- **futuro do subjuntivo (conjuntivo)**: elimina-se a desinência *-am* da 3ª pessoa plural;

PRETÉRITO PERFEITO DO INDICATIVO				FUTURO DO SUBJUNTIVO		
Andar	**Escrever**	**Partir**		**Andar**	**Escrever**	**Partir**
andei	escrevi	parti		andar	escrever	partir
andaste	escreveste	partiste		andares	escreveres	partires
andou	escreveu	partiu	=>	andar	escrever	partir
andamos	escrevemos	partimos		andarmos	escrevermos	partirmos
andastes	escrevestes	partistes		andardes	escreverdes	partirdes
andaram	escreveram	partiram		andarmos	escrevermos	partirmos

- **pretérito imperfeito do subjuntivo (conjuntivo)**: elimina-se a desinência *-ram* da 3ª pessoa e acrescenta-se *-sse*.

PRETÉRITO PERFEITO DO INDICATIVO				PRETÉRITO IMPERFEITO DO SUBJUNTIVO		
Andar	**Escrever**	**Partir**		**Andar**	**Escrever**	**Partir**
andei	escrevi	parti		andasse	escrevesse	partisse
andaste	escreveste	partiste		andasses	escrevesses	partisses
andou	escreveu	partiu	=>	andasse	escrevesse	partisse
andamos	escrevemos	partimos		andássemos	escrevêssemos	partíssemos
andastes	escrevestes	partistes		andásseis	escrevêsseis	partísseis
andaram	escreveram	partiram		andassem	escrevessem	partissem

INFINITIVO IMPESSOAL forma:

- **futuro do presente do indicativo**;

INFINITIVO IMPESSOAL				FUTURO DO PRESENTE DO INDICATIVO		
Andar	**Escrever**	**Partir**		**Andar**	**Escrever**	**Partir**
andar	escrever	partir		andarei	escreverei	partirei
				andarás	escreverás	partirás
			=>	andará	escreverá	partirá
				andaremos	escreveremos	partiremos
				andareis	escrevereis	partireis
				andarão	escreverão	partirão

- **futuro do pretérito do indicativo (condicional)**;

INFINITIVO IMPESSOAL				FUTURO DO PRETÉRITO DO INDICATIVO		
Andar	**Escrever**	**Partir**		**Andar**	**Escrever**	**Partir**
andar	escrever	partir		andaria	escreveria	partiria
				andarias	escreverias	partirias
			=>	andaria	escreveria	partiria
				andaríamos	escreveríamos	partiríamos
				andaríeis	escreveríeis	partiríeis
				andariam	escreveriam	partiriam

• **infinitivo pessoal;**

INFINITIVO IMPESSOAL				INFINITIVO PESSOAL		
Andar	**Escrever**	**Partir**		**Andar**	**Escrever**	**Partir**
andar	escrever	partir		andar	escrever	partir
				andares	escreveres	partires
			=>	andar	escrever	partir
				andarmos	escrevermos	partirmos
				andardes	escreverdes	partirdes
				andarem	escreverem	partirem

• **pretérito imperfeito do indicativo;**

INFINITIVO IMPESSOAL				PRETÉRITO IMPERFEITO DO INDICATIVO		
Andar	**Escrever**	**Partir**		**Andar**	**Escrever**	**Partir**
andar	escrever	partir		andava	escrevia	partia
				andavas	escrevias	partias
			=>	andava	escrevia	partia
				andávamos	escrevíamos	partíamos
				andáveis	escrevíeis	partíeis
				andavam	escreviam	partiam

• **gerúndio;**

INFINITIVO IMPESSOAL				GERÚNDIO		
Andar	**Escrever**	**Partir**		**Andar**	**Escrever**	**Partir**
andar	escrever	partir	=>	andando	escrevendo	partindo

• **particípio**.

INFINITIVO IMPESSOAL				PARTICÍPIO		
Andar	**Escrever**	**Partir**		**Andar**	**Escrever**	**Partir**
andar	escrever	partir	=>	andado	escrito	partido

! Alguns verbos (*querer, ir, vir, saber, ser, haver, fazer, dizer, trazer, ter, pôr*) não seguem as regras citadas acima.

3.3 Alterações ortográficas nas três conjugações

A fim de adequar-se à correta convenção gráfica da língua portuguesa, alguns verbos, **quando conjugados**, sofrem mudanças ortográficas.

- Os **verbos terminados em -*car***, trocam *c* por *qu* antes de -*e* (*pescar: pesquei, pesquemos, pesque, pesques, pesquem, pesqueis*).
- Os **verbos terminados em -*çar***, trocam *ç* por *c* antes de -*e* (*lançar: lancei, lance, lances, lancem*).
- Os **verbos terminados em -*gar***, trocam *g* por *gu* antes de -*e* (*pegar: peguei, pegue, peguemos, peguem*).
- Os **verbos terminados em -*cer***, trocam *c* por *ç* antes de -*a* ou -*o* (*descer: desço, desça, desçamos, desçam*).
- Os **verbos terminados em -*ger***, trocam *g* por *j* antes de -*a* ou -*o* (*proteger: protejo, proteja, protejas, protejam*).
- Os **verbos terminados em -*guer***, perdem o -*u* antes de -*a* ou -*o* (*reerguer: reergo, reerga, reergas, reergam*).
- Os **verbos terminados em -*cir***, trocam *c* por *ç* antes de -a ou -*o* (*ressarcir – ressarço, ressarça, ressarças, ressarçamos*).
- Os **verbos terminados em -*gir***, trocam *g* por *j* antes de -*a* ou -*o* (*agir: ajo, ajas, ajamos, ajam*).
- Os **verbos terminados em -*guir***, perdem o -*u* antes de -*a* ou -*o* (*distinguir: distingo, distinga, distingamos, distingam*).
- As **formas rizotônicas** (aquelas que possuem a sílaba tônica no radical) do presente do indicativo dos verbos terminados em -*oer* recebem acento (*roer: rôo, rói, róis*).
- **Verbos terminados em -*oar*** recebem acento na 1ª pessoa singular do presente do indicativo (*voar: vôo, perdoar, perdôo, magoar, magôo*).
- As **formas rizotônicas** (aquelas que possuem a sílaba tônica no radical) **dos verbos terminados em -*ear*** acrescentam -*i* ao presente (indicatico e subjuntivo/conjuntivo) quando ocorre junção do radical à desinência (*passear: passeio, passeias, passeie, passeiam, passeiem*).

- Os **verbos terminados em *-iar*** (*ansiar, incendiar, mediar, odiar, remediar*) seguem a regra dos verbos terminados em *-ear* nas formas rizotônicas (*ansiar: anseio,anseias, anseiam; incendiar: incendeio, incendeias, incendeiam, odiar, odeio, odeias, odeiam*).
- Nos **verbos terminados em *-air***, a vogal temática *i* aparece na primeira pessoa singular do presente do indicativo e no presente do subjuntivo/conjuntivo (*sair: saio, saia, saias, saiamos, saiam*).
- As **formas rizotônicas** (aquelas que possuem a sílaba tônica no radical) **dos verbos terminados em *-guar/-quar*** recebem acento na letra *u* no presente do subjuntivo/conjuntivo (*adequar: adeqúe, adeqúes, adeqúem*).
- Os **verbos terminados em *-zer/-zir*** na 3ª pessoa singular do presente do indicativo e na 2ª pessoa singular do imperativo afirmativo perdem a desinência *e* (*traduzir: traduz; fazer: faz; trazer: traz; induzir: induz*).
- **Alguns verbos** apresentam alterações ortográficas quando conjugados **na 1ª pessoa singular do presente do indicativo e no presente do subjuntivo/conjuntivo** (*medir: meço, meça, meçamos, meçam; perder: perco, percas, percamos, percam; valer: valho, valha, valhas, valham*).

4 CONJUGAÇÃO VERBAL

Conjugar um verbo significa ordiná-lo em todas as suas formas nas diferentes pessoas, números, tempos, modos e vozes.

4.1 Modo Indicativo

Presente

Usado para exprimir uma ação que se desenvolve no momento em que falamos, uma verdade científica, uma ação habitual ou para indicar uma ação futura que temos certeza de que acontecerá.

☞ Elisa trabalha todos os dias
O satélite da Terra é a lua
Próxima semana vamos a uma feira

Amar	Aprender	Existir	Pôr
amo	aprendo	existo	ponho
amas	aprendes	existes	pões
ama	aprende	existe	põe
amamos	aprendemos	existimos	pomos
amais	aprendeis	existis	pondes
amam	aprendem	existem	põem

Pretérito perfeito

Usado para indicar uma ação passada, completamente concluída.

☞ O telefone tocou às seis horas da manhã

Amar	Aprender	Existir	Pôr
amei	aprendi	existi	pus
amaste	aprendeste	exististe	puseste
amou	aprendeu	existiu	pôs
amamos	aprendemos	existimos	pusemos
amastes	aprendestes	exististes	pusestes
amaram	aprenderam	existiram	puseram

Pretérito imperfeito

Usado para indicar uma ação passada não concluída, uma ação que se repetia abitualmente no passado ou a simultaneidade de duas ou mais ações passadas.

☞ O chapéu estava em cima da cadeira
Quando era criança, gostava muito de ler

Amar	Aprender	Existir	Pôr
amava	aprendia	existia	punha
amavas	aprendias	existias	punhas
amava	aprendia	existia	punha
amávamos	aprendíamos	existíamos	púnhamos
amáveis	aprendíeis	existíeis	púnheis
amavam	aprendiam	existiam	punham

Pretérito mais-que-perfeito

Usado para indicar uma ação terminada antes de uma outra ação passada.

☞ Eu já trabalhara nesta empresa, quando o conheci

Amar	Aprender	Existir	Pôr
amara	aprendera	existira	pusera
amaras	aprenderas	existiras	puseras
amara	aprendera	existira	pusera
amáramos	aprendêramos	existíramos	puséramos
amáreis	aprendêreis	existíreis	puséreis
amaram	aprenderam	existiram	puseram

Futuro do presente

Usado para exprimir uma ação futura que certamente acontecerá, uma suposição ou probabilidade atual.

☞ Iremos à feira neste final de semana
Será que eles estarão estudando?

Amar	Aprender	Existir	Pôr
amarei	aprenderei	existirei	porei
amarás	aprenderás	existirás	porás
amará	aprenderá	existirá	porá
amaremos	aprenderemos	existiremos	poremos
amareis	aprendereis	existireis	poreis
amarão	aprenderão	existirão	porão

Atualmente o Futuro do Presente (simples) tem sido substituído pela perífrase verbal formada pelo verbo ir conjugado no presente do indicativo mais o infinitivo de um outro verbo.

☞ Vamos jogar futebol depois da aula de Matemática
Próxima semana vamos trabalhar somente à tarde

Futuro do pretérito

Usado para indicar uma ação futura dependente de uma ação anterior, passada.

☞ Na loja me disseram que a mercadoria chegaria logo

Usado também como forma de cortesia, no lugar do presente do indicativo ou do imperativo quando se quer exprimir um desejo ou um pedido.

☞ O que vocês gostariam de beber?

É usado também para exprimir ações não realizadas ou improváveis e nas frases condicionais.

☞ Se quisessem, fariam a viagem em menos de duas horas

Amar	Aprender	Existir	Pôr
amaria	aprenderia	existiria	poria
amarias	aprenderias	existirias	porias
amaria	aprenderia	existiria	poria
amaríamos	aprenderíamos	existiríamos	poríamos
amaríeis	aprenderíeis	existiríeis	poríeis
amariam	aprenderiam	existiriam	poriam

4.2 Modo Subjuntivo (Conjuntivo)

Presente

Indica hipótese,desejo ou dúvida presente e/ou futura. Geralmente é usado com a conjunção *que*.

☞ Espero que ele aprenda a lição
Desejo que tudo termine logo
Todos querem que eles cheguem a tempo

Amar	Aprender	Existir	Pôr
ame	aprenda	exista	ponha
ames	aprendas	existas	ponhas
ame	aprenda	exista	ponha
amemos	aprendamos	existamos	ponhamos
ameis	aprendais	existais	ponhais
amem	aprendam	existam	ponham

Pretérito imperfeito

Indica hipótese, condição, fato passado dependente de outro fato passado. Geralmente usado com o Futuro do Pretérito do indicativo e com a conjunção *se*.

☞ Se eu morasse aqui, nos encontraríamos todos os dias
Se partisses agora, chegarias às oito

Amar	Aprender	Existir	Pôr
amasse	aprendesse	existisse	pusesse
amasses	aprendesses	existisses	pusesses
amasse	aprendesse	existisse	pusesse
amássemos	aprendêssemos	existíssemos	puséssemos
amásseis	aprendêsseis	existísseis	pusésseis
amassem	aprendessem	existissem	pusessem

Futuro

Indica dúvida ou hipótese futura. Geralmente é acompanhado pelas conjunções *se* ou *quando*.

☞ Quando eles chegarem, faremos uma festa!
Se eles chegarem em tempo, poderemos sair juntos

Amar	Aprender	Existir	Pôr
amar	aprender	existir	puser
amares	aprenderes	existires	puseres
amar	aprender	existir	puser
amarmos	aprendermos	existirmos	pusermos
amardes	aprenderdes	existirdes	puserdes
amarem	aprenderem	existirem	puserem

4.3 Modo Imperativo

O Modo Imperativo é usado para exprimir ordem, conselho, pedido ou proibição. Pode ser afirmativo ou negativo.

Não se usa o imperativo com a 1ª pessoa singular e as 3ª pessoas referem-se a um pronome de tratamento.

☞ Por favor, canta! Não abra a janela

Observa:

Afirmativo

Amar	Aprender	Existir	Pôr
ama tu	aprende tu	existe tu	põe tu
ame você	aprenda você	exista você	ponha você
amemos nós	aprendamos nós	existamos nós	ponhamos nós
amai vós	aprendei vós	existi vós	ponde vós
amem vocês	aprendam vocês	existam vocês	ponham vocês

Negativo

Amar	Aprender	Existir	Pôr
não ames tu	não aprendas tu	não existas tu	não ponhas tu
não ame você	não aprenda você	não exista você	não ponha você
não amemos nós	não aprendamos nós	não existamos nós	não ponhamos nós
não ameis vós	não aprendais vós	não existais vós	não ponhais vós
não amem vocês	não aprendam vocês	não existam vocês	não ponham vocês

As formas do Imperativo afirmativo e negativo vêm do presente do subjuntivo (conjuntivo), com exceção das 2ª pessoas do Imperativo afirmativo as quais, de acordo com a regra geral, vêm do presente do indicativo sem *-s*.

5 FORMAS NOMINAIS

O infinitivo, o gerúndio e o particípio são chamados formas nominais pois, além de sua função verbal, podem desenvolver função de substantivo, adjetivo ou advérbio. As formas nominais não exprimem idéia de tempo e modo,dependendo, para isso, do contexto no qual estão inseridas. Com exceção do infinitivo pessoal, as formas nominais do verbo não especificam as pessoas do discurso

5.1 Infinitivo impessoal

Deriva do tema (radical + vogal temática) mais a desinência *-r* .Exprime ação e desenvolve função semelhante à do substantivo, adjetivo ou do advérbio. Usa-se o infinitivo impessoal quando este não possui um sujeito próprio e em locuções verbais.

☞ Para ele, cantar é um prazer
Todos estes exercícios são fáceis de fazer

Amar	Aprender	Existir	Pôr
amar	aprender	existir	pôr

5.2 Infinitivo pessoal

Deriva do tema (radical + vogal temática) mais a desinência *-r* .Exprime ação e desenvolve função semelhante ao substantivo. Ao contrário do infinitivo impessoal, o infinitivo pessoal possui um sujeito próprio ou o mesmo sujeito do verbo ao qual se refere. Pode-se dizer que se usa o infinitivo pessoal quando o objetivo é enfatizar o sujeito e não a ação.

☞ Era para elas chegarem às nove
Foi impossível não ouvirmos toda a discussão

Amar	Aprender	Existir	Pôr
amar	aprender	existir	pôr
amares	aprenderes	existires	pores
amar	aprender	existir	pôr
amarmos	aprendermos	existirmos	pormos
amardes	aprenderdes	existirdes	pordes
amarem	aprenderem	existirem	porem

5.3 Gerúndio

Deriva do tema (radical + vogal temática) mais a desinência *-ndo* e indica uma ação em curso. Desenvolve função semelhante ao adjetivo ou advérbio e não recebe flexões.

☞ O nível da água estava subindo assustadoramente

Amar	Aprender	Existir	Pôr
amando	aprendendo	partindo	pondo

5.4 Particípio

Deriva do tema (radical + vogal temática) mais a desinência *-do*. Indica ação terminada ou o resultado de uma ação e possui função semelhante à do adjetivo. Pode ser flexionado em gênero e número.

☞ Terminado o tempo, o juíz determinou o final da partida.

Amar	Aprender	Existir	Pôr
amado	aprendido	existido	posto

Alguns verbos admitem mais do que uma forma de particípio (particípio regular e irregular).

6 TEMPOS COMPOSTOS

Alguns tempos verbais podem ser conjugados de maneira composta. Estes tempos verbais são formados por locuções verbais formadas pelos verbos auxiliares *ter* ou *haver* e o particípio de um outro verbo. Em uma locução verbal, somente o verbo auxiliar pode ser flexionado. Na Língua Portuguesa, existem nove formas verbais compostas.

6.1 Indicativo

Pretérito perfeito

Formado pelo presente do indicativo dos verbos ter ou haver mais o particípio de um outro verbo. Indica repetição de uma ação ou uma ação iniciada no passado que se estende até o presente.

Todos têm sofrido muito com esta situação
José tem trabalhado mais de dez horas por dia ultimamente

Pretérito mais-que-perfeito

Formado pelo pretérito imperfeito do indicativo dos verbos ter ou haver mais o particípio de um outro verbo. Possui a mesma função do pretérito mais-que-perfeito do indicativo.

Quando chegaram o assassino já havia deixado o local
A população tinha confiado no governo

Futuro do presente

Formado pelo futuro do presente do indicativo dos verbos ter ou haver mais o particípio de um outro verbo. Indica ação futura concluída antes de outra ação igualmente futura, uma certeza ou esperança em relação ao futuro.

Quando acordares, eles já terão partido
O que nos anima é que amanhã teremos terminado todo este trabalho

Futuro do pretérito

Formado pelo futuro do pretérito do indicativo dos verbos ter ou haver mais o particípio de um outro verbo. Possui a mesma função do futuro do pretérito do indicativo.

Se eu ainda trabalhasse, nós teríamos comprado a casa juntos
Roque e Maria teriam chegado em tempo se quisessem

6.2 Subjuntivo (Conjuntivo)

Pretérito perfeito

Formado pelo presente do subjuntivo dos verbos ter ou haver mais o particípio de um outro verbo. Indica dúvida ou desejo de que algo já tenha acontecido.

Espero que tu tenhas contado isso a teus pais
Talvez eles tenham esquecido de telefonar

Pretérito mais-que-perfeito

Formado pelo pretérito imperfeito do subjuntivo dos verbos ter ou haver mais o particípio de um outro verbo. Possui a mesma função do pretérito imperfeito do subjuntivo.

☞ Se tu tivesses chegado em tempo, nós teríamos conseguido tomar o primeiro vôo para Lisboa
Se ele tivesse respondido, nada disso teria acontecido

Futuro

Formado pelo futuro do subjuntivo dos verbos ter ou haver mais o particípio de um outro verbo. Possui a mesma função do futuro do subjuntivo.

☞ Quando tiveres acabado, limparei o escritório
Quando tiverem partido, sentir-me-ei muito aliviada

6.3 Formas nominais

Infinitivo

Formado pelo infinitivo dos verbos ter ou haver mais o particípio de um outro verbo. Indica ação passada em relação ao momento em que se fala.

☞ Devíamos ter aceitado este fato
Eles deviam ter falado com maior clareza

Gerúndio

Formado pelo gerúndio dos verbos ter ou haver mais o particípio de um outro verbo.

☞ Tendo sido chamados, saíram rapidamente do local

7 VOZ REFLEXIVA E COLOCAÇÃO PRONOMINAL

Como vimos anteriormente, a voz reflexiva do verbo indica que o sujeito pratica e recebe a ação ao mesmo tempo. Na forma reflexiva, os verbos unem-se aos pronomes pessoais oblíquos quando estes podem ser substituídos respectivamente por expressões como: *a mim mesmo/a*, *a ti mesmo/a*, *a si mesmo/a*, *a nós mesmo/as*, *a vós mesmos/as*, *a si mesmos/as*.

Elisa feriu-se
Ele vestiu-se e saiu

Quando os verbos reflexivos são utilizados no plural e são enfatizados por expressões como um ao outro, podem indicar reciprocidade.

Luísa e Felipe feriram-se
Os dois abraçaram-se

Alguns verbos são essencialmente pronominais, ou seja, apresentam-se e são sempre conjugados com o pronome o qual não exerce função sintática.

Não confundir com os verbos reflexivos pois estes são verbos pronominais acidentais. Referem-se geralmente a sentimentos e fenômenos mentais.

A criança queixava-se todo o tempo
Ele atreveu-se a entrar?

7.1 Próclise mesóclise, ênclise

Os verbos pronominais são conjugados com os pronomes oblíquos átonos *me*, *te*, *se*, *o*, *a*, *lhe*, *nos*, *vos*, *se*, *os*, *as*, *lhes*. De acordo com a posição destes pronomes teremos:

- **Próclise**: o pronome vem antes do verbo. Usa-se próclise:

com palavras negativas (*não*, *nunca*, *jamais*, *nem*, *nenhum*...);

Eles não lhes disseram se viriam?
Jamais te recuses a aceitar a realidade

advérbios (*talvez*, *aqui*, *agora*, *pouco*, *de vez em quando*...);

E lá se foi a grande oportunidade
Agora me dirás o que realmente sentes

pronomes indefinidos (*alguém*, *quem*, *alguns*, *qualquer*, *quem*...) pronomes demonstrativos neutros (*isso*, *esse*, *aquela*...) pronomes interrogativos (*quem*, *que*, *qual*, *quanto*), pronomes relativos (*que*, *quem*, *cujo*, *onde*, *quando*...);

Alguém nos disse que estavas para chegar
Espero que isso se realize logo
Quem te disse isso?
O escritor, cujo livro lhe rendeu milhões, falou sobre sua obra

conjunções subordinativas (*quando*, *se*, *como*, *porque*, *enquanto*...).

Laura pediu que lhe dissessem a verdade
Entraram na casa porque os proprietários lhes deram permissão

- **Mesóclise**: o pronome vem no meio do verbo, entre o infinitivo e a terminação. Pode ser usada somente no futuro do presente e no futuro do pretérito do indicativo, nas formas simples e composta desde que não haja exigência de próclise. Na forma composta, o pronome é colocado no meio do verbo auxiliar.

Far-te-ia este favor se pudesse
Quando chegarem, contar-lhes-emos o que aconteceu

- **Ênclise**: o pronome vem depois do verbo, separado por hífen. A ênclise é obrigatória nos seguintes casos:

quando o verbo iniciar a oração e não estiver no futuro do presente ou no futuro do pretérito;

Digam-nos onde estão os livros
Feriram-se durante o trabalho

quando o verbo estiver no imperativo afirmativo.

Traga-me os documentos!
Cale-se!

Quando ocorre ênclise, a 1ª pessoa plural perde o *-s*.

Quando ocorre ênclise os pronomes o, a, os, as sofrem algumas transformações:

se o verbo terminar em *-r*, *-s*, *-z*, perde a consoante final e os pronomes transformam-se em *lo*, *la*, *los*, *las*.

se o verbo terminar em som nasal, os pronomes transformam-se em *no*, *na*, *nos*, *nas*.

Jamais se inicia uma frase com pronome átono.

A ênclise não pode ser utilizada com verbos no particípio.

8 CLASSIFICAÇÃO DOS VERBOS

Os verbos, de acordo com a sua classificação, podem ser:

- regulares;
- irregulares;
- anômalos;
- defectivos;
- abundantes;
- auxiliares.

8.1 Verbos regulares

São verbos que seguem um modelo de conjugação e que não mudam o seu radical nem as suas desinências.

Amar	Aprender	Partir
am-o	aprend-o	part-o
am-as	aprend-es	part-es
am-a	aprend-e	part-e
am-amos	aprend-emos	part-imos
am-ais	aprend-eis	part-is
am-am	aprend-em	part-em

8.2 Verbos irregulares

São verbos que apresentam alguma variação no radical ou nas desinências e, por isso, não seguem um modelo de conjugação. Observe a conjugação de alguns verbos irregulares nos tempos e modos que apresentam alguma variação.

Ver

Presente Indicativo	Pretérito Perfeito Indicativo	Pretérito Imperfeito Indicativo	Pretérito Mais-Que-Perfeito Indicativo
vejo	vi	via	vira
vês	viste	vias	viras
vê	viu	via	vira
vemos	vimos	víamos	víramos
vedes	vistes	víeis	víreis
vêem	viram	viam	viram

Presente Subjuntivo	Pretérito Imperfeito Subjuntivo	Futuro Subjuntivo	Particípio
veja	visse	vir	visto
vejas	visses	vires	
veja	visse	vir	
vejamos	víssemos	virmos	
vejais	vísseis	virdes	
vejam	vissem	virem	

Trazer

Presente Indicativo	Pretérito Perfeito Indicativo	Pretérito Mias-Que-Perfeito Indicativo	Futuro do Presente
trago	trouxe	trouxera	trarei
trazes	trouxeste	trouxeras	trarás
traz	trouxe	trouxera	trará
trazemos	trouxemos	trouxéramos	traremos
trazeis	trouxestes	trouxéreis	trareis
trazem	trouxeram	trouxeram	trarão

Futuro do Pretérito	Presente Subjuntivo	Pretérito Imperfeito Subjuntivo	Imperativo
traria	traga	trouxesse	
trarias	tragas	trouxesses	traze
traria	traga	trouxesse	
traríamos	tragamos	trouxéssemos	
traríeis	tragais	trouxésseis	trazei
trariam	tragam	trouxessem	

! Não são considerados verbos irregulares aqueles que sofrem variação na grafia para conservar o som: *entregar. entrego, entreguei*, *entregues*.

8.3 Verbos anômalos

São verbos irregulares que sofrem grandes mudanças em seu radical.

Ser	Ir
sou	vou
és	vais
é	vai
somos	vamos
sois	ides
são	vão

8.4 Verbos defectivos

São verbos que, quando conjugados, não apresentam todas as formas.

Adequar	Reaver	Abolir
–	–	–
–	–	aboles
–	–	abole
adequamos	reavemos	abolimos
adequais	reaveis	abolis
–	–	abolem

Os verbos defectivos podem ser:

- **impessoais**: são aqueles que expressam fenômenos da natureza; eles não possuem sujeito e, como tal, conjugam-se somente nas formas da 3ª pessoa do singular (*nevar*, *amanhecer*);
- **unipessoais**: são os que reproduzem as vozes dos animais; conjugam-se apenas nas formas da 3ª pessoa gramatical (*ladrar*, *mugir*);
- **pessoais**: são aqueles que não possuem todas as formas; geralmente, são conjugados somente nas formas arrizotônicas (*falir*, *colorir*).

Quando um verbo não possui determinada forma, utiliza-se um outro verbo que possua significado semelhante. Por exemplo, o verbo *reaver* não possui a primeira pessoa do imperativo afirmativo e por isso deve-se utilizar um sinônimo de *reaver*: *recuperar*.

☞ Recupera todos os documentos perdidos!

8.5 Verbos abundantes

São verbos que possuem mais do que uma forma com o mesmo valor e função. Esta abundância ocorre geralmente no particípio. A seguir, alguns verbos abundantes e seus particípios.

Verbo	Particípio
aceitar	aceitado, aceito
acender	acendido, aceso
benzer	benzido, bento
despertar	despertado, desperto
exprimir	exprimido, expresso
extinguir	extinguido, extinto
ganhar	ganhado, ganho
gastar	gastado, gasto
imprimir	imprimido, impresso
incluir	incluído, incluso
morrer	morrido, morto
pagar	pagado, pago
pegar	pegado, pego
prender	prendido, preso
soltar	soltado, solto

Usa-se a forma regular com os auxiliares *ter* e *haver*.

O juiz tinha aceitado o recurso apresentado pelo advogado
Ela havia acendido o fogo

Usa-se a forma irregular com os auxiliares *ser* e *estar*.

O recurso foi aceito pelo juiz
O fogo estava aceso

8.6 Verbos auxiliares

São verbos que se unem a uma forma nominal ou a um outro verbo para formar a voz passiva, as locuções verbais e os tempos compostos:

- ***ter*** e ***haver*** mais o particípio do verbo principal formam as conjugações compostas;

Os alunos têm aprendido muito nestes últimos meses
O carpinteiro havia feito o assoalho da casa

- ***ser***, ***estar*** e ***ficar*** mais o particípio do verbo principal formam a voz passiva.

A casa estava rodeada de vasos de flores coloridas
Aquele senhor é amado por todos

Locução verbal é a expressão formada por um verbo auxiliar, mais o infinitivo ou o gerúndio de um outro verbo, precedido ou não de preposição, que funciona como se fosse um verbo. Os verbos auxiliares podem precisar ou modificar o verbo principal. Os mais comuns são: *ter*, *deixar*, *haver*, *estar*, *ir*, *voltar*, *vir*, *começar*, *continuar*, *acabar*, *ficar*, *tornar*. As locuções verbais podem indicar **obrigação**, **duração**, **intenção**, **início**, **finalidade**, **possibilidade**, **dever**, **continuidade**.

Terei de estudar mais. Hei de melhorar!
Sérgio está lendo um livro sobre Aristóteles
Meu pai vem trabalhando nisto há meses
Vamos sair todos os finais de semana
Ernesto começou a escrever
Luísa estava para sair. Suas tarefas estão por fazer!

! A construção do verbo estar mais o gerúndio de um outro verbo, indicando duração, continuidade é mais utilizada no Brasil.
Estamos ouvindo
Estou escrevendo
Em Portugal prefere-se a construção com o infinitivo precedido de preposição ***a***.
Estamos a ouvir
Estou a escrever

A seguir, as conjugações, em todos os tempos e modos, de alguns dos principais verbos auxiliares.

Ser	Estar	Ter	Haver
MODO INDICATIVO			
Presente			
sou	estou	tenho	hei
és	estás	tens	hás
é	está	tem	há
somos	estamos	temos	havemos
sois	estais	tendes	haveis
são	estão	têm	hão

Ser	Estar	Ter	Haver
Pretérito Imperfeito			
era	estava	tinha	havia
eras	estavas	tinhas	havias
era	estava	tinha	havia
éramos	estávamos	tínhamos	havíamos
éreis	estáveis	tínheis	havíeis
eram	estavam	tinham	haviam
Pretérito Perfeito			
fui	estive	tive	houve
foste	estiveste	tiveste	houveste
foi	esteve	teve	houve
fomos	estivemos	tivemos	houvemos
fostes	estivestes	tivestes	houvestes
foram	estiveram	tiveram	houveram
Pretérito Mais-Que-Perfeito			
fora	estivera	tivera	houvera
foras	estiveras	tiveras	houveras
fora	estivera	tivera	houvera
fôramos	estivéramos	tivéramos	houvéramos
fôreis	estivéreis	tivéreis	houvéreis
foram	estiveram	tiveram	houveram
Futuro do Presente			
serei	estarei	terei	haverei
serás	estarás	terás	haverás
será	estará	terá	haverá
seremos	estaremos	teremos	haveremos
sereis	estareis	tereis	havereis
serão	estarão	terão	haverão

Ser	Estar	Ter	Haver
Futuro do Pretérito			
seria	estaria	teria	haveria
serias	estarias	terias	haverias
seria	estaria	teria	haveria
seríamos	estaríamos	teríamos	haveríamos
seríeis	estaríeis	teríeis	haveríeis
seriam	estariam	teriam	haveriam

MODO SUBJUNTIVO

Presente			
seja	esteja	tenha	haja
sejas	estejas	tenhas	hajas
seja	esteja	tenha	haja
sejamos	estejamos	tenhamos	hajamos
sejais	estejais	tenhais	hajais
sejam	estejam	tenham	hajam
Pretérito Imperfeito			
fosse	estivesse	tivesse	houvesse
fosses	estivesses	tivesses	houvesses
fosse	estivesse	tivesse	houvesse
fôssemos	estivéssemos	tivéssemos	houvéssemos
fôsseis	estivésseis	tivésseis	houvésseis
fossem	estivessem	tivessem	houvessem
Futuro			
for	estiver	tiver	houver
fores	estiveres	tiveres	houveres
for	estiver	tiver	houver
formos	estivermos	tivermos	houvermos
fordes	estiverdes	tiverdes	houverdes
forem	estiverem	tiverem	houverem

Modo Imperativo

Afirmativo			
sê tu	está tu	tem tu	há tu
seja você	esteja você	tenha você	haja você
sejamos nós	estejamos nós	tenhamos nós	hajamos nós
sede vós	estai vós	tende vós	havei vós
sejam vocês	estejam vocês	tenham vocês	hajam vocês
Negativo			
não sejas tu	não estejas tu	não tenhas tu	não hajas tu
não seja você	não esteja você	não tenha você	não haja você
não sejamos nós	não estejamos nós	não tenhamos nós	não hajamos nós
não sejais vós	não estejais vós	não tenhais vós	não hajais vós
não sejam vocês	não estejam vocês	não tenham vocês	não hajam vocês

FORMAS NOMINAIS

Infinitivo Impessoal			
ser	estar	ter	haver
Infinitivo Pessoal			
ser	estar	ter	haver
seres	estares	teres	haveres
ser	estar	ter	haver
sermos	estarmos	termos	havermos
serdes	estardes	terdes	haverdes
serem	estarem	terem	haverem
Gerúndio			
sendo	estando	tendo	havendo
Particípio			
sido	estado	tido	havido

9 REGÊNCIA VERBAL

A regência verbal estuda as relações entre os verbos e seus complementos.

O que orienta a regência verbal é a transitividade dos verbos, isto é, se o verbo é intransitivo, transitivo e qual a preposição que se relaciona com ele.

9.1 Verbos intransitivos

São verbos que não exigem complemento em uma frase pois possuem sentido completo.

O gato morreu
O menino adormeceu
Carla trabalha em uma loja (observe que a expressão *em uma loja* è um adjunto adverbial de lugar – *onde* – e não um complemento verbal)

Os verbos que indicam procedência ou destino (*ir, vir, voltar, chegar, cair, comparecer, dirigir-se* ...) são intransitivos e geralmente são acompanhados por adjuntos adverbiais.

9.2 Verbos transitivos

São verbos que exigem complemento para completar seu sentido. Os verbos transitivos podem ser:

- **verbos transitivos diretos**: verbos que necessitam de complemento não ligado por preposição obrigatória;

  Lucas leu diversos livros
  Meus amigos compraram uma casa nova
  Tu não tens os documentos?

- **verbos transitivos indiretos**: verbos que necessitam de complemento ligado por preposição obrigatória. Geralmente a preposição vem depois do verbo;

  Gosto muito deste lugar
  É importante obedecer aos mais velhos
  Eles assistiram a um filme muito interessante

- **verbos transitivos diretos e indiretos**: verbos que necessitam de dois complementos : um complemento não ligado por preposição e outro ligado por preposição obrigatória.

  Rosana deu uma rosa à sua mãe
  Um enorme outdoor chamava a atenção de todos os transeuntes
  Pagou a conta ao garçom e saiu

A transitividade de um verbo depende do comportamento do mesmo em um determinado contexto. Observe:

Aspirar, no sentido de absorver, *inspirar*, é transitivo direto;

☞ Ferdinando aspirava o perfume das flores

quando *aspirar* significa *almejar*, *objetivar*, é transitivo indireto.

☞ Aquele funcionário aspira a um cargo melhor dentro da empresa

A seguir, alguns verbos e sua regência.

VERBO	PREPOSIÇÃO	EXEMPLO
Abastecer-se	de	Abasteceu-se de mantimentos e partiu
Aborrecer-se	com	O diretor aborreceu-se contigo
Abrir-se	com	A porta abriu-se com violência
Abusar	de	Não gostaria de abusar de sua boa vontade
Acertar	em	Acertou o alvo em cheio
Aconselhar	a	O doutor aconselhou-me a permanecer em repouso
Acostumar-se	a	Ele acostumou-se rapidamente ao novo ritmo de vida
Acreditar	em	Acreditas em Deus?
Adaptar-se	a	Adaptou-se à nova vida?
Adiar	para	Adiamos a reunião para amanhã às oito horas
Afastar-se	de	Afaste-se de mim!
Agarrar-se	a	O náufrago agarrou-se a um pedaço de madeira
Agradar	a	É impossível agradar a todos
Agradecer	a	Devemos agradecer a todos que nos ajudaram

VERBO	PREPOSIÇÃO	EXEMPLO
Andar	em, para, por	Suzana anda em muito boa companhia Não parava de andar para frente e para trás Fazia muito tempo que ele não andava por aqui
Apaixonar-se	por	Apaixonou-se perdidamente por ele
Apoiar-se	em	Apoie-se em mim
Apontar	para	A flecha apontava para baixo
Aprender	a	Joana aprendeu a nadar muito cedo
Apressar-se	a	O táxi chegou! Apressa-te a pegar tuas coisas!
Aproveitar-se	de	Não tinha consciência e aproveitava-se de todos
Arrepender-se	de	Arrependi-me de ter chegado tão tarde
Aspirar	a	Todas as pessoas aspiram a uma vida tranquila
Assemelhar-se	a, com	Felipe assemelha-se a seu pai Assemelha-se com seu irmão mais velho
Assistir	a, em	Assistimos a uma peça de teatro muito interessante Neste momento, Sandra assiste em Portugal
Basear	em	O filme é baseado em fatos reais
Brigar	com	Lucas brigou com seu irmãozinho
Caber	em	O livro não coube na caixa
Cansar-se	de	Tenho certeza de que ele cansou-se de ficar sozinho
Casar	com	Luísa casou-se com Manuel
Certificar-se	de	Certifique-se de que tudo esteja em ordem antes de fechar o escritório
Cessar	de	Os sinos cessaram de tocar

VERBO	PREPOSIÇÃO	EXEMPLO
Chamar	por	Se precisares, chama por mim
Chatear-se	com	Luana chateou-se com sua amiga
Comover-se	com	Hilda comoveu-se com as palavras que ouviu
Concordar	com	Concordas com esta decisão?
Confiar	em	Confio em ti!
Constar	de	O documento consta de duas páginas
Contar	com	Contamos com você. Não nos decepcione
Convidar	para	A sociedade gostaria de convidá-la para a festa de final de ano
Crer	em	Todos nós cremos em alguma coisa
Cuidar	de	Deixe que eu cuido de você
Decepcionar-se	com	Os pais decepcionaram-se com a atitude do filho
Decidir	a, por	Decidiu-se a permanecer na cidade por mais uns dias Decidiu-se por aquele casaco preto
Deixar	de	Procure deixar de dizer bobagens
Desconfiar	de	Ângela desconfia da vizinha
Desfazer-se	de	Deves desfazer-te de tudo aquilo que não te serve
Despedir-se	de	Despedimo-nos de todos e partimos
Discordar	de	Todos discordam deste conceito
Encher	de, com	Encheu o bolso de pequenas pedras brancas Encheu a bolsa com bolas feitas de jornal
Encontrar-se	com	Giovani encontrou-se com o irmão antes do almoço

VERBO	PREPOSIÇÃO	EXEMPLO
Entrar	por, em	Entraram em casa e perceberam que as janelas estavam abertas Entrem por aqui!
Envolver-se	em, com	A empresa envolveu-se em um escândalo financeiro Aquela senhora envolveu-se com um rapaz mais jovem
Esquecer-se	de	Esqueceram-se de dizer que chegaram os livros novos
Estar	com, de, em, para	O bebê está com cólicas O ator estava de costas para a platéia Estará em casa logo! A banda está para chegar
Falar	em, de, sobre, com, a	Que coincidência! Estávamos falando em você neste exato momento! Durante o programa, falaram de economia e comércio Deves falar sobre as tuas dificuldades nesta disciplina A senhora falava com sua amiga em voz baixa Falamos a todos os presentes
Ficar	com, em, de	Ficaste com os documentos ? Ficaremos em casa neste final de semana. Ficou de comunicar a todos quando chegar a mercadoria
Gostar	de	Todos gostam de férias
Iludir	com	É fácil iludir-se com falsas promessas
Insistir	em, com	Laura insiste em continuar este curso Insistiu comigo durante toda a semana
Interessar-se	por	Roberta interessa-se por arte moderna

VERBO	PREPOSIÇÃO	EXEMPLO
Ir	a, de, para, por	Temos que ir à escola de carro Vais para casa depois do trabalho? Se queres chegar mais cedo dever ir por este caminho
Lembrar-se	de	Lembre-se sempre de mim
Lutar	por	Devemos lutar por aquilo que queremos
Meter-se	a, em	Luana meteu-se a pintar a casa Marcos possui a capacidade de meter-se em confusões
Mudar	de	Daniela mudou de roupa ao menos cinco vezes hoje
Necessitar	de	Todos nós necessitamos de afeto
Olhar	a, para, por	Olhe ao seu redor. Olha para cima e depois para baixo. Olhe por onde anda
Pagar	a	Roberto terminou de comer seu sanduíche, pagou a conta e saiu
Parar	de	Eles pararam de fumar há dois anos
Parecer	com	Parece-se com Raquel
Partir	para	Partiram para a Europa em setembro
Passar	de, em, por	Passou de ano, felizmente Passaste em casa antes de vir para cá? O ônibus passa por aqui
Pensar	em	Pensei em você e por isso comprei-lhe este presente
Perdoar	a	Após muito tempo, conseguiu perdoar a todos
Persistir	em	É importante persistir em nossos objetivos
Precisar	de	A empresa precisa de novos funcionários
Preocupar-se	com	Os pais preocupam-se com seus filhos
Queixar-se	de	Queixou-se de seu colega ao professor

VERBO	PREPOSIÇÃO	EXEMPLO
Relacionar-se	com	Este artigo relaciona-se com aquilo que foi escrito em todos os jornais
Reparar	em	O rapaz reparou na garota que passava
Repartir	com, em	Repartiu os doces com seus irmãos Repartiu o bolo em quatro pedaços iguais
Respeitar	a	Devemos respeitar a todos
Sofrer	com, por, de	Ela sofre com isto Na adolescência, é comum sofrer por amor Diana sofre de problemas cardíacos
Sonhar	com	Sandra sonhou com sua filha
Tratar	com, de	Deves tratar com o cliente A reunião era para tratar de negócios
Trocar	de	Chegou o momento de trocar de carro
Viajar	de, por	Não gostava de viajar de avião Em agosto, viajaram por todo o país e conhecerem lugares lindos
Vir	a, para, por	Todos vieram à festa Vieste para ficar? Ano passado, viemos por esta estrada
Voltar	a, para	Após muito tempo, voltou a sorrir Rafael voltou para casa muito tarde ontem

10 CONCORDÂNCIA VERBAL

De cordo com a regra geral, o verbo deverá concordar em número e pessoa com o sujeito da oração.

Ela é uma pessoa muito simpática
Eles são pessoas muito simpáticas
Os carros estavam estacionados ao lado do edifício
Nós compramos dois livros

10.1 Casos especiais de concordância verbal

- **O sujeito é um substantivo coletivo.**

Quando o sujeito da oração é um substantivo coletivo ou uma palavra singular que indica mais do que um elemento (*maioria*, *porção*, *grande parte*, etc.), o verbo permanece no singular.

A multidão movia-se a passos lentos. O enxame pousou sobre a plantação. A maioria aprovou a decisão

Se o coletivo ou palavra singular que indica mais do que um elemento é especificada, a concordância pode ser feita no singular ou no plural.

Grande parte dos presentes ouviu o discurso com atenção
Grande parte dos presentes ouviram o discurso com atenção
A maioria das pessoas aplaudiu com entusiasmo
A maioria das pessoas aplaudiram com entusiasmo

- **O sujeito é o pronome relativo *que*.**

Quando o sujeito da oração é o pronome relativo *que*, o verbo deve concordar com o antecedente do pronome.

Foram minhas amigas que chegaram?
Foi ele que decidiu realizar este projeto
Fomos nós que contamos toda a história

- **O sujeito é o pronome relativo *quem*.**

Quando o sujeito da oração é o pronome relativo *quem*, o verbo permanece na terceira pessoa.

Fui eu quem decidiu ficar
Fomos nós quem comprou este material
Foste tu quem tocou a campainha?

- **O sujeito é um pronome de tratamento.**

Quando o sujeito da oração é um pronome de tratamento, a concordância é feita na terceira pessoa, singular ou plural.

☞ Você está bem?
A senhora gostaria de beber algo?
Vossa Excelência está muito bem hoje
Vossas Excelências estão muito bem hoje

- **O sujeito é composto**.

Quanto o sujeito da oração possui mais do que um núcleo, ou seja, é um sujeito composto, o verbo permanece no plural.

☞ Maria e José viajaram juntos
Os cadernos e os livros estavam espalhados pelo chão
O colar e os brincos eram de diamantes

Se o verbo antecede o sujeito composto, a concordância pode ser feita no plural ou com o núcleo do sujeito mais próximo.

☞ Eram de diamantes o colar e os brincos
Era de diamantes o colar e os brincos

Se o sujeito é ligado pela conjunção *ou*, o verbo concorda com o núcleo do sujeito mais próximo quando a referida conjunção indica exclusão, retificação, alternância ou equivalência.

☞ A equipe vermelha ou a equipe azul vencerá o jogo?
Os responsáveis ou o responsável saiu sem dar satisfações
Ou eu ou ele fará isto

- **O sujeito é composto formado por pessoas gramaticais diferentes**.

Quando o sujeito da oração é composto e formado por pessoas gramaticais diferentes, a concordância segue as seguintes regras:

- se entre as pessoas gramaticais está a primeira pessoa singular, o verbo permanece na primeira pessoa plural.

☞ Eles e eu fomos ao supermercato
Eu e minhas amigas decidimos fazer uma longa viagem

- Se o sujeito é formado pela segunda e pela terceira pessoa, o verbo permanece na segunda ou na terceira pessoa plural.

☞ Hilda e tu fizestes toda a série de exercícios?
Você e ela saíram para jantar?

! Atualmente a segunda pessoa plural (*vós*) é pouco utilizada, sendo substituída pelo pronome de tratamento vocês (com o verbo conjugado na terceira pessoa plural).

- **Concordância do verbo *ser*.**

Quando o sujeito ou o predicativo de uma oração é um pronome pessoal, o verbo ser deve concordar com o pronome pessoal, seja ele sujeito ou predicativo.

São eles os culpados
Os culpados são eles
A responsável por esta situação sou eu
Eu sou a responsável por esta situação

Quando o verbo *ser* indica hora, data, tempo, distância, deve concordar com o numeral, isto é, com o predicativo.

É uma hora
São cinco horas em ponto
Daqui a Milão são trinta quilômetros

Quando o verbo *ser* indica data, a concordância pode ser feita com o numeral ou com a palavra *dia*.

Hoje são dezesseis de abril
Hoje é (dia) dezesseis de abril

Quando o sujeito de uma oração é um pronome interrogativo (*que*, *quem*), o verbo concorda com o predicativo.

Quem são eles?
Que são plaquetas?
Quem foram os Incas?

- **Concordância dos verbos impessoais.**

Os verbos haver (no sentido de existir, acontecer ou na indicação de tempo) e fazer (na indicação de tempo) são verbos impessoais e por isso permanecem na terceira pessoa singular.

Faz três anos que moro aqui
Há muitos problemas não resolvidos
Há dois meses que desapareceu

- **Concordância nas locuções verbais.**

Em uma locução verbal, quem concorda com o sujeito é o verbo auxiliar.

Tu não deves sair daqui
Meus irmãos e eu queremos permanecer juntos
As ondas pareciam varrer a areia

- **A expressão *um dos que*.**

Com esta expressão o verbo pode ser usado no singular ou no plural.

João foi um dos alunos que mais estudou
João foi um dos alunos que mais estudaram

- **Com a partícula *se*.**

Quando é pronome apassivador, o verbo concorda com o sujeito passivo.

Vende-se casa
Vendem-se casas

Quando é índice de indeterminação do sujeito, o verbo permanece no singular.

Precisa-se de auxiliares de escritório
Precisa-se de auxiliar de escritório

Parte seconda

PARADIGMA DE CONJUGAÇÃO

1 VERBOS REGULARES

A seguir, uma relação de verbos regulares de 1ª, 2ª e 3ª conjugações. De acordo com estes modelos são conjugados todos os verbos regulares.

1.1 Verbos regulares de 1ª conjugação

VERBO: cantar

CLASSE: regular

FORMA: transitivo (cantare) **e intransitivo** (cantare)

MODO INDICATIVO

Presente	Pretérito Perfeito	Pretérito Perfeito Composto
canto, cantas, canta, cantamos, cantais, cantam	cantei, cantaste, cantou, cantamos, cantastes, cantaram	tenho cantado, tens cantado, tem cantado, temos cantado, tendes cantado, têm cantado
Pretérito Imperfeito	**Pretérito Mais-que-perfeito**	**Pretérito Mais-que-perfeito Composto**
cantava, cantavas, cantava, cantávamos, cantáveis, cantavam	cantara, cantaras, cantara, cantáramos, cantáreis, cantaram	tinha cantado, tinhas cantado, tinha cantado, tínhamos cantado, tínheis cantado, tinham cantado

Futuro Do Presente	Futuro Do Presente Composto
cantarei, cantarás, cantará, cantaremos, cantareis, cantarão	terei cantado, terás cantado, terá cantado, teremos cantado, tereis cantado, terão cantado
Futuro Do Pretérito/condicional	**Futuro Do Pretérito Composto**
cantaria, cantarias, cantaria, cantaríamos, cantaríeis, cantariam	teria cantado, terias cantado, teria cantado, teríamos cantado, teríeis cantado, teriam cantado

MODO SUBJUNTIVO/CONJUNTIVO

Presente	Pretérito Perfeito Composto
cante, cantes, cante, cantemos, canteis, cantem	tenha cantado, tenhas cantado, tenha cantado, tenhamos cantado, tenhais cantado, tenham cantado
Pretérito Imperfeito	**Pretérito Mais-que-perfeito Composto**
cantasse, cantasses, cantasse, cantássemos, cantásseis, cantassem	tivesse cantado, tivesses cantado, tivesse cantado, tivéssemos cantado, tivésseis cantado, tivessem cantado
Futuro	**Futuro Composto**
cantar, cantares, cantar, cantarmos, cantardes, cantarem	tiver cantado, tiveres cantado, tiver cantado, tivermos cantado, tiverdes cantado, tiverem cantado

MODO IMPERATIVO

Afirmativo	Negativo
–, canta, cante, cantemos, cantai, cantem	–, não cantes, não cante, não cantemos, não canteis, não cantem

FORMAS NOMINAIS

Infinitivo Pessoal	Infinitivo Pessoal Composto
cantar, cantares, cantar, cantarmos, cantardes, cantarem	ter cantado, teres cantado, ter cantado, termos cantado, terdes cantado, terem cantado
Infinitivo Impessoal	**Infinitivo Impessoal Composto**
cantar	ter cantado
Gerúndio	**Gerúndio Composto**
cantando	tendo cantado
Particípio	
cantado	

1.2 Verbos regulares de 2ª conjugação

VERBO: vender
CLASSE: regular
FORMA: transitivo (vendere) e reflexivo (vendersi)

MODO INDICATIVO

Presente	Pretérito Perfeito	Pretérito Perfeito Composto
vendo, vendes, vende, vendemos, vendeis, vendem	vendi, vendeste, vendeu, vendemos, vendestes, venderam	tenho vendido, tens vendido, tem vendido, temos vendido, tendes vendido, têm vendido
Pretérito Imperfeito	**Pretérito Mais-que-perfeito**	**Pretérito Mais-que-perfeito Composto**
vendia, vendias, vendia, vendíamos, vendíeis, vendiam	vendera, venderas, vendera, vendêramos, vendêreis, venderam	tinha vendido, tinhas vendido, tinha vendido, tínhamos vendido, tínheis vendido, tinham vendido

Futuro Do Presente	Futuro Do Presente Composto
venderei, venderás, venderá, venderemos, vendereis, venderão	terei vendido, terás vendido, terá vendido, teremos vendido, tereis vendido, terão vendido
Futuro Do Pretérito/condicional	**Futuro Do Pretérito Composto**
venderia, venderias, venderia, venderíamos, venderíeis, venderiam	teria vendido, terias vendido, teria vendido, teríamos vendido, teríeis vendido, teriam vendido

MODO SUBJUNTIVO/CONJUNTIVO

Presente	Pretérito Perfeito Composto
venda, vendas, venda, vendamos, vendais, vendam	tenha vendido, tenhas vendido, tenha vendido, tenhamos vendido, tenhais vendido, tenham vendido

Pretérito Imperfeito	Pretérito Mais-que-perfeito Composto
vendesse, vendesses, vendesse, vendêssemos, vendêsseis, vendessem	tivesse vendido, tivesses vendido, tivesse vendido, tivéssemos vendido, tivésseis vendido, tivessem vendido
Futuro	**Futuro Composto**
vender, venderes, vender, vendermos, venderdes, venderem	tiver vendido, tiveres vendido, tiver vendido, tivermos vendido, tiverdes vendido, tiverem vendido

MODO IMPERATIVO

Afirmativo	Negativo
–, vende, venda, vendamos, vendei, vendam	–, não vendas, não venda, não vendamos, não vendais, não vendam

FORMAS NOMINAIS

Infinitivo Pessoal	Infinitivo Pessoal Composto
vender, venderes, vender, vendermos, venderdes, venderem	ter vendido, teres vendido, ter vendido, termos vendido, terdes vendido, terem vendido
Infinitivo Impessoal	**Infinitivo Impessoal Composto**
vender	ter vendido

Gerúndio	Gerúndio Composto	Particípio
vendendo	tendo vendido	vendido

1.3 Verbos regulares de 3ª conjugação

VERBO: partir

CLASSE: regular

FORMA: transitivo (dividere, ripartire, spartire), **intransitivo** (partire) e **reflexivo** (dividersi, rompersi, spaccarsi, spezzarsi)

MODO INDICATIVO

Presente	Pretérito Perfeito	Pretérito Perfeito Composto
parto, partes, parte, partimos, partis, partem	parti, partiste, partiu, partimos, partistes, partiram	tenho partido, tens partido, tem partido, temos partido, tendes partido, têm partido
Pretérito Imperfeito	**Pretérito Mais-que-perfeito**	**Pretérito Mais-que-perfeito Composto**
partia, partias, partia, partíamos, partíeis, partiam	partira, partiras, partira, partíramos, partíreis, partiram	tinha partido, tinhas partido, tinha partido, tínhamos partido, tínheis partido, tinham partido

Futuro Do Presente	Futuro Do Presente Composto
partirei, partirás, partirá, partiremos, partireis, partirão	terei partido, terás partido, terá partido, teremos partido, tereis partido, terão partido
Futuro Do Pretérito/condicional	**Futuro Do Pretérito Composto**
partiria, partirias, partiria, partiríamos, partiríeis, partiriam	teria partido, terias partido, teria partido, teríamos partido, teríeis partido, teriam partido

MODO SUBJUNTIVO/CONJUNTIVO

Presente	Pretérito Perfeito Composto
parta, partas, parta, partamos, partais, partam	tenha partido, tenhas partido, tenha partido, tenhamos partido, tenhais partido, tenham partido
Pretérito Imperfeito	**Pretérito Mais-que-perfeito Composto**
partisse, partisses, partisse, partíssemos, partísseis, partissem	tivesse partido, tivesses partido, tivesse partido, tivéssemos partido, tivésseis partido, tivessem partido

Futuro	Futuro Composto
partir, partires, partir, partirmos, partirdes, partirem	tiver partido, tiveres partido, tiver partido, tivermos partido, tiverdes partido, tiverem partido

MODO IMPERATIVO

Afirmativo	Negativo
–, parte, parta, partamos, parti, partam	–, não partas, não parta, não partamos, não partais, não partam

FORMAS NOMINAIS

Infinitivo Pessoal	Infinitivo Pessoal Composto
partir, partires, partir, partirmos, partirdes, partirem	ter partido, teres partido, ter partido, termos partido, terdes partido, terem partido
Infinitivo Impessoal	**Infinitivo Impessoal Composto**
partir	ter partido
Gerúndio	**Gerúndio Composto**
partindo	tendo partido
Particípio	
partido	

2 VERBOS IRREGULARES, DEFECTIVOS E COM ALTERAÇÃO ORTOGRÁFICA

A seguir, uma relação de verbos (irregulares e regulares que apresentam alteração ortográfica) conjugados em todos os tempos e modos, sua classificação e o correspondente em italiano de cada um deles.

VERBO: abolir

CLASSE: irregular (defectivo)

FORMA: transitivo (abolire, sopprimere, annullare)

MODO INDICATIVO

Presente	Pretérito Perfeito	Pretérito Perfeito Composto
–, –, –, abolimos, abolis, –	aboli, aboliste, aboliu, abolimos, abolistes, aboliram	tenho abolido, tens abolido, tem abolido, temos abolido, tendes abolido, têm abolido
Pretérito Imperfeito	**Pretérito Mais-que-perfeito**	**Pretérito Mais-que-perfeito Composto**
abolia, abolias, abolia, abolíamos, abolíeis, aboliam	abolira, aboliras, abolira, abolíramos, abolíreis, aboliram	tinha abolido, tinhas abolido, tinha abolido, tínhamos abolido, tínheis abolido, tinham abolido

Futuro Do Presente	Futuro Do Presente Composto
abolirei, abolirás, abolirá, aboliremos, abolireis, abolirão	terei abolido, terás abolido, terá abolido, teremos abolido, tereis abolido, terão abolido
Futuro Do Pretérito/condicional	**Futuro Do Pretérito Composto**
aboliria, abolirias, aboliria, aboliríamos, aboliríeis, aboliriam	teria abolido, terias abolido, teria abolido, teríamos abolido, teríeis abolido, teriam abolido

MODO SUBJUNTIVO/CONJUNTIVO

Presente	Pretérito Perfeito Composto
–	tenha abolido, tenhas abolido, tenha abolido, tenhamos abolido, tenhais abolido, tenham abolido
Pretérito Imperfeito	**Pretérito Mais-que-perfeito Composto**
abolisse, abolisses, abolisse, abolíssemos, abolísseis, abolissem	tivesse abolido, tivesses abolido, tivesse abolido, tivéssemos abolido, tivésseis abolido, tivessem abolido
Futuro	**Futuro Composto**
abolir, abolires, abolir, abolirmos, abolirdes, abolirem	tiver abolido, tiveres abolido, tiver abolido, tivermos abolido, tiverdes abolido, tiverem abolido

MODO IMPERATIVO

Afirmativo	Negativo
–, –, –, –, aboli, –	–

FORMAS NOMINAIS

Infinitivo Pessoal	Infinitivo Pessoal Composto
abolir, abolires, abolir, abolirmos, abolirdes, abolirem	ter abolido, teres abolido, ter abolido, termos abolido, terdes abolido, terem abolido
Infinitivo Impessoal	**Infinitivo Impessoal Composto**
abolir	ter abolido
Gerúndio	**Gerúndio Composto**
abolindo	tendo abolido
Particípio	
abolido	

VERBO: adequar
CLASSE: defectivo
FORMA: transitivo (adeguare, adattare, ugualiare) e **reflexivo** (adeguarsi, adattarsi, conformarsi)

MODO INDICATIVO

Presente	Pretérito Perfeito	Pretérito Perfeito Composto
–, –, –, adequamos, adequais, –	adequei, adequaste, adequou, adequamos, adequastes, adequaram	tenho adequado, tens adequado, tem adequado, temos adequado, tendes adequado, têm adequado

Pretérito Imperfeito	Pretérito Mais-que-perfeito	Pretérito Mais-que-perfeito Composto
adequava, adequavas, adequava, adequávamos, adequáveis, adequavam	adequara, adequaras, adequara, adequáramos, adequáreis, adequaram	tinha adequado, tinhas adequado, tinha adequado, tínhamos adequado, tínheis adequado, tinham adequado

Futuro Do Presente	Futuro Do Presente Composto
adequarei, adequarás, adequará, adequaremos, adequareis, adequarão	terei adequado, terás adequado, terá adequado, teremos adequado, tereis adequado, terão adequado

Futuro Do Pretérito/condicional	Futuro Do Pretérito Composto
adequaria, adequarias, adequaria, adequaríamos, adequaríeis, adequariam	teria adequado, terias adequado, teria adequado, teríamos adequado, teríeis adequado, teriam adequado

MODO SUBJUNTIVO/CONJUNTIVO

Presente	Pretérito Perfeito Composto
–	tenha adequado, tenhas adequado, tenha adequado, tenhamos adequado, tenhais adequado, tenham adequado
Pretérito Imperfeito	**Pretérito Mais-que-perfeito Composto**
adequasse, adequasses, adequasse, adequássemos, adequásseis, adequassem	tivesse adequado, tivesses adequado, tivesse adequado, tivéssemos adequado, tivésseis adequado, tivessem adequado
Futuro	**Futuro Composto**
adequar, adequares, adequar, adequarmos, adequardes, adequarem	tiver adequado, tiveres adequado, tiver adequado, tivermos adequado, tiverdes adequado, tiverem adequado

MODO IMPERATIVO

Afirmativo	Negativo
–, –, –, –, adequai, –	–

FORMAS NOMINAIS

Infinitivo Pessoal	Infinitivo Pessoal Composto
adequar, adequares, adequar, adequarmos, adequardes, adequarem	ter adequado, teres adequado, ter adequado, termos adequado, terdes adequado, terem adequado
Infinitivo Impessoal	**Infinitivo Impessoal Composto**
adequar	ter adequado
Gerúndio	**Gerúndio Composto**
adequando	tendo adequado
Particípio	
adequado	

VERBO: agir
CLASSE: regular (com alteração ortográfica)
FORMA: intransitivo (agire, procedere, operare, comportarsi)

MODO INDICATIVO

Presente	Pretérito Perfeito	Pretérito Perfeito Composto
ajo, ages, age, agimos, agis, agem	agi, agiste, agiu, agimos, agistes, agiram	tenho agido, tens agido, tem agido, temos agido, tendes agido, têm agido
Pretérito Imperfeito	**Pretérito Mais-que-perfeito**	**Pretérito Mais-que-perfeito Composto**
agia, agias, agia, agíamos, agíeis, agiam	agira, agiras, agira, agíramos, agíreis, agiram	tinha agido, tinhas agido, tinha agido, tínhamos agido, tínheis agido, tinham agido

Futuro Do Presente	Futuro Do Presente Composto
agirei, agirás, agirá, agiremos, agireis, agirão	terei agido, terás agido, terá agido, teremos agido, tereis agido, terão agido
Futuro Do Pretérito/condicional	**Futuro Do Pretérito Composto**
agiria, agirias, agiria, agiríamos, agiríeis, agiriam	teria agido, terias agido, teria agido, teríamos agido, teríeis agido, teriam agido

MODO SUBJUNTIVO/CONJUNTIVO

Presente	Pretérito Perfeito Composto
aja, ajas, aja, ajamos, ajais, ajam	tenha agido, tenhas agido, tenha agido, tenhamos agido, tenhais agido, tenham agido
Pretérito Imperfeito	**Pretérito Mais-que-perfeito Composto**
agisse, agisses, agisse, agíssemos, agísseis, agissem	tivesse agido, tivesses agido, tivesse agido, tivéssemos agido, tivésseis agido, tivessem agido

Futuro	Futuro Composto
agir, agires, agir, agirmos, agirdes, agirem	tiver agido, tiveres agido, tiver agido, tivermos agido, tiverdes agido, tiverem agido

MODO IMPERATIVO

Afirmativo	Negativo
–, age, aja, ajamos, agi, ajam	–, não ajas, não aja, não ajamos, não ajais, não ajam

FORMAS NOMINAIS

Infinitivo Pessoal	Infinitivo Pessoal Composto
agir, agires, agir, agirmos, agirdes, agirem	ter agido, teres agido, ter agido, termos agido, terdes agido, terem agido
Infinitivo Impessoal	**Infinitivo Impessoal Composto**
agir	ter agido
Gerúndio	**Gerúndio Composto**
agindo	tendo agido
Particípio	
agido	

VERBO: agredir
CLASSE: irregular
FORMA: transitivo (aggredire, assalire, attaccare)

MODO INDICATIVO

Presente	Pretérito Perfeito	Pretérito Perfeito Composto
agrido, agrides, agride, agredimos, agredis, agridem	agredi, agrediste, agrediu, agredimos, agredistes, agrediram	tenho agredido, tens agredido, tem agredido, temos agredido, tendes agredido, têm agredido

Pretérito Imperfeito	Pretérito Mais-que-perfeito	Pretérito Mais-que-perfeito Composto
agredia, agredias, agredia, agredíamos, agredíeis, agrediam	agredira, agrediras, agredira, agredíramos, agredíreis, agrediram	tinha agredido, tinhas agredido, tinha agredido, tínhamos agredido, tínheis agredido, tinham agredido

Futuro Do Presente	Futuro Do Presente Composto
agredirei, agredirás, agredirá, agrediremos, agredireis, agredirão	terei agredido, terás agredido, terá agredido, teremos agredido, tereis agredido, terão agredido
Futuro Do Pretérito/condicional	**Futuro Do Pretérito Composto**
agrediria, agredirias, agrediria, agrediríamos, agrediríeis, agrediriam	teria agredido, terias agredido, teria agredido, teríamos agredido, teríeis agredido, teriam agredido

MODO SUBJUNTIVO/CONJUNTIVO

Presente	Pretérito Perfeito Composto
agrida, agridas, agrida, agridamos, agridais, agridam	tenha agredido, tenhas agredido, tenha agredido, tenhamos agredido, tenhais agredido, tenham agredido
Pretérito Imperfeito	**Pretérito Mais-que-perfeito Composto**
agredisse, agredisses, agredisse, agredíssemos, agredísseis, agredissem	tivesse agredido, tivesses agredido, tivesse agredido, tivéssemos agredido, tivésseis agredido, tivessem agredido
Futuro	**Futuro Composto**
agredir, agredires, agredir, agredirmos, agredirdes, agredirem	tiver agredido, tiveres agredido, tiver agredido, tivermos agredido, tiverdes agredido, tiverem agredido

MODO IMPERATIVO

Afirmativo	Negativo
–, agride, agrida, agridamos, agredi, agridam	–, não agridas, não agrida, não agridamos, não agridais, não agridam

FORMAS NOMINAIS	
Infinitivo Pessoal	**Infinitivo Pessoal Composto**
agredir, agredires, agredir, agredirmos, agredirdes, agredirem	ter agredido, teres agredido, ter agredido, termos agredido, terdes agredido, terem agredido
Infinitivo Impessoal	**Infinitivo Impessoal Composto**
agredir	ter agredido
Gerúndio	**Gerúndio Composto**
agredindo	tendo agredido
Particípio	
agredido	

VERBO: alugar
CLASSE: regular (com alteração ortográfica)
FORMA: transitivo (affittare, dare/prendere in affitto, locare, noleggiare)

MODO INDICATIVO		
Presente	**Pretérito Perfeito**	**Pretérito Perfeito Composto**
alugo, alugas, aluga, alugamos, alugais, alugam	aluguei, alugaste, alugou, alugamos, alugastes, alugaram	tenho alugado, tens alugado, tem alugado, temos alugado, tendes alugado, têm alugado
Pretérito Imperfeito	**Pretérito Mais-que-perfeito**	**Pretérito Mais-que-perfeito Composto**
alugava, alugavas, alugava, alugávamos, alugáveis, alugavam	alugara, alugaras, alugara, alugáramos, alugáreis, alugaram	tinha alugado, tinhas alugado, tinha alugado, tínhamos alugado, tínheis alugado, tinham alugado
Futuro Do Presente	**Futuro Do Presente Composto**	
alugarei, alugarás, alugará, alugaremos, alugareis, alugarão	terei alugado, terás alugado, terá alugado, teremos alugado, tereis alugado, terão alugado	
Futuro Do Pretérito/condicional	**Futuro Do Pretérito Composto**	
alugaria, alugarias, alugaria, alugaríamos, alugaríeis, alugariam	teria alugado, terias alugado, teria alugado, teríamos alugado, teríeis alugado, teriam alugado	

MODO SUBJUNTIVO/CONJUNTIVO

Presente	Pretérito Perfeito Composto
alugue, alugues, alugue, aluguemos, alugueis, aluguem	tenha alugado, tenhas alugado, tenha alugado, tenhamos alugado, tenhais alugado, tenham alugado
Pretérito Imperfeito	**Pretérito Mais-que-perfeito Composto**
alugasse, alugasses, alugasse, alugássemos, alugásseis, alugassem	tivesse alugado, tivesses alugado, tivesse alugado, tivéssemos alugado, tivésseis alugado, tivessem alugado
Futuro	**Futuro Composto**
alugar, alugares, alugar, alugarmos, alugardes, alugarem	tiver alugado, tiveres alugado, tiver alugado, tivermos alugado, tiverdes alugado, tiverem alugado

MODO IMPERATIVO

Afirmativo	Negativo
–, aluga, alugue, aluguemos, alugai, aluguem	–, não alugues, não alugue, não aluguemos, não alugueis, não aluguem

FORMAS NOMINAIS

Infinitivo Pessoal	Infinitivo Pessoal Composto
alugar, alugares, alugar, alugarmos, alugardes, alugarem	ter alugado, teres alugado, ter alugado, termos alugado, terdes alugado, terem alugado
Infinitivo Impessoal	**Infinitivo Impessoal Composto**
alugar	ter alugado
Gerúndio	**Gerúndio Composto**
alugando	tendo alugado
Particípio	
alugado	

VERBO: brincar
CLASSE: regular (com alteração ortográfica)
FORMA: intransitivo (giocare, scherzare) **e transitivo** (danzare, decorare)

MODO INDICATIVO

Presente	Pretérito Perfeito	Pretérito Perfeito Composto
brinco, brincas, brinca, brincamos, brincais, brincam	brinquei, brincaste, brincou, brincamos, brincastes, brincaram	tenho brincado, tens brincado, tem brincado, temos brincado, tendes brincado, têm brincado
Pretérito Imperfeito	**Pretérito Mais-que-perfeito**	**Pretérito Mais-que-perfeito Composto**
brincava, brincavas, brincava, brincávamos, brincáveis, brincavam	brincara, brincaras, brincara, brincáramos, brincáreis, brincaram	tinha brincado, tinhas brincado, tinha brincado, tínhamos brincado, tínheis brincado, tinham brincado

Futuro Do Presente	Futuro Do Presente Composto
brincarei, brincarás, brincará, brincaremos, brincareis, brincarão	terei brincado, terás brincado, terá brincado, teremos brincado, tereis brincado, terão brincado
Futuro Do Pretérito/condicional	**Futuro Do Pretérito Composto**
brincaria, brincarias, brincaria, brincaríamos, brincaríeis, brincariam	teria brincado, terias brincado, teria brincado, teríamos brincado, teríeis brincado, teriam brincado

MODO SUBJUNTIVO/CONJUNTIVO

Presente	Pretérito Perfeito Composto
brinque, brinques, brinque, brinquemos, brinqueis, brinquem	tenha brincado, tenhas brincado, tenha brincado, tenhamos brincado, tenhais brincado, tenham brincado
Pretérito Imperfeito	**Pretérito Mais-que-perfeito Composto**
brincasse, brincasses, brincasse, brincássemos, brincásseis, brincassem	tivesse brincado, tivesses brincado, tivesse brincado, tivéssemos brincado, tivésseis brincado, tivessem brincado

Futuro	Futuro Composto
brincar, brincares, brincar, brincarmos, brincardes, brincarem	tiver brincado, tiveres brincado, tiver brincado, tivermos brincado, tiverdes brincado, tiverem brincado

MODO IMPERATIVO

Afirmativo	Negativo
–, brinca, brinque, brinquemos, brincai, brinquem	–, não brinques, não brinque, não brinquemos, não brinqueis, não brinquem

FORMAS NOMINAIS

Infinitivo Pessoal	Infinitivo Pessoal Composto
brincar, brincares, brincar, brincarmos, brincardes, brincarem	ter brincado, teres brincado, ter brincado, termos brincado, terdes brincado, terem brincado
Infinitivo Impessoal	**Infinitivo Impessoal Composto**
brincar	ter brincado
Gerúndio	**Gerúndio Composto**
brincando	tendo brincado
Particípio	
brincado	

VERBO: caber
CLASSE: irregular
FORMA: intransitivo (entrare, stare, competere, spettare, appartenere)

MODO INDICATIVO

Presente	Pretérito Perfeito	Pretérito Perfeito Composto
caibo, cabes, cabe, cabemos, cabeis, cabem	coube, coubeste, coube, coubemos, coubestes, couberam	tenho cabido, tens cabido, tem cabido, temos cabido, tendes cabido, têm cabido

Pretérito Imperfeito	Pretérito Mais-que-perfeito	Pretérito Mais-que-perfeito Composto
cabia, cabias, cabia, cabíamos, cabíeis, cabiam	coubera, couberas, coubera, coubéramos, coubéreis, couberam	tinha cabido, tinhas cabido, tinha cabido, tínhamos cabido, tínheis cabido, tinham cabido

Futuro Do Presente	Futuro Do Presente Composto
caberei, caberás, caberá, caberemos, cabereis, caberão	terei cabido, terás cabido, terá cabido, teremos cabido, tereis cabido, terão cabido
Futuro Do Pretérito/condicional	**Futuro Do Pretérito Composto**
caberia, caberias, caberia, caberíamos, caberíeis, caberiam	teria cabido, terias cabido, teria cabido, teríamos cabido, teríeis cabido, teriam cabido

MODO SUBJUNTIVO/CONJUNTIVO

Presente	Pretérito Perfeito Composto
caiba, caibas, caiba, caibamos, caibais, caibam	tenha cabido, tenhas cabido, tenha cabido, tenhamos cabido, tenhais cabido, tenham cabido
Pretérito Imperfeito	**Pretérito Mais-que-perfeito Composto**
coubesse, coubesses, coubesse, coubéssemos, coubésseis, coubessem	tivesse cabido, tivesses cabido, tivesse cabido, tivéssemos cabido, tivésseis cabido, tivessem cabido
Futuro	**Futuro Composto**
couber, couberes, couber, coubermos, couberdes, couberem	tiver cabido, tiveres cabido, tiver cabido, tivermos cabido, tiverdes cabido, tiverem cabido

MODO IMPERATIVO

Afirmativo	Negativo
–, cabe, caiba, caibamos, cabei, caibam	–, não caibas, não caiba, não caibamos, não caibais, não caibam

FORMAS NOMINAIS	
Infinitivo Pessoal	**Infinitivo Pessoal Composto**
caber, caberes, caber, cabermos, caberdes, caberem	ter cabido, teres cabido, ter cabido, termos cabido, terdes cabido, terem cabido
Infinitivo Impessoal	**Infinitivo Impessoal Composto**
caber	ter cabido
Gerúndio	**Gerúndio Composto**
cabendo	tendo cabido
Particípio	
cabido	

VERBO: cobrir

CLASSE: irregular

FORMA: transitivo (coprire), **intransitivo** (coprire, fecondare), **reflexivo** (coprirsi)

MODO INDICATIVO		
Presente	**Pretérito Perfeito**	**Pretérito Perfeito Composto**
cubro, cobres, cobre, cobrimos, cobris cobrem	cobri, cobriste, cobriu, cobrimos, cobristes, cobriram	tenho cobrido, tens cobrido, tem cobrido, temos cobrido, tendes cobrido, têm cobrido
Pretérito Imperfeito	**Pretérito Mais-que-perfeito**	**Pretérito Mais-que-perfeito Composto**
cobria, cobrias, cobria, cobríamos, cobríeis, cobriam	cobrira, cobriras, cobrira, cobríramos, cobríreis, cobriram	tinha cobrido, tinhas cobrido, tinha cobrido, tínhamos cobrido, tínheis cobrido, tinham cobrido
Futuro Do Presente	**Futuro Do Presente Composto**	
cobrirei, cobrirás, cobrirá, cobriremos, cobrireis, cobrirão	terei cobrido, terás cobrido, terá cobrido, termos cobrido, tereis cobrido, terão cobrido	

Futuro Do Pretérito/condicional	Futuro Do Pretérito Composto
cobriria, cobririas, cobriria, cobriríamos, cobriríeis, cobririam	teria cobrido, terias cobrido, teria cobrido, teríamos cobrido, teríeis cobrido, teriam cobrido

MODO SUBJUNTIVO/CONJUNTIVO

Presente	Pretérito Perfeito Composto
cubra, cubras, cubra, cubramos, cubrais, cubram	tenha cobrido, tenhas cobrido, tenha cobrido, tenhamos cobrido, tenhais cobrido, tenham cobrido
Pretérito Imperfeito	**Pretérito Mais-que-perfeito Composto**
cobrisse, cobrisses, cobrisse, cobríssemos, cobrísseis, cobrissem	tivesse cobrido, tivesses cobrido, tivesse cobrido, tivéssemos cobrido, tivésseis cobrido, tivessem cobrido
Futuro	**Futuro Composto**
cobrir, cobrires, cobrir, cobrirmos, cobrirdes, cobrirem	tiver cobrido, tiveres cobrido, tiver cobrido, tivermos cobrido, tiverdes cobrido, tiverem cobrido

MODO IMPERATIVO

Afirmativo	Negativo
–, cobre, cubra, cubramos, cobri, cubram	–, não cubras, não cubra, não cubramos, não cubrais, não cubram

FORMAS NOMINAIS

Infinitivo Pessoal	Infinitivo Pessoal Composto
cobrir, cobrires, cobrir, cobrirmos, cobrirdes, cobrirem	ter cobrido, teres cobrido, ter cobrido, termos cobrido, terdes cobrido, terem cobrido
Infinitivo Impessoal	**Infinitivo Impessoal Composto**
cobrir	ter cobrido
Gerúndio	**Gerúndio Composto**
cobrindo	tendo cobrido
Particípio	
cobrido	

VERBO: conhecer
CLASSE: regular (com alteração ortográfica)
FORMA: transitivo (conoscere), **intransitivo** (conoscere) **e reflexivo** (conoscersi)

MODO INDICATIVO

Presente	Pretérito Perfeito	Pretérito Perfeito Composto
conheço, conheces, conhece, conhecemos, conheceis, conhecem	conheci, conheceste, conheceu, conhecemos, conhecestes, conheceram	tenho conhecido, tens conhecido, tem conhecido, temos conhecido, tendes conhecido, têm conhecido
Pretérito Imperfeito	**Pretérito Mais-que-perfeito**	**Pretérito Mais-que-perfeito Composto**
conhecia, conhecias, conhecia, conhecíamos, conhecíeis, conheciam	conhecera, conheceras, conhecera, conhecêramos, conhecêreis, conheceram	tinha conhecido, tinhas conhecido, tinha conhecido, tínhamos conhecido, tínheis conhecido, tinham conhecido
Futuro Do Presente	**Futuro Do Presente Composto**	
conhecerei, conhecerás, conhecerá, conheceremos, conhecereis, conhecerão	terei conhecido, terás conhecido, terá conhecido, teremos conhecido, tereis conhecido, terão conhecido	
Futuro Do Pretérito/condicional	**Futuro Do Pretérito Composto**	
conheceria, conhecerias, conheceria, conheceríamos, conheceríeis, conheceriam	teria conhecido, terias conhecido, teria conhecido, teríamos conhecido, teríeis conhecido, teriam conhecido	

MODO SUBJUNTIVO/CONJUNTIVO

Presente	Pretérito Perfeito Composto
conheça, conheças, conheça, conheçamos, conheçais, conheçam	tenha conhecido, tenhas conhecido, tenha conhecido, tenhamos conhecido, tenhais conhecido, tenham conhecido
Pretérito Imperfeito	**Pretérito Mais-que-perfeito Composto**
conhecesse, conhecesses, conhecesse, conhecêssemos, conhecêsseis, conhecessem	tivesse conhecido, tivesses conhecido, tivesse conhecido, tivéssemos conhecido, tivésseis conhecido, tivessem conhecido
Futuro	**Futuro Composto**
conhecer, conheceres, conhecer, conhecermos, conhecerdes, conhecerem	tiver conhecido, tiveres conhecido, tiver conhecido, tivermos conhecido, tiverdes conhecido, tiverem conhecido

MODO IMPERATIVO

Afirmativo	Negativo
–, conhece, conheça, conheçamos, conhecei, conheçam	–, não conheças, não conheça, não conheçamos, não conheçais, não conheçam

FORMAS NOMINAIS

Infinitivo Pessoal	Infinitivo Pessoal Composto
conhecer, conheceres, conhecer, conhecermos, conhecerdes, conhecerem	ter conhecido, teres conhecido, ter conhecido, termos conhecido, terdes conhecido, terem conhecido
Infinitivo Impessoal	**Infinitivo Impessoal Composto**
conhecer	ter conhecido
Gerúndio	**Gerúndio Composto**
conhecendo	tendo conhecido
Particípio	
conhecido	

VERBO: construir
CLASSE: irregular
FORMA: transitivo (costruire)

MODO INDICATIVO

Presente	Pretérito Perfeito	Pretérito Perfeito Composto
construo, constróis, constrói, construímos, construís, constroem	construí, construíste, construiu, construímos, construístes, construíram	tenho construído, tens construído, tem construído, temos construído, tendes construído, têm construído
Pretérito Imperfeito	**Pretérito Mais-que-perfeito**	**Pretérito Mais-que-perfeito Composto**
construía, construías, construía, construíamos, construíeis, construíam	construíra, construíras, construíra, construíramos, construíreis, construíram	tinha construído, tinhas construído, tinha construído, tínhamos construído, tínheis construído, tinham construído

Futuro Do Presente	Futuro Do Presente Composto
construirei, construirás, construirá, construiremos, construireis, construirão	terei construído, terás construído, terá construído, teremos construído, tereis construído, terão construído
Futuro Do Pretérito/condicional	**Futuro Do Pretérito Composto**
construiria, construirias, construiria, construiríamos, construiríeis, construiriam	teria construído, terias construído, teria construído, teríamos construído, teríeis construído, teriam construído

MODO SUBJUNTIVO/CONJUNTIVO

Presente	Pretérito Perfeito Composto
construa, construas, construa, construamos, construais, construam	tenha construído, tenhas construído, tenha construído, tenhamos construído, tenhais construído, tenham construído
Pretérito Imperfeito	**Pretérito Mais-que-perfeito Composto**
construísse, construísses, construísse, construíssemos, construísseis, construíssem	tivesse construído, tivesses construído, tivesse construído, tivéssemos construído, tivésseis construído, tivessem construído
Futuro	**Futuro Composto**
construir, construíres, construir, construirmos, construirdes, construírem	tiver construído, tiveres construído, tiver construído, tivermos construído, tiverdes construído, tiverem construído

MODO IMPERATIVO

Afirmativo	Negativo
–, constrói, construa, construamos, construí, construam	–, não construas, não construa, não construamos, não construais, não construam

FORMAS NOMINAIS

Infinitivo Pessoal	Infinitivo Pessoal Composto
construir, construíres, construir, construirmos, construirdes, construírem	ter construído, teres construído, ter construído, termos construído, terdes construído, terem construído
Infinitivo Impessoal	**Infinitivo Impessoal Composto**
construir	ter construído
Gerúndio	**Gerúndio Composto**
construindo	tendo construído
Particípio	
construído	

VERBO: crer
CLASSE: irregular
FORMA: transitivo (credere), **intransitivo** (credere, avere fede), **reflexivo** (credersi, giudicarsi)

MODO INDICATIVO

Presente	Pretérito Perfeito	Pretérito Perfeito Composto
creio, crês, crê, cremos, credes, crêem	cri, creste, creu, cremos, crestes, creram	tenho crido, tens crido, tem crido, temos crido, tendes crido, têm crido
Pretérito Imperfeito	**Pretérito Mais-que-perfeito**	**Pretérito Mais-que-perfeito Composto**
cria, crias, cria, críamos, críeis, criam	crera, creras, crera, crêramos, crêreis, creram	tinha crido, tinhas crido, tinha crido, tínhamos crido, tínheis crido, tinham crido

Futuro Do Presente	Futuro Do Presente Composto
crerei, crerás, crerá, creremos, crereis, crerão	terei crido, terás crido, terá crido, teremos crido, tereis crido, terão crido
Futuro Do Pretérito/condicional	**Futuro Do Pretérito Composto**
creria, crerias, creria, creríamos, creríeis, creriam	teria crido, terias crido, teria crido, teríamos crido, teríeis crido, teriam crido

MODO SUBJUNTIVO/CONJUNTIVO

Presente	Pretérito Perfeito Composto
creia, creias, creia, creiamos, creiais, creiam	tenha crido, tenhas crido, tenha crido, tenhamos crido, tenhais crido, tenham crido
Pretérito Imperfeito	**Pretérito Mais-que-perfeito Composto**
cresse, cresses, cresse, crêssemos, crêsseis, cressem	tivesse crido, tivesses crido, tivesse crido, tivéssemos crido, tivésseis crido, tivessem crido

Futuro	Futuro Composto
crer, creres, crer, crermos, crerdes, crerem	tiver crido, tiveres crido, tiver crido, tivermos crido, tiverdes crido, tiverem crido

MODO IMPERATIVO

Afirmativo	Negativo
–, crê, creia, creiamos, crede, creiam	–, não creias, não creia, não creiamos, não creais, não creiam

FORMAS NOMINAIS

Infinitivo Pessoal	Infinitivo Pessoal Composto
crer, creres, crer, crermos, crerdes, crerem	ter crido, teres crido, ter crido, termos crido, terdes crido, terem crido
Infinitivo Impessoal	**Infinitivo Impessoal Composto**
crer	ter crido
Gerúndio	**Gerúndio Composto**
crendo	tendo crido
Particípio	
crido	

VERBO: dançar
CLASSE: regular (com alteração ortográfica)
FORMA: transitivo (ballare, danzare) **e intransitivo** (ballare, danzare)

MODO INDICATIVO

Presente	Pretérito Perfeito	Pretérito Perfeito Composto
danço, danças, dança, dançamos, dançais, dançam	dancei, dançaste, dançou, dançamos, dançastes, dançaram	tenho dançado, tens dançado, tem dançado, temos dançado, tendes dançado, têm dançado

Pretérito Imperfeito	Pretérito Mais-que-perfeito	Pretérito Mais-que-perfeito Composto
dançava, dançavas, dançava, dançávamos, dançáveis, dançavam	dançara, dançaras, dançara, dançáramos, dançáreis, dançaram	tinha dançado, tinhas dançado, tinha dançado, tínhamos dançado, tínheis dançado, tinham dançado

Futuro Do Presente	Futuro Do Presente Composto
dançarei, dançarás, dançará, dançaremos, dançareis, dançarão	terei dançado, terás dançado, terá dançado, teremos dançado, tereis dançado, terão dançado
Futuro Do Pretérito/condicional	**Futuro Do Pretérito Composto**
dançaria, dançarias, dançaria, dançaríamos, dançaríeis, dançariam	teria dançado, terias dançado, teria dançado, teríamos dançado, teríeis dançado, teriam dançado

MODO SUBJUNTIVO/CONJUNTIVO

Presente	Pretérito Perfeito Composto
dance, dances, dance, dancemos, danceis, dancem	tenha dançado, tenhas dançado, tenha dançado, tenhamos dançado, tenhais dançado, tenham dançado
Pretérito Imperfeito	**Pretérito Mais-que-perfeito Composto**
dançasse, dançasses, dançasse, dançássemos, dançásseis, dançassem	tivesse dançado, tivesses dançado, tivesse dançado, tivéssemos dançado, tivésseis dançado, tivessem dançado
Futuro	**Futuro Composto**
dançar, dançares, dançar, dançarmos, dançardes, dançarem	tiver dançado, tiveres dançado, tiver dançado, tivermos dançado, tiverdes dançado, tiverem dançado

MODO IMPERATIVO

Afirmativo	Negativo
–, dança, dance, dancemos, dançai, dancem	–, não dances, não dance, não dancemos, não danceis, não dancem

FORMAS NOMINAIS	
Infinitivo Pessoal	**Infinitivo Pessoal Composto**
dançar, dançares, dançar, dançarmos, dançardes, dançarem	ter dançado, teres dançado, ter dançado, termos dançado, terdes dançado, terem dançado
Infinitivo Impessoal	**Infinitivo Impessoal Composto**
dançar	ter dançado
Gerúndio	**Gerúndio Composto**
dançando	tendo dançado
Particípio	
dançado	

VERBO: dar

CLASSE: irregular

FORMA: transitivo (dare), **intransitivo** (battere, urtare, picchiare, dare), **reflexivo** (darsi, dedicarsi)

MODO INDICATIVO		
Presente	**Pretérito Perfeito**	**Pretérito Perfeito Composto**
dou, dás, dá, damos, dais, dão	dei, deste, deu, demos, destes, deram	tenho dado, tens dado, tem dado, temos dado, tendes dado, têm dado
Pretérito Imperfeito	**Pretérito Mais-que-perfeito**	**Pretérito Mais-que-perfeito Composto**
dava, davas, dava, dávamos, dáveis, davam	dera, deras, dera, déramos, déreis, deram	tinha dado, tinhas dado, tinha dado, tínhamos dado, tínheis dado, tinham dado
Futuro Do Presente	**Futuro Do Presente Composto**	
darei, darás, dará, daremos, dareis, darão	terei dado, terás dado, terá dado, teremos dado, tereis dado, terão dado	
Futuro Do Pretérito/condicional	**Futuro Do Pretérito Composto**	
daria, darias, daria, daríamos, daríeis, dariam	teria dado, terias dado, teria dado, teríamos dado, teríeis dado, teriam dado	

MODO SUBJUNTIVO/CONJUNTIVO

Presente	Pretérito Perfeito Composto
dê, dês, dê, demos, deis, dêem	tenha dado, tenhas dado, tenha dado, tenhamos dado, tenhais dado, tenham dado
Pretérito Imperfeito	**Pretérito Mais-que-perfeito Composto**
desse, desses, desse, déssemos, désseis, dessem	tivesse dado, tivesses dado, tivesse dado, tivéssemos dado, tivésseis dado, tivessem dado
Futuro	**Futuro Composto**
der, deres, der, dermos, derdes, derem	tiver dado, tiveres dado, tiver dado, tivermos dado, tiverdes dado, tiverem dado

MODO IMPERATIVO

Afirmativo	Negativo
–, dá, dê, demos, dai, dêem	–, não dês, não dê, não demos, não deis, não dêem

FORMAS NOMINAIS

Infinitivo Pessoal	Infinitivo Pessoal Composto
dar, dares, dar, darmos, dardes, darem	ter dado, teres dado, ter dado, termos dado, terdes dado, terem dado
Infinitivo Impessoal	**Infinitivo Impessoal Composto**
dar	ter dado
Gerúndio	**Gerúndio Composto**
dando	tendo dado
Particípio	
dado	

VERBO: distinguir
CLASSE: regular (com alteração ortográfica e duplo particípio)
FORMA: transitivo (distinguere, discernere), **intransitivo** (distinguere) **e reflexivo** (distinguersi, mettersi in luce)

MODO INDICATIVO

Presente	Pretérito Perfeito	Pretérito Perfeito Composto
distingo, distingues, distingue, distinguimos, distinguis, distinguem	distingui, distinguiste, distinguiu, distinguimos, distinguistes, distinguiram	tenho distinguido, tem distinguido, temos distinguido, tendes distinguido, têm distinguido
Pretérito Imperfeito	**Pretérito Mais-que-perfeito**	**Pretérito Mais-que-perfeito Composto**
distinguia, distinguias, distinguia, distinguíamos, distinguíeis, distinguiam	distinguira, distinguiras, distinguira, distinguíramos, distinguíreis, distinguiram	tinha distinguido, tinhas distinguido, tinha distinguido, tínhamos distinguido, tínheis distinguido, tinham distinguido

Futuro Do Presente	Futuro Do Presente Composto
distinguirei, distinguirás, distinguirá, distinguiremos, distinguireis, distinguirão	terei distinguido, terás distinguido, terá distinguido, teremos distinguido, tereis distinguido, terão distinguido
Futuro Do Pretérito/condicional	**Futuro Do Pretérito Composto**
distinguiria, distinguirias, distinguiria, distinguiríamos, distinguiríeis, distinguiriam	teria distinguido, terias distinguido, teria distinguido, teríamos distinguido, teríeis distinguido, teriam distinguido

MODO SUBJUNTIVO/CONJUNTIVO

Presente	Pretérito Perfeito Composto
distinga, distingas, distinga, distingamos, distingais, distingam	tenha distinguido, tenhas distinguido, tenha distinguido, tenhamos distinguido, tenhais distinguido, tenham distinguido
Pretérito Imperfeito	**Pretérito Mais-que-perfeito Composto**
distinguisse, distinguisses, distinguisse, distinguíssemos, distinguísseis, distinguissem	tivesse distinguido, tivesses distinguido, tivesse distinguido, tivéssemos distinguido, tivésseis distinguido, tivessem distinguido
Futuro	**Futuro Composto**
distinguir, distinguires, distinguir, distinguirmos, distinguirdes, distinguirem	tiver distinguido, tiveres distinguido, tiver distinguido, tivermos distinguido, tiverdes distinguido, tiverem distinguido

MODO IMPERATIVO

Afirmativo	Negativo
–, distingue, distinga, distingamos, distingui, distingam	–, não distingas, não distinga, não distingamos, não distingais, não distingam

FORMAS NOMINAIS

Infinitivo Pessoal	Infinitivo Pessoal Composto
distinguir, distinguires, distinguir, distinguirmos, distinguirdes, distinguirem	ter distinguido, teres distinguido, ter distinguido, termos distinguido, terdes distinguido, terem distinguido
Infinitivo Impessoal	**Infinitivo Impessoal Composto**
distinguir	ter distinguido
Gerúndio	**Gerúndio Composto**
distinguindo	tendo distinguido
Particípio	
distinguido	

VERBO: dizer

CLASSE: irregular

FORMA: transitivo (dire), **intransitivo** (convenire, addirsi), **reflexivo** (dirsi, dichiararsi, considerarsi)

MODO INDICATIVO

Presente	Pretérito Perfeito	Pretérito Perfeito Composto
digo, dizes, diz, dizemos, dizeis, dizem	disse, disseste, disse, dissemos, dissestes, disseram	tenho dito, tens dito, tem dito, temos dito, tendes dito, têm dito
Pretérito Imperfeito	**Pretérito Mais-que-perfeito**	**Pretérito Mais-que-perfeito Composto**
dizia, dizias, dizia, dizíamos, dizíeis, diziam	dissera, disseras, dissera, disséramos, disséreis, disseram	tinha dito, tinhas dito, tinha dito, tínhamos dito, tínheis dito, tinham dito

Futuro Do Presente	Futuro Do Presente Composto
direi, dirás, dirá, diremos, direis, dirão	terei dito, terás dito, terá dito, teremos dito, tereis dito, terão dito
Futuro Do Pretérito/condicional	**Futuro Do Pretérito Composto**
diria, dirias, diria, diríamos, diríeis, diriam	teria dito, terias dito, teria dito, teríamos dito, teríeis dito, teriam dito

MODO SUBJUNTIVO/CONJUNTIVO

Presente	Pretérito Perfeito Composto
diga, digas, diga, digamos, digais, digam	tenha dito, tenhas dito, tenha dito, tenhamos dito, tenhais dito, tenham dito
Pretérito Imperfeito	**Pretérito Mais-que-perfeito Composto**
dissesse, dissesses, dissesse, disséssemos, dissésseis, dissessem	tivesse dito, tivesses dito, tivesse dito, tivéssemos dito, tivésseis dito, tivessem dito
Futuro	**Futuro Composto**
disser, disseres, disser, dissermos, disserdes, disserem	tiver dito, tiveres dito, tiver dito, tivermos dito, tiverdes dito, tiverem dito

MODO IMPERATIVO	
Afirmativo	**Negativo**
–, dize, diga, digamos, dizei, digam	–, não digas, não diga, não digamos, não digais, não digam

FORMAS NOMINAIS	
Infinitivo Pessoal	**Infinitivo Pessoal Composto**
dizer, dizeres, dizer, dizermos, dizerdes, dizerem	ter dito, teres dito, ter dito, termos dito, terdes dito, terem dito
Infinitivo Impessoal	**Infinitivo Impessoal Composto**
dizer	ter dito
Gerúndio	**Gerúndio Composto**
dizendo	tendo dito
Particípio	
dito	

VERBO: erguer

CLASSE: regular (com alteração ortográfica)

FORMA: transitivo (ergere, erigere, alzare, innalzare) **e reflexivo** (ergersi, erigersi, alzarsi)

MODO INDICATIVO		
Presente	**Pretérito Perfeito**	**Pretérito Perfeito Composto**
ergo, ergues, ergue, erguemos, ergueis, erguem	ergui, ergueste, ergueu, erguemos, erguestes, ergueram	tenho erguido, tens erguido, tem erguido, temos erguido, tendes erguido, têm erguido
Pretérito Imperfeito	**Pretérito Mais-que-perfeito**	**Pretérito Mais-que-perfeito Composto**
erguia, erguias, erguia, erguíamos, erguíeis, erguiam	erguera, ergueras, erguera, erguêramos, erguêreis, ergueram	tinha erguido, tinhas erguido, tinha erguido, tínhamos erguido, tínheis erguido, tinham erguido

Futuro Do Presente	Futuro Do Presente Composto
erguerei, erguerás, erguerá, ergueremos, erguereis, erguerão	terei erguido, terás erguido, terá erguido, teremos erguido, tereis erguido, terão erguido
Futuro Do Pretérito/condicional	**Futuro Do Pretérito Composto**
ergueria, erguerias, ergueria, ergueríamos, ergueríeis, ergueriam	teria erguido, terias erguido, teria erguido, teríamos erguido, teríeis erguido, teriam erguido

MODO SUBJUNTIVO/CONJUNTIVO

Presente	Pretérito Perfeito Composto
erga, ergas, erga, ergamos, ergais, ergam	tenha erguido, tenhas erguido, tenha erguido, tenhamos erguido, tenhais erguido, tenham erguido
Pretérito Imperfeito	**Pretérito Mais-que-perfeito Composto**
erguesse, erguesses, erguesse, erguêssemos, erguêsseis, erguessem	tivesse erguido, tivesses erguido, tivesse erguido, tivéssemos erguido, tivésseis erguido, tivessem erguido
Futuro	**Futuro Composto**
erguer, ergueres, erguer, erguermos, erguerdes, erguerem	tiver erguido, tiveres erguido, tiver erguido, tivermos erguido, tiverdes erguido, tiverem erguido

MODO IMPERATIVO

Afirmativo	Negativo
–, ergue, erga, ergamos, erguei, ergam	–, não ergas, não erga, não ergamos, não ergais, não ergam

FORMAS NOMINAIS

Infinitivo Pessoal	Infinitivo Pessoal Composto
erguer, ergueres, erguer, erguermos, erguerdes, erguerem	ter erguido, teres erguido, ter erguido, termos erguido, terdes erguido, terem erguido
Infinitivo Impessoal	**Infinitivo Impessoal Composto**
erguer	ter erguido

Gerúndio	Gerúndio Composto
erguendo	tendo erguido
Particípio	
erguido	

VERBO: fazer
CLASSE: irregular
FORMA: transitivo (fare), **intransitivo** (lavorare, procedere, sostituire), **riflexivo** (farsi, divenire)

MODO INDICATIVO

Presente	Pretérito Perfeito	Pretérito Perfeito Composto
faço, fazes, faz, fazemos, fazeis, fazem	fiz, fizeste, fez, fizemos, fizestes, fizeram	tenho feito, tens feito, tem feito, temos feito, tendes feito, têm feito
Pretérito Imperfeito	**Pretérito Mais-que-perfeito**	**Pretérito Mais-que-perfeito Composto**
fazia, fazias, fazia, fazíamos, fazíeis, faziam	fizera, fizeras, fizera, fizéramos, fizéreis, fizeram	tinha feito, tinhas feito, tinha feito, tínhamos feito, tínheis feito, tinham feito

Futuro Do Presente	Futuro Do Presente Composto
farei, farás, fará, faremos, fareis, farão	terei feito, terás feito, terá feito, teremos feito, tereis feito, terão feito
Futuro Do Pretérito/condicional	**Futuro Do Pretérito Composto**
faria, farias, faria, faríamos, faríeis, fariam	teria feito, terias feito, teria feito, teríamos feito, teríeis feito, teriam feito

MODO SUBJUNTIVO/CONJUNTIVO

Presente	Pretérito Perfeito Composto
faça, faças, faça, façamos, façais, façam	tenha feito, tenhas feito, tenha feito, tenhamos feito, tenhais feito, tenham feito

Pretérito Imperfeito	Pretérito Mais-que-perfeito Composto
fizesse, fizesses, fizesse, fizéssemos, fizésseis, fizessem	tivesse feito, tivesses feito, tivesse feito, tivéssemos feito, tivésseis feito, tivessem feito
Futuro	**Futuro Composto**
fizer, fizeres, fizer, fizermos, fizerdes, fizerem	tiver feito, tiveres feito, tiver feito, tivermos feito, tiverdes feito, tiverem feito

MODO IMPERATIVO

Afirmativo	Negativo
–, faze, faça, façamos, fazei, façam	–, não faças, não faça, não façamos, não façais, não façam

FORMAS NOMINAIS

Infinitivo Pessoal	Infinitivo Pessoal Composto
fazer, fazeres, fazer, fazermos, fazerdes, fazerem	ter feito, teres feito, ter feito, termos feito, terdes feito, terem feito
Infinitivo Impessoal	**Infinitivo Impessoal Composto**
fazer	ter feito
Gerúndio	**Gerúndio Composto**
fazendo	tendo feito
Particípio	
feito	

VERBO: fugir
CLASSE: irregular
FORMA: intransitivo (fuggire, scappare, sfuggire), **transitivo** (scappare, sfuggire, evitare)

MODO INDICATIVO

Presente	Pretérito Perfeito	Pretérito Perfeito Composto
fujo, foges, foge, fugimos, fugis, fogem	fugi, fugiste, fugiu, fugimos, fugistes, fugiram	tenho fugido, tens fugido, tem fugido, temos fugido, tendes fugido, têm fugido

Pretérito Imperfeito	Pretérito Mais-que-perfeito	Pretérito Mais-que-perfeito Composto
fugia, fugias, fugia, fugíamos, fugíeis, fugiam	fugira, fugiras, fugira, fugíramos, fugíreis, fugiram	tinha fugido, tinhas fugido, tinha fugido, tínhamos fugido, tínheis fugido, tinham fugido

Futuro Do Presente	Futuro Do Presente Composto
fugirei, fugirás, fugirá, fugiremos, fugireis, fugirão	terei fugido, terás fugido, terá fugido, teremos fugido, tereis fugido, terão fugido
Futuro Do Pretérito/condicional	**Futuro Do Pretérito Composto**
fugiria, fugirias, fugiria, fugiríamos, fugiríeis, fugiriam	teria fugido, terias fugido, teria fugido, teríamos fugido, teríeis fugido, teriam fugido

MODO SUBJUNTIVO/CONJUNTIVO

Presente	Pretérito Perfeito Composto
fuja, fujas, fuja, fujamos, fujais, fujam	tenha fugido, tenhas fugido, tenha fugido, tenhamos fugido, tenhais fugido, tenham fugido
Pretérito Imperfeito	**Pretérito Mais-que-perfeito Composto**
fugisse, fugisses, fugisse, fugíssemos, fugísseis, fugissem	tivesse fugido, tivesses fugido, tivesse fugido, tivéssemos fugido, tivésseis fugido, tivessem fugido
Futuro	**Futuro Composto**
fugir, fugires, fugir, fugirmos, fugirdes, fugirem	tiver fugido, tiveres fugido, tiver fugido, tivermos fugido, tiverdes fugido, tiverem fugido

MODO IMPERATIVO

Afirmativo	Negativo
–, foge, fuja, fujamos, fugi, fujam	–, não fujas, não fuja, não fujamos, não fujais, não fujam

FORMAS NOMINAIS

Infinitivo Pessoal	Infinitivo Pessoal Composto
fugir, fugires, fugir, fugirmos, fugirdes, fugirem	ter fugido, teres fugido, ter fugido, termos fugido, terdes fugido, terem fugido
Infinitivo Impessoal	**Infinitivo Impessoal Composto**
fugir	ter fugido
Gerúndio	**Gerúndio Composto**
fugindo	tendo fugido
Particípio	
fugido	

VERBO: incendiar

CLASSE: irregular

FORMA: transitivo (incendiare, dare fuoco) **e reflexivo** (incendiarsi, infiammarsi)

MODO INDICATIVO

Presente	Pretérito Perfeito	Pretérito Perfeito Composto
incendeio, incendeias, incendeia, incendiamos, incendiais, incendeiam	incendiei, incendiaste, incendiou, incendiamos, incendiastes, incendiaram	tenho incendiado, tens incendiado, tem incendiado, temos incendiado, tendes incendiado, têm incendiado
Pretérito Imperfeito	**Pretérito Mais-que-perfeito**	**Pretérito Mais-que-perfeito Composto**
incendiava, incendiavas, incendiava, incendiávamos, incendiáveis, incendiavam	incendiara, incendiaras, incendiara, incendiáramos, incendiáreis, incendiaram	tinha incendiado, tinhas incendiado, tinha incendiado, tínhamos incendiado, tínheis incendiado, tinham incendiado

Futuro Do Presente	Futuro Do Presente Composto
incendiarei, incendiarás, incendiará, incendiaremos, incendiareis, incendiarão	terei incendiado, terás incendiado, terá incendiado, teremos incendiado, tereis incendiado, terão incendiado

Futuro Do Pretérito/condicional	Futuro Do Pretérito Composto
incendiaria, incendiarias, incendiaria, incendiaríamos, incendiaríeis, incendiariam	teria incendiado, terias incendiado, teria incendiado, teríamos incendiado, teríeis incendiado, teriam incendiado

MODO SUBJUNTIVO/CONJUNTIVO

Presente	Pretérito Perfeito Composto
incendeie, incendeies, incendeie, incendiemos, incendieis, incendeiem	tenha incendiado, tenhas incendiado, tenha incendiado, tenhamos incendiado, tenhais incendiado, tenham incendiado
Pretérito Imperfeito	**Pretérito Mais-que-perfeito Composto**
incendiasse, incendiasses, incendiasse, incendiássemos, incendiásseis, incendiassem	tivesse incendiado, tivesses incendiado, tivesse incendiado, tivéssemos incendiado, tivésseis incendiado, tivessem incendiado
Futuro	**Futuro Composto**
incendiar, incendiares, incendiar, incendiarmos, incendiardes, incendiarem	tiver incendiado, tiveres incendiado, tiver incendiado, tivermos incendiado, tiverdes incendiado, tiverem incendiado

MODO IMPERATIVO

Afirmativo	Negativo
–, incendeia, incendeie, incendiemos, incendiai, incendeiem	–, não incendeies, não incendeie, não incendiemos, não incendieis, não incendeiem

FORMAS NOMINAIS

Infinitivo Pessoal	Infinitivo Pessoal Composto
incendiar, incendiares, incendiar, incendiarmos, incendiardes, incendiarem	ter incendiado, teres incendiado, ter incendiado, termos incendiado, terdes incendiado, terem incendiado
Infinitivo Impessoal	**Infinitivo Impessoal Composto**
incendiar	ter incendiado

Gerúndio	Gerúndio Composto
incendiando	tendo incendiado
Particípio	
incendiado	

VERBO: ir

CLASSE: irregular/anômalo

FORMA: intransitivo (andare), **reflexivo** (andarsene, rovinare)

MODO INDICATIVO

Presente	Pretérito Perfeito	Pretérito Perfeito Composto
vou, vais, vai,vamos, ides, vão	fui, foste, foi, fomos, fostes, foram	tenho ido, tens ido, tem ido, temos ido, tendes ido, têm ido
Pretérito Imperfeito	**Pretérito Mais-que-perfeito**	**Pretérito Mais-que-perfeito Composto**
ia, ias, ia, íamos, íeis, iam	fora, foras, fora, fôramos, fôreis, foram	tinha ido, tinhas ido, tinha ido, tínhamos ido, tínheis ido, tinham ido

Futuro Do Presente	Futuro Do Presente Composto
irei, irás, irá, iremos, ireis, irão	terei ido, terás ido, terá ido, teremos ido, tereis ido, terão ido
Futuro Do Pretérito/condicional	**Futuro Do Pretérito Composto**
iria, irias, iria, iríamos, iríeis, iriam	teria ido, terias ido, teria ido, teríamos ido, teríeis ido, teriam ido

MODO SUBJUNTIVO/CONJUNTIVO

Presente	Pretérito Perfeito Composto
vá, vás, vá, vamos, vades, vão	tenha ido, tenhas ido, tenha ido, tenhamos ido, tenhais ido, tenham ido
Pretérito Imperfeito	**Pretérito Mais-que-perfeito Composto**
fosse, fosses, fosse, fôssemos, fôsseis, fossem	tivesse ido, tivesses ido, tivesse ido, tivéssemos ido, tivésseis ido, tivessem ido

Futuro	Futuro Composto
for, fores, for, formos, fordes, forem	tiver ido, tiveres ido, tiver ido, tivermos ido, tiverdes ido, tiverem ido

MODO IMPERATIVO	
Afirmativo	**Negativo**
–, vai, vá, vamos, ide, vão	–, não vás, não vá, não vamos, não vades, não vão

FORMAS NOMINAIS	
Infinitivo Pessoal	**Infinitivo Pessoal Composto**
ir, ires, ir, irmos, irdes, irem	ter ido, teres ido, ter ido, termos ido, terdes ido, terem ido
Infinitivo Impessoal	**Infinitivo Impessoal Composto**
ir	ter ido
Gerúndio	**Gerúndio Composto**
indo	tendo ido
Particípio	
ido	

VERBO: jazer
CLASSE: regular (com exceção da 3ª pessoa singular do presente do indicativo que perde o *-e* final)
FORMA: intransitivo (giacere)

MODO INDICATIVO		
Presente	**Pretérito Perfeito**	**Pretérito Perfeito Composto**
jazo, jazes, jaz, jazemos, jazeis, jazem	jazi, jazeste, jazeu, jazemos, jazestes, jazeram	tenho jazido, tens jazido, tem jazido, temos jazido, tendes jazido, têm jazido
Pretérito Imperfeito	**Pretérito Mais-que-perfeito**	**Pretérito Mais-que-perfeito Composto**
jazia, jazias, jazia, jazíamos, jazíeis, jazia	jazera, jazeras, jazera, jazêramos, jazêreis, jazeram	tinha jazido, tinhas jazido, tinha jazido, tínhamos jazido, tínheis jazido, tinham jazido

Futuro Do Presente	Futuro Do Presente Composto
jazerei, jazerás, jazerá, jazeremos, jazereis, jazerão	terei jazido, terás jazido, terá jazido, teremos jazido, tereis jazido, terão jazido
Futuro Do Pretérito/condicional	**Futuro Do Pretérito Composto**
jazeria, jazerias, jazeria, jazeríamos, jazeríeis, jazeriam	teria jazido, terias jazido, teria jazido, teríamos jazido, teríeis jazido, teriam jazido

MODO SUBJUNTIVO/CONJUNTIVO

Presente	Pretérito Perfeito Composto
jaza, jazas, jaza, jazamos, jazais, jazam	tenha jazido, tenhas jazido, tenha jazido, tenhamos jazido, tenhais jazido, tenham jazido
Pretérito Imperfeito	**Pretérito Mais-que-perfeito Composto**
jazesse, jazesses, jazesse, jazêssemos, jazêsseis, jazessem	tivesse jazido, tivesses jazido, tivesse jazido, tivéssemos jazido, tivésseis jazido, tivessem jazido
Futuro	**Futuro Composto**
jazer, jazeres, jazer, jazermos, jazerdes, jazerem	tiver jazido, tiveres jazido, tiver jazido, tivermos jazido, tiverdes jazido, tiverem jazido

MODO IMPERATIVO

Afirmativo	Negativo
–, jaz/jaze, jaza, jazamos, jazei, jazam	–, não jazas, não jaza, não jazamos, não jazais, não jazam

FORMAS NOMINAIS

Infinitivo Pessoal	Infinitivo Pessoal Composto
jazer, jazeres, jazer, jazermos, jazerdes, jazerem	ter jazido, teres jazido, ter jazido, termos jazido, terdes jazido, terem jazido
Infinitivo Impessoal	**Infinitivo Impessoal Composto**
jazer	ter jazido

Gerúndio	Gerúndio Composto
jazendo	tendo jazido
Particípio	
jazido	

VERBO: ler
CLASSE: irregular
FORMA: transitivo (leggere)

MODO INDICATIVO

Presente	Pretérito Perfeito	Pretérito Perfeito Composto
leio, lês, lê, lemos, ledes, lêem	li, leste, leu, lemos, lestes, leram	tenho lido, tens lido, tem lido, temos lido, tendes lido, têm lido
Pretérito Imperfeito	**Pretérito Mais-que-perfeito**	**Pretérito Mais-que-perfeito Composto**
lia, lias, lia, líamos, líeis, liam	lera, leras, lera, lêramos, lêreis, leram	tinha lido, tinhas lido, tinha lido, tínhamos lido, tínheis lido, tinham lido

Futuro Do Presente	Futuro Do Presente Composto
lerei, lerás, lerá, leremos, lereis, lerão	terei lido, terás lido, terá lido, teremos lido, tereis lido, terão lido
Futuro Do Pretérito/condicional	**Futuro Do Pretérito Composto**
leria, lerias, leria, leríamos, leríeis, leriam	teria lido, terias lido, teria lido, teríamos lido, teríeis lido, teriam lido

MODO SUBJUNTIVO/CONJUNTIVO

Presente	Pretérito Perfeito Composto
leia, leias, leia, leiamos, leiais, leiam	tenha lido, tenhas lido, tenha lido, tenhamos lido, tenhais lido, tenham lido

Pretérito Imperfeito	Pretérito Mais-que-perfeito Composto
lesse, lesses, lesse, lêssemos, lêsseis, lessem	tivesse lido, tivesses lido, tivesse lido, tivéssemos lido, tivésseis lido, tivessem lido
Futuro	**Futuro Composto**
ler, leres, ler, lermos, lerdes, lerem	tiver lido, tiveres lido, tiver lido, tivermos lido, tiverdes lido, tiverem lido

MODO IMPERATIVO

Afirmativo	Negativo
–, lê, leia, leiamos, lede, leiam	–, não leias, não leia, não leiamos, não leiais, não leiam

FORMAS NOMINAIS

Infinitivo Pessoal	Infinitivo Pessoal Composto
ler, leres, ler, lermos, lerdes, lerem	ter lido, teres lido, ter lido, termos lido, terdes lido, terem lido
Infinitivo Impessoal	**Infinitivo Impessoal Composto**
ler	ter lido
Gerúndio	**Gerúndio Composto**
lendo	tendo lido
Particípio	
lido	

VERBO: magoar

CLASSE: regular (assim são conjugados os verbos regulares terminados em -*oar*)

FORMA: transitivo (far male, ferire, ammaccare, pestare, addolorare, rattristare)

MODO INDICATIVO

Presente	Pretérito Perfeito	Pretérito Perfeito Composto
magôo, magoas, magoa, magoamos, magoais, magoam	magoei, magoaste, magoou, magoamos, magoastes, magoaram	tenho magoado, tens magoado, tem magoado, temos magoado, tendes magoado, têm magoado

Pretérito Imperfeito	Pretérito Mais-que-perfeito	Pretérito Mais-que-perfeito Composto
magoava, magoavas, magoava, magoávamos, magoáveis, magoavam	magoara, magoaras, magoara, magoáramos, magoáreis, magoaram	tinha magoado, tinhas magoado, tinha magoado, tínhamos magoado, tínheis magoado, tinham magoado

Futuro Do Presente	Futuro Do Presente Composto
magoarei, magoarás, magoará, magoaremos, magoareis, magoarão	terei magoado, terás magoado, terá magoado, teremos magoado, tereis magoado, terão magoado

Futuro Do Pretérito/condicional	Futuro Do Pretérito Composto
magoaria, magoarias, magoaria, magoaríamos, magoaríeis, magoariam	teria magoado, terias magoado, teria magoado, teríamos magoado, teríeis magoado, teriam magoado

MODO SUBJUNTIVO/CONJUNTIVO

Presente	Pretérito Perfeito Composto
magoe, magoes, magoe, magoemos, magoeis, magoem	tenha magoado, tenhas magoado, tenha magoado, tenhamos magoado, tenhais magoado, tenham magoado
Pretérito Imperfeito	**Pretérito Mais-que-perfeito Composto**
magoasse, magoasses, magoasse, magoássemos, magoásseis, magoassem	tivesse magoado, tivesses magoado, tivesse magoado, tivéssemos magoado, tivésseis magoado, tivessem magoado
Futuro	**Futuro Composto**
magoar, magoares, magoar, magoarmos, magoardes, magoarem	tiver magoado, tiveres magoado, tiver magoado, tivermos magoado, tiverdes magoado, tiverem magoado

MODO IMPERATIVO	
Afirmativo	**Negativo**
–, magoa, magoe, magoemos, magoai, magoem	–, não magoes, não magoe, não magoemos, não magoeis, não magoem

FORMAS NOMINAIS	
Infinitivo Pessoal	**Infinitivo Pessoal Composto**
magoar, magoares, magoar, magoarmos, magoardes, magoarem	ter magoado, teres magoado, ter magoado, termos magoado, terdes magoado, terem magoado
Infinitivo Impessoal	**Infinitivo Impessoal Composto**
magoar	ter magoado
Gerúndio	**Gerúndio Composto**
magoando	tendo magoado
Particípio	
magoado	

VERBO: mentir
CLASSE: irregular
FORMA: intransitivo (mentire)

MODO INDICATIVO		
Presente	**Pretérito Perfeito**	**Pretérito Perfeito Composto**
minto, mentes, mente, mentimos, mentis, mentem	menti, mentiste, mentiu, mentimos, mentistes, mentiram	tenho mentido, tens mentido, tem mentido, temos mentido, tendes mentido, têm mentido
Pretérito Imperfeito	**Pretérito Mais-que-perfeito**	**Pretérito Mais-que-perfeito Composto**
mentia, mentias, mentia, mentíamos, mentíeis, mentiam	mentira, mentiras, mentira, mentíramos, mentíreis, mentiram	tinha mentido, tinhas mentido, tinha mentido, tínhamos mentido, tínheis mentido, tinham mentido

Futuro Do Presente	Futuro Do Presente Composto
mentirei, mentirás, mentirá, mentiremos, mentireis, mentirão	terei mentido, terás mentido, terá mentido, teremos mentido, tereis mentido, terão mentido
Futuro Do Pretérito/condicional	**Futuro Do Pretérito Composto**
mentiria, mentirias, mentiria, mentiríamos, mentiríeis, mentiriam	teria mentido, terias mentido, teria mentido, teríamos mentido, teríeis mentido, teriam mentido,

MODO SUBJUNTIVO/CONJUNTIVO

Presente	Pretérito Perfeito Composto
minta, mintas, minta, mintamos, mintais, mintam	tenha mentido, tenhas mentido, tenha mentido, tenhamos mentido, tenhais mentido, tenham mentido
Pretérito Imperfeito	**Pretérito Mais-que-perfeito Composto**
mentisse, mentisses, mentisse, mentíssemos, mentísseis, mentissem	tivesse mentido, tivesses mentido, tivesse mentido, tivéssemos mentido, tivésseis mentido, tivessem mentido
Futuro	**Futuro Composto**
mentir, mentires, mentir, mentirmos, mentirdes, mentirem	tiver mentido, tiveres mentido, tiver mentido, tivermos mentido, tiverdes mentido, tiverem mentido

MODO IMPERATIVO

Afirmativo	Negativo
–, mente, minta, mintamos, menti, mintam	–, não mintas, não minta, não mintamos, não mintais, não mintam

FORMAS NOMINAIS

Infinitivo Pessoal	Infinitivo Pessoal Composto
mentir, mentires, mentir, mentirmos, mentirdes, mentirem	ter mentido, teres mentido, ter mentido, termos mentido, terdes mentido, terem mentido
Infinitivo Impessoal	**Infinitivo Impessoal Composto**
mentir	ter mentido

Gerúndio	Gerúndio Composto
mentindo	tendo mentido
Particípio	
mentido	

VERBO: moer

CLASSE: irregular

FORMA: transitivo (macinare, pestare, triturare, stancare) **e reflexivo** (affliggersi, tormentarsi, stancarsi)

MODO INDICATIVO

Presente	Pretérito Perfeito	Pretérito Perfeito Composto
môo, móis, mói, moemos, moeis, moem	moí, moeste, moeu, moemos, moestes, moeram	tenho moído, tens moído, tem moído, temos moído, tendes moído, têm moído
Pretérito Imperfeito	**Pretérito Mais-que-perfeito**	**Pretérito Mais-que-perfeito Composto**
moía, moías, moía, moíamos, moíeis, moíam	moera, moeras, moera, moêramos, moêreis, moeram	tinha moído, tinhas moído, tinha moído, tínhamos moído, tínheis moído, tinham moído

Futuro Do Presente	Futuro Do Presente Composto
moerei, moerás, moerá, moeremos, moereis, moerão	terei moído, terás moído, terá moído, teremos moído, tereis moído, terão moído
Futuro Do Pretérito/condicional	**Futuro Do Pretérito Composto**
moeria, moerias, moeria, moeríamos, moeríeis, moeriam	teria moído, terias moído, teria moído, teríamos moído, teríeis moído, teriam moído

MODO SUBJUNTIVO/CONJUNTIVO

Presente	Pretérito Perfeito Composto
moa, moas, moa, moamos, moais, moam	tenha moído, tenhas moído, tenha moído, tenhamos moído, tenhais moído, tenham moído

Pretérito Imperfeito	Pretérito Mais-que-perfeito Composto
moesse, moesses, moesse, moêssemos, moêsseis, moessem	tivesse moído, tivesses moído, tivesse moído, tivéssemos moído, tivésseis moído, tivessem moído
Futuro	**Futuro Composto**
moer, moeres, moer, moermos, moerdes, moerem	tiver moído, tiveres moído, tiver moído, tivermos moído, tiverdes moído, tiverem moído

MODO IMPERATIVO

Afirmativo	Negativo
–, mói, moa, moamos, moei, moam	–, não moas, não moa, não moamos, não moais, não moam

FORMAS NOMINAIS

Infinitivo Pessoal	Infinitivo Pessoal Composto
moer, moeres, moer, moermos, moerdes, moerem	ter moído, teres moído, ter moído, termos moído, terdes moído, terem moído
Infinitivo Impessoal	**Infinitivo Impessoal Composto**
moer	ter moído
Gerúndio	**Gerúndio Composto**
moendo	tendo moído
Particípio	
moído	

VERBO: ouvir

CLASSE: irregular

FORMA: transitivo (sentire, udire, ascoltare) **e intransitivo** (avere il senso dell'udito)

MODO INDICATIVO

Presente	Pretérito Perfeito	Pretérito Perfeito Composto
ouço, ouves, ouve, ouvimos, ouvis, ouvem	ouvi, ouviste, ouviu, ouvimos, ouvistes, ouviram	tenho ouvido, tens ouvido, tem ouvido, temos ouvido, tendes ouvido, têm ouvido

Pretérito Imperfeito	Pretérito Mais-que-perfeito	Pretérito Mais-que-perfeito Composto
ouvia, ouvias, ouvia, ouvíamos, ouvíeis, ouviam	ouvira, ouviras, ouvira, ouvíramos, ouvíreis, ouviram	tinha ouvido, tinhas ouvido, tinha ouvido, tínhamos ouvido, tínheis ouvido, tinham ouvido

Futuro Do Presente	Futuro Do Presente Composto
ouvirei, ouvirás, ouvirá, ouviremos, ouvireis, ouvirão	terei ouvido, terás ouvido, terá ouvido, teremos ouvido, tereis ouvido, terão ouvido
Futuro Do Pretérito/condicional	**Futuro Do Pretérito Composto**
ouviria, ouvirias, ouviria, ouviríamos, ouviríeis, ouviriam	teria ouvido, terias ouvido, teria ouvido, teríamos ouvido, teríeis ouvido, teriam ouvido

MODO SUBJUNTIVO/CONJUNTIVO

Presente	Pretérito Perfeito Composto
ouça, ouças, ouça, ouçamos, ouçais, ouçam	tenha ouvido, tenhas ouvido, tenha ouvido, tenhamos ouvido, tenhais ouvido, tenham ouvido
Pretérito Imperfeito	**Pretérito Mais-que-perfeito Composto**
ouvisse, ouvisses, ouvisse, ouvíssemos, ouvísseis, ouvissem	tivesse ouvido, tivesses ouvido, tivesse ouvido, tivéssemos ouvido, tivésseis ouvido, tivessem ouvido
Futuro	**Futuro Composto**
ouvir, ouvires, ouvir, ouvirmos, ouvirdes, ouvirem	tiver ouvido, tiveres ouvido, tiver ouvido , tivermos ouvido, tiverdes ouvido, tiverem ouvido

MODO IMPERATIVO

Afirmativo	Negativo
–, ouve, ouça, ouçamos, ouvi, ouçam	–, não ouças, não ouça, não ouçamos, não ouçais, não ouçam

FORMAS NOMINAIS	
Infinitivo Pessoal	**Infinitivo Pessoal Composto**
ouvir, ouvires, ouvir, ouvirmos, ouvirdes, ouvirem	ter ouvido, teres ouvido, ter ouvido, termos ouvido, terdes ouvido, terem ouvido
Infinitivo Impessoal	**Infinitivo Impessoal Composto**
ouvir	ter ouvido
Gerúndio	**Gerúndio Composto**
ouvindo	tendo ouvido
Particípio	
ouvido	

VERBO: passear

CLASSE: irregular

FORMA: intransitivo (passeggiare, andare a passeggio, fare una passeggiata) **e transitivo** (portare a passeggio, a spasso)

MODO INDICATIVO		
Presente	**Pretérito Perfeito**	**Pretérito Perfeito Composto**
passeio, passeias, passeia, passeamos, passeais, passeiam	passeei, passeaste, passeou, passeamos, passeastes, passearam	tenho passeado, tens passeado, tem passeado, temos passeado, tendes passeado, têm passeado
Pretérito Imperfeito	**Pretérito Mais-que-perfeito**	**Pretérito Mais-que-perfeito Composto**
passeava, passeavas, passeava, passeávamos, passeáveis, passeavam	passeara, passearas, passeara, passeáramos, passeáreis, passearam	tinha passeado, tinhas passeado, tinha passeado, tínhamos passeado, tínheis passeado, tinham passeado
Futuro Do Presente	**Futuro Do Presente Composto**	
passearei, passearás, passeará, passearemos, passeareis, passearão	terei passeado, terás passeado, terá passeado, teremos passeado, tereis passeado, terão passeado	

Futuro Do Pretérito/condicional	Futuro Do Pretérito Composto
passearia, passearias, passearia, passearíamos, passearíeis, passeariam	teria passeado, terias passeado, teria passeado, teríamos passeado, teríeis passeado, teriam passeado

MODO SUBJUNTIVO/CONJUNTIVO

Presente	Pretérito Perfeito Composto
passeie, passeies, passeie, passeemos, passeeis, passeiem	tenha passeado, tenhas passeado, tenha passeado, tenhamos passeado, tenhais passeado, tenham passeado
Pretérito Imperfeito	**Pretérito Mais-que-perfeito Composto**
passeasse, passeasses, passeasse, passeássemos, passeásseis, passeassem	tivesse passeado, tivesses passeado, tivesse passeado, tivéssemos passeado, tivésseis passeado, tivessem passeado
Futuro	**Futuro Composto**
passear, passeares, passear, passearmos, passeardes, passearem	tiver passeado, tiveres passeado, tiver passeado, tivermos passeado, tiverdes passeado, tiverem passeado

MODO IMPERATIVO

Afirmativo	Negativo
–, passeia, passeie, passeemos, passeai, passeiem	–, não passeies, não passeie, não passeemos, não passeeis, não passeiem

FORMAS NOMINAIS

Infinitivo Pessoal	Infinitivo Pessoal Composto
passear, passeares, passear, passearmos, passeardes, passearem	ter passeado, teres passeado, ter passeado, termos passeado, terdes passeado, terem passeado
Infinitivo Impessoal	**Infinitivo Impessoal Composto**
passear	ter passeado

Gerúndio	Gerúndio Composto
passeando	tendo passeado
Particípio	
passeado	

VERBO: pedir
CLASSE: irregular
FORMA: transitivo (chiedere, domandare), **intransitivo** (mendicare)

MODO INDICATIVO

Presente	Pretérito Perfeito	Pretérito Perfeito Composto
peço, pedes, pede, pedimos, pedis, pedem	pedi, pediste, pediu, pedimos, pedistes, pediram	tenho pedido, tens pedido, tem pedido, temos pedido, tendes pedido, têm pedido
Pretérito Imperfeito	**Pretérito Mais-que-perfeito**	**Pretérito Mais-que-perfeito Composto**
pedia, pedias, pedia, pedíamos, pedíeis, pediam	pedira, pediras, pedira, pedíramos, pedíreis, pediram	tinha pedido, tinhas pedido, tinha pedido, tínhamos pedido, tínheis pedido, tinham pedido

Futuro Do Presente	Futuro Do Presente Composto
pedirei, pedirás, pedirá, pediremos, pedireis, pedirão	terei pedido, terás pedido, terá pedido, teremos pedido, tereis pedido, terão pedido
Futuro Do Pretérito/condicional	**Futuro Do Pretérito Composto**
pediria, pedirias, pediria, pediríamos, pediríeis, pediriam	teria pedido, terias pedido, teria pedido, teríamos pedido, teríeis pedido, teriam pedido

MODO SUBJUNTIVO/CONJUNTIVO

Presente	Pretérito Perfeito Composto
peça, peças, peça, peçamos, peçais, peçam	tenha pedido, tenhas pedido, tenha pedido, tenhamos pedido, tenhais pedido, tenham pedido

Pretérito Imperfeito	Pretérito Mais-que-perfeito Composto
pedisse, pedisses, pedisse, pedíssemos, pedísseis, pedissem	tivesse pedido, tivesses pedido, tivesse pedido, tivéssemos pedido, tivésseis pedido, tivessem pedido
Futuro	**Futuro Composto**
pedir, pedires, pedir, pedirmos, pedirdes, pedirem	tiver pedido, tiveres pedido, tiver pedido, tivermos pedido, tiverdes pedido, tiverem pedido

MODO IMPERATIVO

Afirmativo	Negativo
–, pede, peça, peçamos, pedi, peçam	–, não peças, não peça, não peçamos, não peçais, não peçam

FORMAS NOMINAIS

Infinitivo Pessoal	Infinitivo Pessoal Composto
pedir, pedires, pedir, pedirmos, pedirdes, pedirem	ter pedido, teres pedido, ter pedido, termos pedido, terdes pedido, terem pedido
Infinitivo Impessoal	**Infinitivo Impessoal Composto**
pedir	ter pedido
Gerúndio	**Gerúndio Composto**
pedindo	tendo pedido
Particípio	
pedido	

VERBO: perder

CLASSE: irregular

FORMA: transitivo (perdere, smarrire), **intransitivo** (perdere, rimettere, scapitare), **reflexivo** (perdersi, smarrirsi)

MODO INDICATIVO

Presente	Pretérito Perfeito	Pretérito Perfeito Composto
perco, perdes, perde, perdemos, perdeis, perdem	perdi, perdeste, perdeu, perdemos, perdestes, perderam	tenho perdido, tens perdido, tem perdido, temos perdido, tendes perdido, têm perdido

Pretérito Imperfeito	Pretérito Mais-que-perfeito	Pretérito Mais-que-perfeito Composto
perdia, perdias, perdia, perdíamos, perdíeis, perdiam	perdera, perderas, perdera, perdêramos, perdêreis, perderam	tinha perdido, tinhas perdido, tinha perdido, tínhamos perdido, tínheis perdido, tinham perdido

Futuro Do Presente	Futuro Do Presente Composto
perderei, perderás, perderá, perderemos, perdereis, perderão	terei perdido, terás perdido, terá perdido, teremos perdido, tereis perdido, terão perdido
Futuro Do Pretérito/condicional	**Futuro Do Pretérito Composto**
perderia, perderias, perderia, perderíamos, perderíeis, perderiam	teria perdido, terias perdido, teria perdido, teríamos perdido, teríeis perdido, teriam perdido

MODO SUBJUNTIVO/CONJUNTIVO

Presente	Pretérito Perfeito Composto
perca, percas, perca, percamos, percais, percam	tenha perdido, tenhas perdido, tenha perdido, tenhamos perdido, tenhais perdido, tenham perdido
Pretérito Imperfeito	**Pretérito Mais-que-perfeito Composto**
perdesse, perdesses, perdesse, perdêssemos, perdêsseis, perdessem	tivesse perdido, tivesses perdido, tivesse perdido, tivéssemos perdido, tivésseis perdido, tivessem perdido
Futuro	**Futuro Composto**
perder, perderes, perder, perdermos, perderdes, perderem	tiver perdido, tiveres perdido, tiver perdido, tivermos perdido, tiverdes perdido, tiverem perdido

MODO IMPERATIVO

Afirmativo	Negativo
–, perde, perca, percamos, perdei, percam	–, não percas, não perca, não percamos, não percais, não percam

FORMAS NOMINAIS	
Infinitivo Pessoal	**Infinitivo Pessoal Composto**
perder, perderes, perder, perdermos, perderdes, perderem	ter perdido, teres perdido, ter perdido, termos perdido, terdes perdido, terem perdido
Infinitivo Impessoal	**Infinitivo Impessoal Composto**
perder	ter perdido
Gerúndio	**Gerúndio Composto**
perdendo	tendo perdido
Particípio	
perdido	

VERBO: poder
CLASSE: irregular
FORMA: transitivo (potere), **intransitivo** (essere possibile)

MODO INDICATIVO		
Presente	**Pretérito Perfeito**	**Pretérito Perfeito Composto**
posso, podes, pode, podemos, podeis, podem	pude, pudeste, pôde, pudemos, pudestes, puderam	tenho podido, tens podido, tem podido, temos podido, tendes podido, têm podido
Pretérito Imperfeito	**Pretérito Mais-que-perfeito**	**Pretérito Mais-que-perfeito Composto**
podia, podias, podia, podíamos, podíeis, podiam	pudera, puderas, pudera, pudéramos, pudéreis, puderam	tinha podido, tinhas podido, tinha podido, tínhamos podido, tínheis podido, tinham podido
Futuro Do Presente	**Futuro Do Presente Composto**	
poderei, poderás, poderá, poderemos, podereis, poderão	terei podido, terás podido, terá podido, teremos podido, tereis podido, terão podido	

Futuro Do Pretérito/condicional	Futuro Do Pretérito Composto
poderia, poderias, poderia, poderíamos, poderíeis, poderiam	teria podido, terias podido, teria podido, teríamos podido, teríeis podido, teriam podido

MODO SUBJUNTIVO/CONJUNTIVO

Presente	Pretérito Perfeito Composto
possa, possas, possa, possamos, possais, possam	tenha podido, tenhas podido, tenha podido, tenhamos podido, tenhais podido, tenham podido
Pretérito Imperfeito	**Pretérito Mais-que-perfeito Composto**
pudesse, pudesses, pudesse, pudéssemos, pudésseis, pudessem	tivesse podido, tivesses podido, tivesse podido, tivéssemos podido, tivésseis podido, tivessem podido
Futuro	**Futuro Composto**
puder, puderes, puder, pudermos, puderdes, puderem	tiver podido, tiveres podido, tiver podido, tivermos podido, tiverdes podido, tiverem podido

MODO IMPERATIVO

Afirmativo	Negativo
–, pode, possa, possamos, podei, possam	–, não possas, não possa, não possamos, não possais, não possam

FORMAS NOMINAIS

Infinitivo Pessoal	Infinitivo Pessoal Composto
poder, poderes, poder, podermos, poderdes, poderem	ter podido, teres podido, ter podido, termos podido, terdes podido, terem podido
Infinitivo Impessoal	**Infinitivo Impessoal Composto**
poder	ter podido
Gerúndio	**Gerúndio Composto**
podendo	tendo podido

Particípio
podido

VERBO: poluir

CLASSE: irregular

FORMA: transitivo (inquinare) **e reflexivo** (disonorarsi, macchiarsi)

MODO INDICATIVO

Presente	Pretérito Perfeito	Pretérito Perfeito Composto
poluo, poluis, polui, poluímos, poluís, poluem	poluí, poluíste, poluiu, poluímos, poluístes, poluíram	tenho poluído, tens poluído, tem poluído, temos poluído, tendes poluído, têm poluído
Pretérito Imperfeito	**Pretérito Mais-que-perfeito**	**Pretérito Mais-que-perfeito Composto**
poluía, poluías, poluía, poluíamos, poluíeis, poluíam	poluíra, poluíras, poluíra, poluíramos, poluíreis, poluíram	tinha poluído, tinhas poluído, tinha poluído, tínhamos poluído, tínheis poluído, tinham poluído

Futuro Do Presente	Futuro Do Presente Composto
poluirei, poluirás, poluirá, poluiremos, poluireis, poluirão	terei poluído, terás poluído, terá poluído, teremos poluído, tereis poluído, terão poluído
Futuro Do Pretérito/condicional	**Futuro Do Pretérito Composto**
poluiria, poluirias, poluiria, poluiríamos, poluiríeis, poluiriam	teria poluído, terias poluído, teria poluído, teríamos poluído, teríeis poluído, teriam poluído

MODO SUBJUNTIVO/CONJUNTIVO

Presente	Pretérito Perfeito Composto
polua, poluas, polua, poluamos, poluais, poluam	tenha poluído, tenhas poluído, tenha poluído, tenhamos poluído, tenhais poluído, tenham poluído

Pretérito Imperfeito	Pretérito Mais-que-perfeito Composto
poluísse, poluísses, poluísse, poluíssemos, poluísseis, poluíssem	tivesse poluído, tivesses poluído, tivesse poluído, tivéssemos poluído, tivésseis poluído, tivessem poluído
Futuro	**Futuro Composto**
poluir, poluíres, poluir, poluirmos, poluirdes, poluírem	tiver poluído, tiveres poluído, tiver poluído, tivermos poluído, tiverdes poluído, tiverem poluído

MODO IMPERATIVO

Afirmativo	Negativo
–, polui, polua, poluamos, poluí, poluam	–, não poluas, não polua, não poluamos, não poluais, não poluam

FORMAS NOMINAIS

Infinitivo Pessoal	Infinitivo Pessoal Composto
poluir, poluíres, poluir, poluirmos, poluirdes, poluírem	ter poluído, teres poluído, ter poluído, teremos poluído, terdes poluído, terem poluído
Infinitivo Impessoal	**Infinitivo Impessoal Composto**
poluir	ter poluído
Gerúndio	**Gerúndio Composto**
poluindo	tendo poluído
Particípio	
poluído	

VERBO: pôr (o verbo pôr faz parte da 2ª conjugação pois deriva da antiga forma *poer*)

CLASSE: irregular

FORMA: transitivo (mettere, porre), **reflexivo** (mettersi, porsi)

MODO INDICATIVO

Presente	Pretérito Perfeito	Pretérito Perfeito Composto
ponho, pões, põe, pomos, pondes, põem	pus, puseste, pôs, pusemos, pusestes, puseram	tenho posto, tens posto, tem posto, temos posto, tendes posto, têm posto

Pretérito Imperfeito	Pretérito Mais-que-perfeito	Pretérito Mais-que-perfeito Composto
punha, punhas, punha, púnhamos, púnheis, punham	pusera, puseras, pusera, puséramos, puséreis puseram	tinha posto, tinhas posto, tinha posto, tínhamos posto, tínheis posto, tinham posto

Futuro Do Presente	Futuro Do Presente Composto
porei, porás, porá, poremos, poreis, porão	terei posto, terás posto, terá posto, termos posto, tereis posto, terão posto
Futuro Do Pretérito/condicional	**Futuro Do Pretérito Composto**
poria, porias, poria, poríamos, poríeis, poriam	teria posto, terias posto, teria posto, teríamos posto, teríeis posto, teriam posto

MODO SUBJUNTIVO/CONJUNTIVO

Presente	Pretérito Perfeito Composto
ponha, ponhas, ponha, ponhamos, ponhais, ponham	tenha posto, tenhas posto, tenha posto, tenhamos posto, tenhais posto, tenham posto
Pretérito Imperfeito	**Pretérito Mais-que-perfeito Composto**
pusesse, pusesses, pusesse, puséssemos, pusésseis, pusessem	tivesse posto, tivesses posto, tivesse posto, tivéssemos posto, tivésseis posto, tivessem posto
Futuro	**Futuro Composto**
puser, puseres, puser, pusermos, puserdes, puserem	tiver posto, tiveres posto, tiver posto, tivermos posto, tiverdes posto, tiverem posto

MODO IMPERATIVO

Afirmativo	Negativo
–, põe, ponha, ponhamos, ponde, ponham	–, não ponhas, não ponha, não ponhamos, não ponhais, não ponham

FORMAS NOMINAIS	
Infinitivo Pessoal	**Infinitivo Pessoal Composto**
pôr, pores, pôr, pormos, pordes, porem	ter posto, teres posto, ter posto, termos posto, terdes posto, terem posto
Infinitivo Impessoal	**Infinitivo Impessoal Composto**
pôr	ter posto
Gerúndio	**Gerúndio Composto**
pondo	tendo posto
Particípio	
posto	

VERBO: prazer

CLASSE: defectivo (conjugado somente na 3ª pessoa do singular)

FORMA: intransitivo (piacere)

MODO INDICATIVO		
Presente	**Pretérito Perfeito**	**Pretérito Perfeito Composto**
praz	prouve	–
Pretérito Imperfeito	**Pretérito Mais-que-perfeito**	**Pretérito Mais-que-perfeito Composto**
prazia	prouvera	tinha prazido
Futuro Do Presente	**Futuro Do Presente Composto**	
prazerá	terá prazido	
Futuro Do Pretérito/condicional	**Futuro Do Pretérito Composto**	
prazeria	teria prazido	

MODO SUBJUNTIVO/CONJUNTIVO	
Presente	**Pretérito Perfeito Composto**
praza	tenha prazido
Pretérito Imperfeito	**Pretérito Mais-que-perfeito Composto**
prouvesse	tivesse prazido
Futuro	**Futuro Composto**
prouver	tiver prazido

FORMAS NOMINAIS	
Infinitivo Pessoal	**Infinitivo Pessoal Composto**
–	–
Infinitivo Impessoal	**Infinitivo Impessoal Composto**
prazer	ter prazido
Gerúndio	**Gerúndio Composto**
prazendo	tendo prazido
Particípio	
prazido	

VERBO: produzir

CLASSE: regular (com alteração ortográfica)

FORMA: transitivo (produrre, causare, originare) **e reflexivo** (succedere, avvenire)

MODO INDICATIVO		
Presente	**Pretérito Perfeito**	**Pretérito Perfeito Composto**
produzo, produzes, produz, produzimos, produzis, produzem	produzi, produziste, produziu, produzimos, produzistes, produziram	tenho produzido, tens produzido, tem produzido, temos produzido, tendes produzido, têm produzido
Pretérito Imperfeito	**Pretérito Mais-que-perfeito**	**Pretérito Mais-que-perfeito Composto**
produzia, produzias, produzia, produzíamos, produzíeis, produziam	produzira, produziras, produzira, produzíramos, produzíreis, produziram	tinha produzido, tinhas produzido, tinha produzido, tínhamos produzido, tínheis produzido, tinham produzido
Futuro Do Presente	**Futuro Do Presente Composto**	
produzirei, produzirás, produzirá, produziremos, produzireis, produzirão	terei produzido, terás produzido, terá produzido, teremos produzido, tereis produzido, terão produzido	

Futuro Do Pretérito/condicional	Futuro Do Pretérito Composto
produziria, produzirias, produziria, produziríamos, produziríeis, produziriam	teria produzido, terias produzido, teria produzido, teríamos produzido, teríeis produzido, teriam produzido

MODO SUBJUNTIVO/CONJUNTIVO

Presente	Pretérito Perfeito Composto
produza, produzas, produza, produzamos, produzais, produzam	tenha produzido, tenhas produzido, tenha produzido, tenhamos produzido, tenhais produzido, tenham produzido
Pretérito Imperfeito	**Pretérito Mais-que-perfeito Composto**
produzisse, produzisses, produzisse, produzíssemos, produzísseis, produzissem	tivesse produzido, tivesses produzido, tivesse produzido, tivéssemos produzido, tivésseis produzido, tivessem produzido
Futuro	**Futuro Composto**
produzir, produzires, produzir, produzirmos, produzirdes, produzirem	tiver produzido, tiveres produzido, tiver produzido, tivermos produzido, tiverdes produzido, tiverem produzido

MODO IMPERATIVO

Afirmativo	Negativo
–, produze, produza, produzamos, produzi, produzam	–, não produzas, não produza, não produzamos, não produzais, não produzam

FORMAS NOMINAIS

Infinitivo Pessoal	Infinitivo Pessoal Composto
produzir, produzires, produzir, produzirmos, produzirdes, produzirem	ter produzido, teres produzido, ter produzido, termos produzido, terdes produzido, terem produzido
Infinitivo Impessoal	**Infinitivo Impessoal Composto**
produzir	ter produzido
Gerúndio	**Gerúndio Composto**
produzindo	tendo produzido
Particípio	
produzido	

VERBO: proteger
CLASSE: regular (com alteração ortográfica)
FORMA: transitivo (proteggere)

MODO INDICATIVO

Presente	Pretérito Perfeito	Pretérito Perfeito Composto
protejo, proteges, protege, protegemos, protegeis, protegem	protegi, protegeste, protegeu, protegemos, protegestes, protegeram	tenho protegido, tens protegido, tem protegido, temos protegido, tendes protegido, têm protegido

Pretérito Imperfeito	Pretérito Mais-que-perfeito	Pretérito Mais-que-perfeito Composto
protegia, protegias, protegia, protegíamos, protegíeis, protegiam	protegera, protegeras, protegera, protegêramos, protegêreis, protegeram	tinha protegido, tinhas protegido, tinha protegido, tínhamos protegido, tínheis protegido, tinham protegido

Futuro Do Presente	Futuro Do Presente Composto
protegerei, protegerás, protegerá, protegeremos, protegereis protegerão	terei protegido, terás protegido, terá protegido, teremos protegido, tereis protegido, terão protegido

Futuro Do Pretérito/condicional	Futuro Do Pretérito Composto
protegeria, protegerias, protegeria, protegeríamos, protegeríeis, protegeriam	teria protegido, terias protegido, teria protegido, teríamos protegido, teríeis protegido, teriam protegido

MODO SUBJUNTIVO/CONJUNTIVO

Presente	Pretérito Perfeito Composto
proteja, protejas, proteja, protejamos, protejais, protejam	tenha protegido, tenhas protegido, tenha protegido, tenhamos protegido, tenhais protegido, tenham protegido
Pretérito Imperfeito	**Pretérito Mais-que-perfeito Composto**
protegesse, protegesses, protegesse, protegêssemos, protegêsseis, protegessem	tivesse protegido, tivesses protegido, tivesse protegido, tivéssemos protegido, tivésseis protegido, tivessem protegido
Futuro	**Futuro Composto**
proteger, protegeres, proteger, protegermos, protegerdes, protegerem	tiver protegido, tiveres protegido, tiver protegido, tivermos protegido, tiverdes protegido, tiverem protegido

MODO IMPERATIVO

Afirmativo	Negativo
–, protege, proteja, protejamos, protegei, protejam	–, não protejas, não proteja, não protejamos, não protejais, não protejam

FORMAS NOMINAIS

Infinitivo Pessoal	Infinitivo Pessoal Composto
proteger, protegeres, proteger, protegermos, protegerdes, protegerem	ter protegido, teres protegido, ter protegido, termos protegido, terdes protegido, terem protegido
Infinitivo Impessoal	**Infinitivo Impessoal Composto**
proteger	ter protegido
Gerúndio	**Gerúndio Composto**
protegendo	tendo protegido
Particípio	
protegido	

VERBO: querer

CLASSE: irregular

FORMA: transitivo (volere), **transitivo e intransitivo** (amare, volere bene), **reflexivo** (amarsi, volersi bene)

MODO INDICATIVO

Presente	Pretérito Perfeito	Pretérito Perfeito Composto
quero, queres, quer, queremos, quereis, querem	quis, quiseste, quis, quisemos, quisestes, quiseram	tenho querido, tens querido, tem querido, temos querido, tendes querido, têm querido
Pretérito Imperfeito	**Pretérito Mais-que-perfeito**	**Pretérito Mais-que-perfeito Composto**
queria, querias, queria, queríamos, queríeis, queriam	quisera, quiseras, quisera, quiséramos, quiséreis, quiseram	tinha querido, tinhas querido, tinha querido, tínhamos querido, tínheis querido, tinham querido

Futuro Do Presente	Futuro Do Presente Composto
quererei, quererás, quererá, quereremos, querereis, quererão	terei querido, terás querido, terá querido, teremos querido, tereis querido, terão querido
Futuro Do Pretérito/condicional	**Futuro Do Pretérito Composto**
quereria, quererias, quereria, quereríamos, quereríeis, quereriam	teria querido, terias querido, teria querido, teríamos querido, teríeis querido, teriam querido

MODO SUBJUNTIVO/CONJUNTIVO

Presente	Pretérito Perfeito Composto
queira, queiras, queira, queiramos, queirais, queiram	tenha querido, tenhas querido, tenha querido, tenhamos querido, tenhais querido, tenham querido
Pretérito Imperfeito	**Pretérito Mais-que-perfeito Composto**
quisesse, quisesses, quisesse, quiséssemos, quisésseis, quisessem	tivesse querido, tivesses querido, tivesse querido, tivéssemos querido, tivésseis querido, tivessem querido

Futuro	Futuro Composto
quiser, quiseres, quiser, quisermos, quiserdes, quiserem	tiver querido, tiveres querido, tiver querido, tivermos querido, tiverdes querido, tiverem querido

MODO IMPERATIVO

Afirmativo	Negativo
–	–

FORMAS NOMINAIS

Infinitivo Pessoal	Infinitivo Pessoal Composto
querer, quereres, querer, querermos, quererdes, quererem	ter querido, teres querido, ter querido, termos querido, terdes querido, terem querido
Infinitivo Impessoal	**Infinitivo Impessoal Composto**
querer	ter querido
Gerúndio	**Gerúndio Composto**
querendo	tendo querido
Particípio	
querido	

VERBO: requerer
CLASSE: irregular
FORMA: transitivo (richiedere, domandare, chiedere, sollecitare, esigere)

MODO INDICATIVO

Presente	Pretérito Perfeito	Pretérito Perfeito Composto
requeiro, requeres, requer, requeremos, requereis, requerem	requeri, requereste, requereu, requeremos, requerestes, requereram	tenho requerido, tens requerido, tem requerido, temos requerido, tendes requerido, têm requerido

Pretérito Imperfeito	Pretérito Mais-que-perfeito	Pretérito Mais-que-perfeito Composto
requeria, requerias, requeria, requeríamos, requeríeis, requeriam	requerera, requereras, requerera, requerêramos, requerêreis, requereram	tinha requerido, tinhas requerido, tinha requerido, tínhamos requerido, tínheis requerido, tinham requerido

Futuro Do Presente	Futuro Do Presente Composto
requererei, requererás, requererá, requereremos, requerereis, requererão	terei requerido, terás requerido, terá requerido, teremos requerido, tereis requerido, terão requerido

Futuro Do Pretérito/condicional	Futuro Do Pretérito Composto
requereria, requererias, requereria, requereríamos, requereríeis, requereriam	teria requerido, terias requerido, teria requerido, teríamos requerido, teríeis requerido, teriam requerido

MODO SUBJUNTIVO/CONJUNTIVO

Presente	Pretérito Perfeito Composto
requeira, requeiras, requeira, requeiramos, requeirais, requeiram	tenha requerido, tenhas requerido, tenha requerido, tenhamos requerido, tenhais requerido, tenham requerido

Pretérito Imperfeito	Pretérito Mais-que-perfeito Composto
requeresse, requeresses, requeresse, requerêssemos, requerêsseis, requeressem	tivesse requerido, tivesses requerido, tivesse requerido, tivéssemos requerido, tivésseis requerido, tivessem requerido

Futuro	Futuro Composto
requerer, requereres, requerer, requerermos, requererdes, requererem	tiver requerido, tiveres requerido, tiver requerido, tivermos requerido, tiverdes requerido, tiverem requerido

MODO IMPERATIVO	
Afirmativo	**Negativo**
–, requere, requeira, requeiramos, requerei, requeiram	–, não requeiras, não requeira, não requeiramos, não requeirais, não requeiram

FORMAS NOMINAIS	
Infinitivo Pessoal	**Infinitivo Pessoal Composto**
requerer, requereres, requerer, requerermos, requererdes, requererem	ter requerido, teres requerido, ter requerido, termos requerido, terdes requerido, terem requerido
Infinitivo Impessoal	**Infinitivo Impessoal Composto**
requerer	ter requerido
Gerúndio	**Gerúndio Composto**
requerendo	tendo requerido
Particípio	
requerido	

VERBO: rir

CLASSE: irregular

FORMA: intransitivo (ridere)

MODO INDICATIVO		
Presente	**Pretérito Perfeito**	**Pretérito Perfeito Composto**
rio, ris, ri, rimos, rides, riem	ri, riste, riu, rimos, ristes, riram	tenho rido, tens rido, tem rido, temos rido, tendes rido, têm rido
Pretérito Imperfeito	**Pretérito Mais-que-perfeito**	**Pretérito Mais-que-perfeito Composto**
ria, rias, ria, ríamos, ríeis, riam	rira, riras, rira, ríramos, ríreis, riram	tinha rido, tinhas rido, tinha rido, tínhamos rido, tínheis rido, tinham rido
Futuro Do Presente	**Futuro Do Presente Composto**	
rirei, rirás, rirá, riremos, rireis, rirão	terei rido, terás rido, terá rido, teremos rido, tereis rido, terão rido	

Futuro Do Pretérito/condicional	Futuro Do Pretérito Composto
riria, ririas, riria, riríamos, riríeis, ririam	teria rido, terias rido, teria rido, teríamos rido, teríeis rido, teriam rido

MODO SUBJUNTIVO/CONJUNTIVO

Presente	Pretérito Perfeito Composto
ria, rias, ria, riamos, riais, riam	tenha rido, tenhas rido, tenha rido, tenhamos rido, tenhais rido, tenham rido
Pretérito Imperfeito	**Pretérito Mais-que-perfeito Composto**
risse, risses, risse, ríssemos, rísseis, rissem	tivesse rido, tivesses rido, tivesse rido, tivéssemos rido, tivésseis rido, tivessem rido
Futuro	**Futuro Composto**
rir, rires, rir, rirmos, rirdes, rirem	tiver rido, tiveres rido, tiver rido, tivermos rido, tiverdes rido, tiverem rido

MODO IMPERATIVO

Afirmativo	Negativo
–, ri, ria, riamos, ride, riam	–, não rias, não ria, não riamos, não riais, não riam

FORMAS NOMINAIS

Infinitivo Pessoal	Infinitivo Pessoal Composto
rir, rires, rir, rirmos, rirdes, rirem	ter rido, teres rido, ter rido, termos rido, terdes rido, terem rido
Infinitivo Impessoal	**Infinitivo Impessoal Composto**
rir	ter rido
Gerúndio	**Gerúndio Composto**
rindo	tendo rido
Particípio	
rido	

VERBO: saber
CLASSE: irregular
FORMA: transitivo e intransitivo (sapere)

MODO INDICATIVO

Presente	Pretérito Perfeito	Pretérito Perfeito Composto
sei, sabes, sabe, sabemos, sabeis, sabem	soube, soubeste, soube, soubemos, soubestes, souberam	tenho sabido, tens sabido, tem sabido, temos sabido, tendes sabido, têm sabido
Pretérito Imperfeito	**Pretérito Mais-que-perfeito**	**Pretérito Mais-que-perfeito Composto**
sabia, sabias, sabia, sabíamos, sabíeis, sabiam	soubera, souberas, soubera, soubéramos, soubéreis, souberam	tinha sabido, tinhas sabido, tinha sabido, tínhamos sabido, tínheis sabido, tinham sabido

Futuro Do Presente	Futuro Do Presente Composto
saberei, saberás, saberá, saberemos, sabereis, saberão	terei sabido, terás sabido, terá sabido, teremos sabido, tereis sabido, terão sabido
Futuro Do Pretérito/condicional	**Futuro Do Pretérito Composto**
saberia, saberias, saberia, saberíamos, saberíeis, saberiam	teria sabido, terias sabido, teria sabido, teríamos sabido, teríeis sabido, teriam sabido,

MODO SUBJUNTIVO/CONJUNTIVO

Presente	Pretérito Perfeito Composto
saiba, saibas, saiba, saibamos, saibais, saibam	tenha sabido, tenhas sabido, tenha sabido, tenhamos sabido, tenhais sabido, tenham sabido
Pretérito Imperfeito	**Pretérito Mais-que-perfeito Composto**
soubesse, soubesses, soubesse, soubéssemos, soubésseis, soubessem	tivesse sabido, tivesses sabido, tivesse sabido, tivéssemos sabido, tivésseis sabido, tivessem sabido

Futuro	Futuro Composto
souber, souberes, souber, soubermos, souberdes, souberem	tiver sabido, tiveres sabido, tiver sabido, tivermos sabido, tiverdes sabido, tiverem sabido

MODO IMPERATIVO

Afirmativo	Negativo
–, sabe, saiba, saibamos, sabei, saibam	–, não saibas, não saiba, não saibamos, não saibais, não saibam

FORMAS NOMINAIS

Infinitivo Pessoal	Infinitivo Pessoal Composto
saber, saberes, saber, sabermos, saberdes, saberem	ter sabido, teres sabido, ter sabido, termos sabido, terdes sabido, terem sabido
Infinitivo Impessoal	**Infinitivo Impessoal Composto**
saber	ter sabido
Gerúndio	**Gerúndio Composto**
sabendo	tendo sabido
Particípio	
sabido	

VERBO: sair

CLASSE: irregular

FORMA: intransitivo (uscire, provenire, risultare, spuntare) **e reflexivo** (venir fuori, uscire fuori, cavarsela)

MODO INDICATIVO

Presente	Pretérito Perfeito	Pretérito Perfeito Composto
saio, sais, sai, saímos, saís, saem	saí, saíste, saiu, saímos, saístes, saíram	tenho saído, tens saído, tem saído, temos saído, tendes saído, têm saído
Pretérito Imperfeito	**Pretérito Mais-que-perfeito**	**Pretérito Mais-que-perfeito Composto**
saía, saías, saía, saíamos, saíeis, saíam	saíra, saíras, saíra, saíramos, saíreis, saíram	tinha saído, tinhas saído, tinha saído, tínhamos saído, tínheis saído, tinham saído

Futuro Do Presente	Futuro Do Presente Composto
sairei, sairás, sairá, sairemos, saireis, sairão	terei saído, terás saído, terá saído, teremos saído, tereis saído, terão saído
Futuro Do Pretérito/condicional	**Futuro Do Pretérito Composto**
sairia, sairias, sairia, sairíamos, sairíeis, sairiam	teria saído, terias saído, teria saído, teríamos saído, teríeis saído, teriam saído

MODO SUBJUNTIVO/CONJUNTIVO

Presente	Pretérito Perfeito Composto
saia, saias, saia, saiamos, saiais, saiam	tenha saído, tenhas saído, tenha saído, tenhamos saído, tenhais saído, tenham saído
Pretérito Imperfeito	**Pretérito Mais-que-perfeito Composto**
saísse, saísses, saísse, saíssemos, saísseis, saíssem	tivesse saído, tivesses saído, tivesse saído, tivéssemos saído, tivésseis saído, tivessem saído
Futuro	**Futuro Composto**
sair, saíres, sair, sairmos, sairdes, saírem	tiver saído, tiveres saído, tiver saído, tivermos saído, tiverdes saído, tiverem saído

MODO IMPERATIVO

Afirmativo	Negativo
–, sai, saia, saiamos, saí, saiam	–, não saias, não saia, não saiamos, não saiais, não saiam

FORMAS NOMINAIS

Infinitivo Pessoal	Infinitivo Pessoal Composto
sair, saíres, sair, sairmos, sairdes, saírem	ter saído, teres saído, ter saído, termos saído, terdes saído, terem saído
Infinitivo Impessoal	**Infinitivo Impessoal Composto**
sair	ter saído

Gerúndio	Gerúndio Composto
saindo	tendo saído
Particípio	
saído	

VERBO: seguir

CLASSE: irregular

FORMA: transitivo (seguire), **intransitivo** (seguire) **e reflexivo** (seguire, susseguirsi)

MODO INDICATIVO

Presente	Pretérito Perfeito	Pretérito Perfeito Composto
sigo, segues, segue, seguimos, seguis, seguem	segui, seguiste, seguiu, seguimos, seguistes, seguiram	tenho seguido, tens seguido, tem seguido, temos seguido, tendes seguido, têm seguido
Pretérito Imperfeito	**Pretérito Mais-que-perfeito**	**Pretérito Mais-que-perfeito Composto**
seguia, seguias, seguia, seguíamos, seguíeis, seguiam	seguira, seguiras, seguira, seguíramos, seguíreis, seguiram	tinha seguido, tinhas seguido, tinha seguido, tínhamos seguido, tínheis seguido, tinham seguido

Futuro Do Presente	Futuro Do Presente Composto
seguirei, seguirás, seguirá, seguiremos, seguireis, seguirão	terei seguido, terás seguido, terá seguido, teremos seguido, tereis seguido, terão seguido
Futuro Do Pretérito/condicional	**Futuro Do Pretérito Composto**
seguiria, seguirias, seguiria, seguiríamos, seguiríeis, seguiriam	teria seguido, terias seguido, teria seguido, teríamos seguido, teríeis seguido, teriam seguido

MODO SUBJUNTIVO/CONJUNTIVO

Presente	Pretérito Perfeito Composto
siga, sigas, siga, sigamos, sigais, sigam	tenha seguido, tenhas seguido, tenha seguido, tenhamos seguido, tenhais seguido, tenham seguido

Pretérito Imperfeito	Pretérito Mais-que-perfeito Composto
seguisse, seguisses, seguisse, seguíssemos, seguísseis, seguissem	tivesse seguido, tivesses seguido, tivesse seguido, tivéssemos seguido, tivésseis seguido, tivessem seguido
Futuro	**Futuro Composto**
seguir, seguires, seguir, seguirmos, seguirdes, seguirem	tiver seguido, tiveres seguido, tiver seguido, tivermos seguido, tiverdes seguido, tiverem seguido

MODO IMPERATIVO

Afirmativo	Negativo
–, segue, siga, sigamos, segui, sigam	–, não sigas, não siga, não sigamos, não sigais, não sigam

FORMAS NOMINAIS

Infinitivo Pessoal	Infinitivo Pessoal Composto
seguir, seguires, seguir, seguirmos, seguirdes, seguirem	ter seguido, teres seguido, ter seguido, termos seguido, terdes seguido, terem seguido
Infinitivo Impessoal	**Infinitivo Impessoal Composto**
seguir	ter seguido
Gerúndio	**Gerúndio Composto**
seguindo	tendo seguido
Particípio	
seguido	

VERBO: subir
CLASSE: irregular
FORMA: transitivo (salire) **e intransitivo** (salire, montare)

MODO INDICATIVO

Presente	Pretérito Perfeito	Pretérito Perfeito Composto
subo, sobes, sobe, subimos, subis, sobem	subi, subiste, subiu, subimos, subistes, subiram	tenho subido, tens subido, tem subido, temos subido, tendes subido, têm subido

Pretérito Imperfeito	Pretérito Mais-que-perfeito	Pretérito Mais-que-perfeito Composto
subia, subias, subia, subíamos, subíeis, subiam	subira, subiras, subira, subíramos, subíreis, subiram	tinha subido, tinhas subido, tinha subido, tínhamos subido, tínheis subido, tinham subido

Futuro Do Presente	Futuro Do Presente Composto
subirei, subirás, subirá, subiremos, subireis, subirão	terei subido, terás subido, terá subido, teremos subido, tereis subido, terão subido

Futuro Do Pretérito/condicional	Futuro Do Pretérito Composto
subiria, subirias, subiria, subiríamos, subiríeis, subiriam	teria subido, terias subido, teria subido, teríamos subido, teríeis subido, teriam subido

MODO SUBJUNTIVO/CONJUNTIVO

Presente	Pretérito Perfeito Composto
suba, subas, suba, subamos, subais, subam	tenha subido, tenhas subido, tenha subido, tenhamos subido, tenhais subido, tenham subido

Pretérito Imperfeito	Pretérito Mais-que-perfeito Composto
subisse, subisses, subisse, subíssemos, subísseis, subissem	tivesse subido, tivesses subido, tivesse subido, tivéssemos subido, tivésseis subido, tivessem subido

Futuro	Futuro Composto
subir, subires, subir, subirmos, subirdes, subirem	tiver subido, tiveres subido, tiver subido, tivermos subido, tiverdes subido, tiverem subido

MODO IMPERATIVO

Afirmativo	Negativo
–, sobe, suba, subamos, subi, subam	–, não subas, não suba, não subamos, não subais, não subam

FORMAS NOMINAIS	
Infinitivo Pessoal	**Infinitivo Pessoal Composto**
subir, subires, subir, subirmos, subirdes, subirem	ter subido, teres subido, ter subido, termos subido, terdes subido, terem subido
Infinitivo Impessoal	**Infinitivo Impessoal Composto**
subir	ter subido
Gerúndio	**Gerúndio Composto**
subindo	tendo subido
Particípio	
subido	

VERBO: ter

CLASSE: irregular (usado como auxiliar na formação dos tempos compostos)

FORMA: transitivo (avere, tenere, dovere), **reflexivo** (tenersi, mantenersi, considerarsi, reputarsi)

MODO INDICATIVO		
Presente	**Pretérito Perfeito**	**Pretérito Perfeito Composto**
tenho, tens, tem, temos, tendes, têm	tive, tiveste, teve, tivemos, tivestes, tiveram	tenho tido, tens tido, tem tido, temos tido, tendes tido, têm tido
Pretérito Imperfeito	**Pretérito Mais-que-perfeito**	**Pretérito Mais-que-perfeito Composto**
tinha, tinhas, tinha, tínhamos, tínheis, tinham	tivera, tiveras, tivera, tivéramos, tivéreis, tiveram	tinha tido, tinhas tido, tinha tido, tínhamos tido, tínheis tido, tinham tido
Futuro Do Presente	**Futuro Do Presente Composto**	
terei, terás, terá, teremos, tereis, terão	terei tido, terás tido, terá tido ,teremos tido, tereis tido, terão tido	
Futuro Do Pretérito/condicional	**Futuro Do Pretérito Composto**	
teria, terias, teria, teríamos, teríeis, teriam	teria tido, terias tido, teria tido, teríamos tido, teríeis tido, teriam tido	

MODO SUBJUNTIVO/CONJUNTIVO	
Presente	**Pretérito Perfeito Composto**
tenha, tenhas, tenha, tenhamos, tenhais, tenham	tenha tido, tenhas tido, tenha tido, tenhamos tido, tenhais tido, tenham tido
Pretérito Imperfeito	**Pretérito Mais-que-perfeito Composto**
tivesse, tivesses, tivesse, tivéssemos, tivésseis, tivessem	tivesse tido, tivesses tido, tivesse tido, tivéssemos tido, tivésseis tido, tivessem tido
Futuro	**Futuro Composto**
tiver, tiveres, tiver, tivermos, tiverdes, tiverem	tiver tido, tiveres tido, tiver tido, tivermos tido, tiverdes tido, tiverem tido

MODO IMPERATIVO	
Afirmativo	**Negativo**
–, tem, tenha, tenhamos, tende, tenham	–, não tenhas, não tenha, não tenhamos, não tenhais, não tenham

FORMAS NOMINAIS	
Infinitivo Pessoal	**Infinitivo Pessoal Composto**
ter, teres, ter, termos, terdes, terem	ter tido, teres tido, ter tido, termos tido, terdes tido, terem tido
Infinitivo Impessoal	**Infinitivo Impessoal Composto**
ter	ter tido
Gerúndio	**Gerúndio Composto**
tendo	tendo tido
Particípio	
tido	

VERBO: trazer

CLASSE: irregular

FORMA: transitivo (portare, condurre, recare)

MODO INDICATIVO		
Presente	**Pretérito Perfeito**	**Pretérito Perfeito Composto**
trago, trazes, traz, trazemos, trazeis, trazem	trouxe, trouxeste, trouxe, trouxemos, trouxestes, trouxeram	tenho trazido, tens trazido, tem trazido, temos trazido, tendes trazido, têm trazido

Pretérito Imperfeito	Pretérito Mais-que-perfeito	Pretérito Mais-que-perfeito Composto
trazia, trazias, trazia, trazíamos, trazíeis, traziam	trouxera, trouxeras, trouxera, trouxéramos, trouxéreis trouxeram	tinha trazido, tinhas trazido, tinha trazido, tínhamos trazido, tínheis trazido, tinham trazido

Futuro Do Presente	Futuro Do Presente Composto
trarei, trarás, trará, traremos, trareis, trarão	terei trazido, terás trazido, terá trazido, teremos trazido, tereis trazido, terão trazido
Futuro Do Pretérito/condicional	**Futuro Do Pretérito Composto**
traria, trarias, traria, traríamos, traríeis, trariam	teria trazido, terias trazido, teria trazido, teríamos trazido, teríeis trazido, teriam trazido

MODO SUBJUNTIVO/CONJUNTIVO

Presente	Pretérito Perfeito Composto
traga, tragas, traga, tragamos, tragais, tragam,	tenha trazido, tenhas trazido, tenha trazido, tenhamos trazido, tenhais trazido, tenham trazido
Pretérito Imperfeito	**Pretérito Mais-que-perfeito Composto**
trouxesse, trouxesses, trouxesse, trouxéssemos, trouxésseis, trouxessem	tivesse trazido, tivesses trazido, tivesse trazido, tivéssemos trazido, tivésseis trazido, tivessem trazido
Futuro	**Futuro Composto**
trouxer, trouxeres, trouxer, trouxermos, trouxerdes, trouxerem	tiver trazido, tiveres trazido, tiver trazido, tivermos trazido, tiverdes trazido, tiverem trazido

MODO IMPERATIVO

Afirmativo	Negativo
–, traz/traze, traga, tragamos, trazei, tragam	–, não tragas, não traga, não tragamos, não tragais, não tragam

FORMAS NOMINAIS	
Infinitivo Pessoal	**Infinitivo Pessoal Composto**
trazer, trazeres, trazer, trazermos, trazerdes, trazerem	ter trazido, teres trazido, ter trazido, termos trazido, terdes trazido, terem trazido
Infinitivo Impessoal	**Infinitivo Impessoal Composto**
trazer	ter trazido
Gerúndio	**Gerúndio Composto**
trazendo	tendo trazido
Particípio	
trazido	

VERBO: valer

CLASSE: irregular

FORMA: transitivo (valere, procurare), **intransitivo** (valere) **e reflexivo** (valersi)

MODO INDICATIVO		
Presente	**Pretérito Perfeito**	**Pretérito Perfeito Composto**
valho, vales, vale, valemos, valeis, valem	vali, valeste, valeu, valemos, valestes, valeram	tenho valido, tens valido, tem valido, temos valido, tendes valido, têm valido
Pretérito Imperfeito	**Pretérito Mais-que-perfeito**	**Pretérito Mais-que-perfeito Composto**
valia, valias, valia, valíamos, valíeis, valiam	valera, valeras, valera, valêramos, valêreis, valeram	tinha valido, tinhas valido, tinha valido, tínhamos valido, tínheis valido ,tinham valido
Futuro Do Presente	**Futuro Do Presente Composto**	
valerei, valerás, valerá, valeremos, valereis, valerão	terei valido, terás valido, terá valido, teremos valido, tereis valido, terão valido	
Futuro Do Pretérito/condicional	**Futuro Do Pretérito Composto**	
valeria, valerias, valeria, valeríamos, valeríeis, valeriam	teria valido, terias valido, teria valido, teríamos valido, teríeis valido, teriam valido	

MODO SUBJUNTIVO/CONJUNTIVO

Presente	Pretérito Perfeito Composto
valha, valhas, valha, valhamos, valhais, valham	tenha valido, tenhas valido, tenha valido, tenhamos valido, tenhais valido, tenham valido
Pretérito Imperfeito	**Pretérito Mais-que-perfeito Composto**
valesse, valesses, valesse, valêssemos, valêsseis, valessem	tivesse valido, tivesses valido, tivesse valido, tivéssemos valido, tivésseis valido, tivessem valido
Futuro	**Futuro Composto**
valer, valeres, valer, valermos, valerdes, valerem	tiver valido, tiveres valido, tiver valido, tivermos valido, tiverdes valido, tiverem valido

MODO IMPERATIVO

Afirmativo	Negativo
–, vale, valha, valhamos, valei, valham	–, não valhas, não valha, não valhamos, não valhais, não valham

FORMAS NOMINAIS

Infinitivo Pessoal	Infinitivo Pessoal Composto
valer, valeres, valer, valermos, valerdes, valerem	ter valido, teres valido, ter valido, termos valido, terdes valido, terem valido
Infinitivo Impessoal	**Infinitivo Impessoal Composto**
valer	ter valido
Gerúndio	**Gerúndio Composto**
valendo	tendo valido
Particípio	
valido	

VERBO: ver
CLASSE: irregular
FORMA: transitivo (vedere), **intransitivo** (avere il senso della vista), **reflexivo** (vedersi, guardarsi, trovarsi)

MODO INDICATIVO

Presente	Pretérito Perfeito	Pretérito Perfeito Composto
vejo, vês, vê, vemos, vedes, vêem	vi, viste, viu, vimos, vistes, viram	tenho visto, tens visto, tem visto, temos visto, tendes visto, têm visto
Pretérito Imperfeito	**Pretérito Mais-que-perfeito**	**Pretérito Mais-que-perfeito Composto**
via, vias, via, víamos, víeis, viam	vira, viras, vira, víramos, víreis, viram	tinha visto, tinhas visto, tinha visto, tínhamos visto, tínheis visto, tinham visto

Futuro Do Presente	Futuro Do Presente Composto
verei, verás, verá, veremos, vereis, verão	terei visto, terás visto, terá visto, teremos visto, tereis visto, terão visto
Futuro Do Pretérito/condicional	**Futuro Do Pretérito Composto**
veria, verias, veria, veríamos, veríeis, veriam	teria visto, terias visto, teria visto, teríamos visto, teríeis visto, teriam visto

MODO SUBJUNTIVO/CONJUNTIVO

Presente	Pretérito Perfeito Composto
veja, vejas, veja, vejamos, vejais, vejam	tenha visto, tenhas visto, tenha visto, tenhamos visto, tenhais visto, tenham visto
Pretérito Imperfeito	**Pretérito Mais-que-perfeito Composto**
visse, visses, visse, víssemos, vísseis, vissem	tivesse visto, tivesses visto, tivesse visto, tivéssemos visto, tivésseis visto, tivessem visto
Futuro	**Futuro Composto**
vir, vires, vir, virmos, virdes, virem	tiver visto, tiveres visto, tiver visto, tivermos visto, tiverdes visto, tiverem visto

MODO IMPERATIVO

Afirmativo	Negativo
–, vê, veja, vejamos, vede, vejam	–, não vejas, não veja não vejamos, não vejais, não vejam

FORMAS NOMINAIS

Infinitivo Pessoal	Infinitivo Pessoal Composto
ver, veres, ver, vermos, verdes, verem	ter visto, teres visto, ter visto, termos visto, terdes visto, terem visto
Infinitivo Impessoal	**Infinitivo Impessoal Composto**
ver	ter visto
Gerúndio	**Gerúndio Composto**
vendo	tendo visto
Particípio	
visto	

VERBO: vir
CLASSE: irregular
FORMA: intransitivo (venire)

MODO INDICATIVO

Presente	Pretérito Perfeito	Pretérito Perfeito Composto
venho, vens, vem, vimos, vindes, vêm	vim, vieste, veio, viemos, viestes, vieram	tenho vindo, tens vindo, tem vindo, temos vindo, tendes vindo, têm vindo
Pretérito Imperfeito	**Pretérito Mais-que-perfeito**	**Pretérito Mais-que-perfeito Composto**
vinha, vinhas, vinha, vínhamos, vínheis, vinham	viera, vieras, viera, viéramos, viéreis, vieram	tinha vindo, tinhas vindo, tinha vindo, tínhamos vindo, tínheis vindo, tinham vindo
Futuro Do Presente	**Futuro Do Presente Composto**	
virei, virás, virá, viremos, vireis, virão	terei vindo, terás vindo, terá vindo, teremos vindo, tereis vindo, terão vindo	

Futuro Do Pretérito/condicional	Futuro Do Pretérito Composto
viria, virias, viria, viríamos, viríeis, viriam	teria vindo, terias vindo, teria vindo, teríamos vindo, teríeis vindo, teriam vindo

MODO SUBJUNTIVO/CONJUNTIVO

Presente	Pretérito Perfeito Composto
venha, venhas, venha, venhamos, venhais, venham	tenha vindo, tenhas vindo, tenha vindo, tenhamos vindo, tenhais vindo, tenham vindo
Pretérito Imperfeito	**Pretérito Mais-que-perfeito Composto**
viesse, viesses, viesse, viéssemos, viésseis, viessem	tivesse vindo, tivesses vindo, tivesse vindo, tivéssemos vindo, tivésseis vindo, tivessem vindo
Futuro	**Futuro Composto**
vier, vieres, vier, viermos, vierdes, vierem	tiver vindo, tiveres vindo, tiver vindo, tivermos vindo, tiverdes vindo, tiverem vindo

MODO IMPERATIVO

Afirmativo	Negativo
–, vem, venha, venhamos, vinde, venham	–, não venhas, não venha, não venhamos, não venhais, não venham

FORMAS NOMINAIS

Infinitivo Pessoal	Infinitivo Pessoal Composto
vir, vires, vir, virmos, virdes, virem	ter vindo, teres vindo, ter vindo, termos vindo, terdes vindo, terem vindo
Infinitivo Impessoal	**Infinitivo Impessoal Composto**
vir	ter vindo
Gerúndio	**Gerúndio Composto**
vindo	tendo vindo
Particípio	
vindo	

Parte terza
TABELA PARA CONSULTA

1 VERBOS

Na tabela abaixo podem ser encontrados verbos da Língua Portuguesa bem como informações úteis à sua conjugação e utilização (tradução do verbo, classificação – **reg**ular/**irreg**ular/**defec**tivo –, forma – **tr**ansitivo/**intr**ansitivo/**refl**exivo –, modelo de conjugação).
Os verbos defectivos apresentados a seguir seguem a conjugação do verbo modelo somente nas formas que possuem, de acordo com a sua tipologia.

- **Abaçanar** (offuscare, appanare), reg., tr., cantar
- **Abafar** (soffocare, insabbiare, reprimere, coprire), reg., tr. e intr., cantar
- **Abaixar** (abbassare, chinare, calare, diminuire, umiliarsi, avvilirsi), reg., tr. e refl., cantar
- **Abalançar** (bilanciare, pesare, fare oscillare, lanciare, avventurarsi), reg., tr. e refl., dançar
- **Abalar** (scuotere, indebolire, fiaccare, tremare, partire affretattamente, fuggire), reg., tr. e intr., cantar
- **Abalizar** (marcare, segnare, traciare, fissare, distinguersi, segnalarsi), reg., tr. e refl., cantar
- **Abaloar** (arrotondare, gonfiare), reg., tr., magoar
- **Abalofar** (ammorbidire, gonfiare, insuperbire, darsi delle arie), reg., tr. e refl., cantar
- **Abalroar** (abbordare, arrembare, investire, attaccare, assalire), reg., tr., magoar
- **Abanar** (sventagliare, sventolare, scuotere, agitare, traballare), reg., tr. e intr., cantar
- **Abancar** (fornire di posti a sedere, mettere a tavola, prendere posto, installarsi), reg., tr., intr. e refl., brincar
- **Abandar** (assembrare, riunire, radunare, separare), reg., tr. e intr., cantar
- **Abandonar** (abbandonare, lasciare, rinunciare, desistere, abbandonarsi, indulgere, lasciarsi andare), reg., tr. e refl., cantar
- **Abanicar** (sventagliare, sventolare, fare vento), reg., tr. e intr., brincar
- **Abarcar** (abbracciare, stringere, contenere, comprendere), reg., tr., brincar
- **Abarrancar** (scavare, avvalare, affondare, mettersi, entrare, introdursi), reg., tr. e refl., brincar
- **Abarreirar** (circondare di barriere, trincerare, cautelarsi, premunirsi, riguardarsi), reg., tr. e refl., cantar
- **Abarrotar** (impalcare, stipare, infarcire), reg., tr., cantar
- **Abastar** (provvedere, fornire, munire, bastare, essere sufficiente), reg., tr. e intr., cantar
- **Abastardar** (imbastardire/-rsi, far degenerare, corrompere/-rsi), reg., tr., intr. e refl., cantar
- **Abastecer** (fornire/-rsi, rifornire/-rsi, munire, provvedere, approvvigionare), reg., tr. e refl., conhecer
- **Abater** (abbattere, far cadere, atterrare, crollare, calmarsi, accasciarsi, abbassarsi, umiliarsi, prostrarsi), reg., tr., intr. e refl., vender
- **Abdicar** (abdicare, rinunciare, abdicare, rinunziare, desistere), reg., tr. e intr., brincar
- **Abduzir** (abdurre, allontanare, sviare), reg., tr., produzir
- **Abeatar** (rendere o diventare bigotto/bacchettone), reg., tr. e refl., cantar
- **Abeberar** (abbeverare, dare da bere, dissetare, irrigare), reg., tr., cantar
- **Abeirar** (accostare/-rsi, avvicinare/-rsi, approssimare/-rsi), reg., tr. e refl., cantar
- **Abelhar** (sottoscrivere, affacendarsi, darsi da fare, affaticarsi), reg., tr., intr. e refl., cantar
- **Abençoar** (benedire), reg., tr., magoar
- **Aberrar** (aberrare, sviarsi, deviare), reg., intr., cantar
- **Abismar** (inabissare, sommergere/-rsi, meravigliare, stupire, sorprendere, spaventare), reg., tr. e refl., cantar
- **Abitar** (abbitare), reg., tr., cantar
- **Abitolar** (misurare), reg., tr., cantar
- **Abjudicar** (espropriare, spossessare, togliere), reg., tr., brincar
- **Abjugar** (affrancare, liberare), reg., tr., alugar
- **Abnegar** (abnegare, dimostrare abnegazione, rinunziare a), reg., tr., alugar
- **Abocanhar** (addentare, morsicchiare, diffamare, calunniare), reg., tr. e intr., cantar
- **Abocar** (abboccare, imboccare, prendere, puntare, conseguire), reg., tr., brincar
- **Abolir** (abolire, sopprimere, annullare), defec., tr., abolir
- **Abominar** (abominare, detestare, aborrire, odiare), reg., tr., cantar

- **Abonançar** (rabbonire, calmare, calmarsi), reg., tr. e intr., dançar
- **Abonar** (garantire, presentare come buono, accordare, assegnare, concedere, anticipare, vantarsi, millantarsi), reg., tr. e refl., cantar
- **Abordar** (abbordare, arrembare, approdare, avvicinarsi, accostarsi), reg., tr., cantar
- **Aborrecer** (aborrire, detestare/-rsi, annoiare/-rsi, infastidire/-rsi, seccare/-rsi), reg., tr. e refl., conhecer
- **Abortar** (abortire, fallire, non riuscire), reg., tr. e intr., cantar
- **Abotoar** (abbottonare/-rsi, allacciare, germogliare, germinare, sbocciare, intascare, arrichirsi), reg., tr., intr. e refl., magoar
- **Abraçar** (abbracciare, comprendere, contenere, seguire, sposare, accettare), reg., tr., dançar
- **Abrandar** (ammollire, ammorbidire, addolcire, calmare, mitigare, rallentare), reg., tr. e intr., cantar
- **Abranger** (abbracciare, comprendere, contenere, cingere, includere), reg., tr., proteger
- **Abrasar** (ridurre in cenere, bruciare, incendiare, infuocare, arroventare, infiammare, scottare), reg., tr., cantar
- **Abrejeirar** (ammaliziare, scaltrire, ammaliziarsi, scaltrirsi), reg., tr. e refl., cantar
- **Abreviar** (abbreviare, accorciare, diminuire, riassumere), reg., tr., cantar
- **Abrigar** (riparare, far da riparo, proteggere, difendere, dare ricovero a, accogliere), reg., tr., alugar
- **Abrir** (aprire, dischiudere, aprirsi, sbocciare, cominciare, iniziare), reg., tr., intr. e refl., partir
- **Abrogar** (abrogare, annullare, abolire, sopprimere, revocare), reg., tr., alugar
- **Abrumar** (annebbiare, offuscare, rendere triste, rattristare), defec., tr., cantar
- **Absolver** (assolvere, prosciogliere), reg., tr., vender
- **Absorver** (assorbire, immergersi, concentrarsi, applicarsi), reg., tr. e refl., vender
- **Abster** (privare, impedire, astenersi), irreg., tr. e refl., ter
- **Abstrair** (astrarre, separare, prescindere, astrarsi, concentrarsi), irreg., tr., intr. e refl., sair
- **Abundar** (abbondare), reg., intr., cantar
- **Abusar** (abusare, fare abuso, approfittare), reg., intr., cantar
- **Acabar** (finire, terminare, concludere, avere fine, avere termine), reg., tr., intr. e refl., cantar
- **Acabrunhar** (avvilire, opprimere, affligere, umiliare, mortificare, vessare), reg., tr., cantar
- **Acalmar** (calmare/-rsi, placare/-rsi, ammansire, mitigare), reg., tr. e intr., cantar
- **Acalorar** (accalorare, accaldare, infervorare, animare, eccitare), reg., tr., cantar
- **Acampar** (accampare, accamparsi, campeggiare), reg., tr. e intr., cantar
- **Acanhar** (restringere, non lasciare crescere, impedire lo sviluppo, intimidire, umiliare, imbarazzare, incutere/mettere soggezione), reg., tr. e refl., cantar
- **Acantoar** (accantonare, appartare, mettere da parte, separare, nascondere), reg., tr., magoar
- **Acariciar** (accarezzare, vezzeggiare, coccolare), reg., tr., cantar
- **Acaridar** (trattare, accogliere con carità, impietosirsi), reg., tr. e refl., cantar
- **Acarretar** (portare, trasportare, implicare, provocare, generare, arrecare), reg., tr., cantar
- **Acatar** (rispettare, riverire, considerare, onorare, osservare, obbedire, sottomettersi), reg., tr. e intr., cantar
- **Acautelar** (cautelare, prevenire, premunire, mettere in guardia, cautelarsi, riguardarsi), reg., tr. e refl., cantar
- **Acavalar** (accavallare, sovrapporre, ammucchiare, accumulare), reg., tr. e refl., cantar
- **Aceder** (accedere, acconsentire, aderire, annuire, assentire), reg., intr., vender
- **Aceitar** (accettare, accogliere), reg., tr., cantar
- **Acenar** (accennare, fare segno), reg., tr. e intr., cantar
- **Acender** (accendere, suscitare, infiammare, provocare, causare, fare arrossire), reg., tr., vender
- **Acentuar** (accentare, accentuare, mettere in rilievo), reg., tr., cantar
- **Acercar** (avvicinare, approssimare, accostare), reg., tr., brincar
- **Acertar** (centrare, cogliere nel segno, colpire, colpire giusto, indovinare, azzeccare, riuscire, regolare, combinare, aggiustare), reg., tr. e intr., cantar
- **Acervar** (ammucchiare, accumulare, accatastare, stipare), reg., tr., cantar
- **Achar** (trovare, rinvenire, scoprire, inventare, immaginare, ritenere, supporre, pensare, giudicare), reg., tr., cantar
- **Achatar** (appiattire, schiacciare, ammaccare, annientare), reg., tr. e intr., cantar
- **Achegar** (avvicinare/-rsi, accostare, approssimare, unire, rifugiarsi), reg., tr. e refl., alugar
- **Acionar** (azionare, mettere in azione-in moto, chiamare in giudizio), reg., tr., cantar
- **Acirrar** (aizzare, provocare, incitare, irritare, stimolare), reg., tr., cantar
- **Aclamar** (acclamare, applaudire, inneggiare), reg., tr., cantar
- **Aclimatar** (acclimatare/-rsi, acclimare/-rsi, ambientare/-rsi), reg., tr. e refl., cantar

- **Acocorar** (acchiocciolare, rannicchiare, abbassare, accoccolarsi, accosciarsi), reg., tr. e refl., cantar
- **Açoitar** (sferzare, frustare, fustigare, flaggellare, castigare, punire), reg., tr. e refl., cantar
- **Acolher** (accogliere, rifugiarsi, ripararsi, ricorrere), reg., tr. e refl., vender
- **Acometer** (attaccare, assalire, assaltare, investire, aggredire, intraprendere, tentare), reg., tr., vender
- **Acomodar** (accomodare/-rsi, sistemare, adattare, aggiustare, alloggiare, ospitare, sistemarsi, calmarsi, adeguarsi), reg., tr. e refl., cantar
- **Acompanhar** (accompagnare, seguire, scortare, guarnire), reg., tr., cantar
- **Aconchegar** (–> **conchegar**), reg., tr., alugar
- **Aconselhar** (consigliare, avvisare, suggerire, raccomandare, esortare, consigliarsi, consultarsi), reg., tr. e refl., cantar
- **Acontecer** (succedere, accadere, avvenire, capitare), defec., intr., conhecer
- **Acordar** (svegliare, risvegliare, destare, accordare, svegliarsi, destarsi, concordare), reg., tr., intr. e refl., cantar
- **Acorrer** (accorrere, correre in aiuto), reg., intr., vender
- **Acossar** (inseguire, perseguire, incalzare, tormentare, molestare, fuggire), reg., tr. e refl., cantar
- **Acostar** (accostare, avvicinare, attraccare, approdare, coricarsi), reg., tr., intr. e refl., cantar
- **Acostumar** (abituare, assuefare, abituarsi), reg., tr. e refl., cantar
- **Acovilhar** (accogliere, dar asilo, ospitare, ricoverare), reg., tr., cantar
- **Acreditar** (credere, accreditare, dar credito, accreditarsi), reg., tr. e refl., cantar
- **Acrescentar** (aggiungere, accrescere, aumentare, ingrandire), reg., tr., cantar
- **Acrescer** (accrescere, aumentare, aggiungere, aggiungersi), reg., tr. e intr., conhecer
- **Acuar** (rinculare, indietreggiare, retrocedere, raccogliersi), reg., intr., cantar
- **Açucarar** (zuccherare, addolcire), reg., tr., cantar
- **Acudir** (accorrere, soccorrere, aiutare, rispondere, ubbidire), irreg., intr., subir
- **Acumular** (accumulare, ammucchiare, ammassare, accumularsi, ammucchiarsi), reg., tr. e refl., cantar
- **Acusar** (accusare, imputare, incolpare, incriminare, rivelare, dimostrare, accusarsi, confessarsi), reg., tr. e refl., cantar
- **Adaptar** (adattare, aggiustare, appropriare, adattarsi), reg., tr. e refl., cantar
- **Adensar** (addensare, condensare, infittire, infoltire, ispessire), reg., tr., cantar
- **Adentar** (addentare, mordere, mettere i denti), reg., tr. e intr., cantar
- **Adentrar** (addentrare, far penetrare, addentrarsi, introdursi), reg., intr., cantar
- **Adequar** (adeguare, adattare, conformare, pareggiare, adeguarsi, adattarsi, conformarsi), defec., tr. e refl., cantar
- **Adereçar** (indirizzare, dirigere, incamminare, ornare, adornare, abbellire, guarnire), reg., tr., dançar
- **Aderir** (unire, aderire, essere attaccato, seguire, acconsentire), irreg., intr., mentir
- **Adestrar** (addestrare, ammaestrare, esercitare, istruire, addestrarsi, allenarsi), reg., tr. e refl., cantar
- **Adiantar** (anticipare, affrettare, avanzare, portare avanti, far progredire, prestare, venire avanti), reg., tr. e refl., cantar
- **Adiar** (rinviare, aggiornare, rimandare), reg., tr., cantar
- **Adicionar** (aggiungere, addizionare, unire, sommare), reg., tr., cantar
- **Adir** (adire, aggiungere, accrescere), defec., tr., partir
- **Adivinhar** (indovinare, predire, pronosticare, presagire, intuire, immaginare, capire, azzeccare), reg., tr., cantar
- **Adjazer** (essere vicino), reg., intr., jazer
- **Adjectivar** (aggettivare, appropriare, adattare) reg., tr., cantar
- **Adjudicar** (aggiudicare, appaltare, assegnare, attribuire), reg., tr. e refl., brincar
- **Adjungir** (congiungere, unire, aggiungere), defec., tr., agir
- **Administrar** (amministrare, somministrare), reg., tr., cantar
- **Admirar** (ammirare, meravigliare, stupire, sorprendere, meravigliarsi, stupirsi, ammirarsi), reg., tr. e refl., cantar
- **Admitir** (ammettere, riconoscere, accettare, permettere, concedere, assumere), reg., tr., partir
- **Adoçar** (addolcire, temperare, smorzare, ingentilire), reg., tr., dançar
- **Adocicar** (addolcire, rendere dolciastro), reg., tr., brincar
- **Adoecer** (ammalare, far ammalare, ammalarsi), reg., tr. e intr., conhecer
- **Adoentar** (rendere leggermente ammalato, indisposto), reg., tr., cantar
- **Adoidar** (rendere matto, impazzire), reg., tr. e refl., cantar
- **Adolescer** (diventare adolescente, svilupparsi, crescere), reg., intr., vender

- **Adorar** (adorare, venerare, andar matto), reg., tr., cantar
- **Adormecer** (addormentare, far dormire, assopire, eludere, ingannare, calmare, intorpidire), reg., tr. e intr., conhecer
- **Adornar** (adornare, ornare, abbellire), reg., tr., cantar
- **Adotar** (adottare), reg., tr., cantar
- **Adquirir** (acquisire, acquistare), reg., tr., partir
- **Adular** (adulare, lusingare), reg., tr., cantar
- **Adulterar** (adulterare, falsificare, commettere adulterio), reg., tr. e intr., cantar
- **Adunar** (adunare, radunare, riunire), reg., tr., cantar
- **Adversar** (avversare, contrariare), reg., tr., cantar
- **Advertir** (avvertire, avvisare, ammonire, consigliare, rimproverare, accorgersi), irreg., tr. e intr., mentir
- **Advir** (sopravvenire, sopraggiungere, accadere, avvenire), irreg., intr., vir
- **Advogar** (difendere, perorare, patrocinare, fare l'avvocato), reg., tr. e intr., alugar
- **Afagar** (accarezzare, vezzeggiare, coccolare, consolare, confortare, lisciare, spianare), reg., tr., alugar
- **Afamar** (dare fama, rendere celebre, acquistare fama, celebrità), reg., tr. e refl., cantar
- **Afanar** (cercare con affanno, acquistare, lavorare molto, stancarsi), reg., tr., intr., refl., cantar
- **Afastar** (allontanare/-rsi, scostare, separare, appartarsi), reg., tr. e refl., cantar
- **Afazer** (abituare, assuefare, abituarsi, addirsi, convenire), irreg., tr. e refl., fazer
- **Afeiçoar** (affezionare, affezionarsi, attaccarsi, foggiare, modellare), reg., tr. e refl.magoar
- **Aferrar** (afferrare, prendere, ancorare, afferrarsi, ostinarsi, intestardirsi), reg. , tr. e refl., cantar
- **Afervorar** (infervorare, infiammare, entusiasmare, eccitare, stimolare), reg., tr., cantar
- **Afetar** (affettare, fingere, minare, intaccare, impressionare, colpire, destinare, essere affettato, ricercato), reg., tr. e intr., refl., cantar
- **Afiançar** (garantire, avallare, affermare, assicurare, prestare garanzia), reg., tr. e refl., dançar
- **Afiliar** (–> **filiar**), reg., tr., cantar
- **Afinar** (accordare, intonare, affinare, aguzzare, pettinare, perfezionare, mettere a punto), reg., tr. e intr., cantar
- **Afincar** (accanirsi, perseverare, insistere, ostinarsi) (–> **fincar**), reg., tr., intr., refl., cantar
- **Afirmar** (affermare, asserire, sostenere, dichiarare, asseverare, assicurarsi, certificarsi, affermarsi), reg., tr. e refl., cantar
- **Afivelar** (affibbiare, allacciare), reg., tr., cantar
- **Afixar** (affiggere, attaccare, affissare, fissare), reg., tr., cantar
- **Aflar** (respirare, soffiare, ispirare), reg., tr., cantar
- **Afligir** (affliggere, addolorare, accorare, affliggersi, tormentarsi), reg., tr. e refl., agir
- **Aflorar** (livellare, affiorare, emergere, spuntare), reg., tr. e intr., cantar
- **Afluir** (affluire, concorrere, confluire), irreg., intr., poluir
- **Afogar** (annegare, affogare, soffocare, imbevere, affogarsi), reg., tr. e refl. , alugar
- **Afoguear** (infiammare, infocare, bruciare, accendere, eccitare, infiammarsi, arrossire), irreg., tr. e refl., passear
- **Afoitar** (imbaldanzire, incoraggiare, prendere coraggio, animarsi), reg., tr. e refl. , cantar
- **Afomear** (affamare), irreg., tr., passear
- **Afrontar** (affrontare, insultare, confrontare, turbare, stancarsi, affrontarsi, paragonarsi), reg., tr. e refl.,cantar
- **Afundar** (affondare, inabissare, approfondire, andare in fondo, penetrare, sprofondare), reg. , tr., intr., refl., cantar
- **Agachar** (nascondere, occultare, abbassare, chinare, umiliarsi), reg., tr. e refl., cantar
- **Agarrar** (afferrare, acchiappare, prendere, aggrapparsi, attaccarsi), reg. , tr. e refl., cantar
- **Agasalhar** (ospitare, accogliere, proteggere, coprire, ripararsi, rifugiarsi, coprirsi), reg., tr. e refl., cantar
- **Agastar** (irritare, far arrabbiare, infastidire, irritarsi, indignarsi), reg., tr. e refl., cantar
- **Agenciar** (negoziare, trattare, cercare, sollecitare), reg., tr., cantar
- **Agigantar** (ingigantire, ingrandire), reg., tr., cantar
- **Agilitar** (rendere agile, sviluppare, sveltire), reg., tr., cantar
- **Agir** (agire, procedere, operare, comportarsi), reg., intr., agir
- **Agitar** (agitare, muovere, dibattere, turbare, agitarsi, muoversi), reg., tr. e refl., cantar
- **Aglomerar** (agglomerare, ammassare, ammucchiare), reg., tr., cantar
- **Agonizar** (causare/avere agonia, angosciare, affliggere, tormentare), reg. , tr. e intr., cantar

- **Agorentar** (accorciare, diminuire), reg., tr., cantar
- **Agradar** (piacere, essere gradito, accontentare, soddisfare, compiacersi), reg., tr., intr., refl., cantar
- **Agradecer** (ringraziare), reg., tr. e intr., conhecer
- **Agravar** (aggravare, peggiorare, ricorrere, appellare, aggravarsi), reg., tr., intr., refl., cantar
- **Agredir** (aggredire, assalire, attaccare), irreg., tr., agredir
- **Agregar** (aggregare, associare, unire), reg., tr., alugar
- **Agremiar** (associare, riunire), reg., tr., cantar
- **Agrupar** (raggruppare, aggruppare, riunirsi), reg., tr. e refl., cantar
- **Aguar** (annaffiare, irrigare, arrembarsi, riempirsi d'acqua), reg., tr., intr., refl., cantar
- **Aguardar** (aspettare, attendere, sperare, osservare, seguire), reg., tr., cantar
- **Aguçar** (aguzzare, affilare, stuzzicare, eccitare), reg., tr., dançar
- **Aguentar** (sopportare, subire, tollerare, patire, resistere, reggere, sostenersi), reg., tr. e refl., cantar
- **Aguerrir** (agguerrire, agguerrirsi), defec., tr. e refl., partir
- **Agulhar** (pungere, punzechiare, incitare), reg., tr., cantar
- **Ajeitar** (accomodare, sistemare, adattare, accomodarsi, adattarsi), reg., tr. e refl., cantar
- **Ajoelhar** (far inginocchiare, mettersi in ginocchio, sottomettersi), reg., tr., intr., refl., cantar
- **Ajudar** (aiutare, soccorrere, favorire, facilitare, venire in aiuto, aiutarsi), reg., tr. e refl., cantar
- **Ajuntar** (unire, riunire, congiungere, avvicinare, accrescere, accumulare), reg, . tr. e refl., cantar
- **Ajustar** (aggiustare, ordinare, regolare, adattare, concertare, stabilire, mettersi d'accordo), reg., tr. e refl., cantar
- **Alagar** (allagare, inondare, sommergere, allagarsi, crollare), reg., tr. e refl., alugar
- **Alargar** (allargare, ampliare, dilatare, allentare, allargarsi, estendersi), reg., tr., intr., refl., alugar
- **Alarmar** (allarmare, mettere in agitazione), reg., tr., cantar
- **Albergar** (albergare, ospitare, alloggiare, abitare), reg., tr. e refl., alugar
- **Alcançar** (raggiungere, ottenere, attingere, indebitarsi), reg., tr., intr., refl., dançar
- **Alcunhar** (soprannominare), reg., tr., cantar
- **Alegar** (allegare, addurre, produrre), reg., tr., alugar
- **Alegrar** (rallegrare, allegrare, rallegrarsi, inebriarsi), reg., tr. e refl., cantar
- **Aleijar** (storpiare, mutilare, mutilarsi, storpiarsi), reg., tr. e refl., cantar
- **Aleitar** (allattare, adattare, preparare), reg., tr., cantar
- **Alentar** (incoraggiare, animare, respirare, fiatare, animarsi, farsi coraggio), reg., tr., intr., refl., cantar
- **Alertar** (dare l'allarme, avvertire, mettersi in guardia), reg., tr. e intr., cantar
- **Alfabetizar** (insegnare a leggere e a scrivere), reg., tr. e intr., cantar
- **Alforriar** (affrancare, liberare da schiavitù), reg., tr., cantar
- **Algazarrar** (far gazzarra, far baccano), reg., intr., cantar
- **Alhear** (alienare, vendere, cedere, allontanare, straniare, sconvolgere, alienarsi), irreg., tr. e refl., passear
- **Aliar** (alleare, unire, legare), reg., tr., cantar
- **Alicerçar** (gettare le fondamenta, basare, fondare), reg., tr., dançar
- **Alienar** (alienare, allontanare, sconvolgere, alienarsi), reg., tr. e refl., cantar
- **Aligeirar** (alleggerire, alleviare, affrettare, accelerare), reg., tr., cantar
- **Alimentar** (alimentare, nutrire, cibare), reg., tr. e intr., cantar
- **Alinhar** (allineare, schierare), reg., tr. e intr., cantar
- **Alisar** (lisciare, levigare, pettinare, ammorbidire), reg., tr., cantar
- **Alistar** (arruolare, reclutare, scrivere, registrare, arruolarsi), reg., tr. e refl., cantar
- **Aliviar** (alleviare, solevare, calmare, allegerirsi, diminuire, rasserenarsi), reg., tr., intr. e refl., cantar
- **Almejar** (bramare, sospirare, desiderare, agonizzare), reg., tr. e intr., cantar
- **Almoçar** (pranzare), reg., tr. e intr., dançar
- **Alojar** (alloggiare, ospitare, albergare, installare, sistemarsi), reg., tr. e refl., cantar
- **Alongar** (allungare, prolungare, ritardare, allungarsi, distendersi), reg., tr. e refl., alugar
- **Alternar** (alternare, avvicendare, alternarsi), reg., tr. e refl., cantar
- **Alucinar** (allucinare, abbagliare, illudere, allucinarsi), reg., tr. e refl., cantar
- **Aludir** (alludere, accennare, riferirsi), reg., tr. e intr., partir
- **Alugar** (affittare, dare in affitto, locare, noleggiare), reg., tr., alugar
- **Alumiar** (illuminare, rischiarare, istruire, informare, spiegare, ispirare, fare luce), reg., tr., cantar
- **Alvejar** (imbiancare, imbianchire, prendere di mira, puntare, colpire, biancheggiare), reg., tr. e intr., cantar
- **Alvorecer** (albeggiare, far giorno, cominciare a sorgere, apparire), defec., tr. e intr., conhecer

- **Alvoroçar** (agitare, mettere in subbuglio, sconvolgere, turbare, incitare, entusiasmare, agitarsi, perturbarsi, spaventarsi), reg., tr. e refl., dançar
- **Amachucar** (ammaccare, schiacciare, pestare, sgualcire), reg., tr., brincar
- **Amaciar** (ammorbidire, addolcire, temperare, ammansire), reg., tr., cantar
- **Amadurecer** (maturare, rendere maturo, portare a maturazione, maturarsi, lasciar maturare), reg., tr. e intr., conhecer
- **Amainar** (ammainare, calmare, moderare, calmarsi, diminuire), reg., tr. e intr., cantar
- **Amaldiçoar** (maledire, abominare, esecrare, detestare, condannare), reg., tr., magoar
- **Amalgamar** (amalgamare, amalgamarsi, fondersi, unirsi), reg., tr. e intr., cantar
- **Amamentar** (allattare, nutrire), reg., tr., cantar
- **Amanhecer** (far giorno, albeggiare, giungere, svegliarsi), defec., intr., conhecer
- **Amansar** (ammansire, addomesticare, domare, calmarsi), reg., tr. e refl., cantar
- **Amantar** (ammantare, proteggere, coprire)(amancebar-se), reg., tr. e refl., cantar
- **Amantelar** (fortificare, cingere di muraglie), reg., tr., cantar
- **Amar** (amare, voler bene, amarsi), reg., tr. e intr., cantar
- **Amargar** (amareggiare, affligere, essere amaro, dispiacersi), reg., tr. e intr., alugar
- **Amargurar** (amareggiare, affliggere, addolorare, rattristare), reg., tr., cantar
- **Amarrar** (ormeggiare, ammarare, legare, tenere, ancorare, legarsi), reg., tr. e refl., cantar
- **Amassar** (impastare, mescolare, schiacciare, unirsi), reg., tr. e refl., cantar
- **Ambicionar** (ambire, desiderare), reg., tr., cantar
- **Ambientar** (ambientare, ambientarsi), reg., tr. e refl., cantar
- **Ambular** (ambulare, camminare, passeggiare), reg., intr., cantar
- **Ameaçar** (minacciare), reg., tr. e intr., dançar
- **Amealhar** (risparmiare, economizzare, tirare sul prezzo), reg., tr., cantar
- **Amedrontar** (spaventare, impaurire, intimorire, far paura, spaventarsi), reg., tr. e refl., cantar
- **Amenizar** (rendere ameno, edulcorare, rendere piacevole), reg., tr. e refl., cantar
- **Amentar** (scongiurare, esorcizzare, ricordare, rammentare, legare con lacci), reg., tr., cantar
- **Amercear** (graziare, perdonare, commuoversi, impietosirsi), irreg., tr. e refl., passear
- **Amesquinhar** (umiliare, sminuire, denigrare, opprimere, umiliarsi, diventare meschino), reg., tr. e refl., cantar
- **Amestrar** (ammaestrare, addestrare, istruire, esercitarsi), reg., tr. e refl., cantar
- **Amigar** (rendere amico, vivere in concubinato), reg., tr. e refl., alugar
- **Amimar** (coccolare, vezzeggiare, accarezzare), reg., tr. e refl., cantar
- **Amiserar** (commiserare, compassionare, compiangere, impietosirsi), reg., tr. e refl., cantar
- **Amiudar** (rendere frequente, reiterare, sminuzzare, spezzettare), reg., tr., cantar
- **Amodernar** (–> **modernizar**), reg., tr., cantar
- **Amolar** (affilare, molare, ingannare, ammaccare, seccare, annoiare, subire, sopportare), reg., tr., intr., refl., cantar
- **Amoldar** (modellare, adattare, abituare, adeguare), reg., tr., cantar
- **Amolecer** (ammollire, ammorbidire, ammollirsi), reg., tr. e intr., conhecer
- **Amontoar** (ammucchiare, ammassare, accumulare, agglomerare), reg., tr. e intr., magoar
- **Amortecer** (attutire, smorzare, ammortire, calmare, addolcire, svenire, diminuire, indebolirsi), reg., tr. e intr., conhecer
- **Amortiçar** (spegnere, spegnersi, stinguersi), reg., tr. e refl., dançar
- **Amotinar** (ammutinare, ribellarsi), reg., tr., cantar
- **Amparar** (appoggiare, sostenere, accogliere, proteggere, difendere, aiutare, rifugiarsi, appoggiarsi), reg., tr. e refl., cantar
- **Ampliar** (ampliare, ingrandire, allargare, accrescere), reg., tr., cantar
- **Amplificar** (amplificare, ingrandire, accrescere, esagerare, aumentare), reg., tr., brincar
- **Amputar** (amputare, tagliare, mutilare), reg., tr., cantar
- **Amuar** (fare il broncio, tenere il broncio, ostinarsi), reg., tr. e intr., cantar
- **Analisar** (analizzare), reg., tr., cantar
- **Ancorar** (ancorare, ormeggiare, ancorarsi, fondarsi), reg., tr. e intr., cantar
- **Andar** (percorrere, camminare, andare), reg., tr. e intr., cantar
- **Anelar** (inanellare, arricciare, anelare, desiderare, ansimare), reg., tr. e intr., cantar
- **Anexar** (annettere, incorporare, allegare, accludere), reg., tr., cantar
- **Angariar** (ingaggiare, reclutare, raccogliere), reg., tr., cantar
- **Angustiar** (angosciare, angustiare, affliggere, tormentare), reg., tr., cantar
- **Animalizar** (convertire in sostanza organica, abbrutire, imbestialire), reg., tr. e refl., cantar

- **Animar** (animare, dare vita, avvivare, animarsi), reg., tr. e refl., cantar
- **Aninhar** (annidare, accogliere, nidificare, farsi il nido, nascondersi), reg., tr., intr., refl., cantar
- **Aniquilar** (annientare, annichilire, distruggere, annullare), reg., tr., cantar
- **Anoitecer** (farsi notte, sera, imbrunire, oscurare, abbuiare), defec., intr., conhecer
- **Anotar** (annotare, prendere nota, segnare), reg., tr., cantar
- **Ansiar** (causare ansia, desiderare, stare in ansia, tormentarsi), irreg., tr., incendiar
- **Anteceder** (precedere, antecedere), reg., tr. e intr., vender
- **Antecipar** (anticipare, precedere, prevenire), reg., tr. e refl., cantar
- **Antepassar** (precedere, antecedere, succedere prima), reg., tr. e intr., cantar
- **Antepor** (anteporre, mettere prima, preferire), irreg., tr., pôr
- **Anuir** (annuire, acconsentire, assentire), defec., tr., construir
- **Anular** (annullare, abrogare, abolire, disdire, cancellare), reg., tr., cantar
- **Anunciar** (annunziare, far presagire, rivelare, manifestare), reg., tr., cantar
- **Anuviar** (annuvolare, offuscare, turbare, annuvolarsi), defec., tr., intr., refl., cantar
- **Apagar** (spegnere, smorzare, estinguere, cancellare, spegnersi), reg., tr. e refl., alugar
- **Apaixonar** (appassionare, addolorare, appassionarsi), reg., tr. e refl., cantar
- **Apalpar** (palpare, tastare), reg., tr., cantar
- **Apanhar** (prendere, acchiappare, pigliare, raccogliere, cogliere, raggiungere, prenderle, buscarle), reg.,tr., intr., refl., cantar
- **Aparecer** (apparire, comparire), reg., intr., conhecer
- **Aparelhar** (apparecchiare/-rsi, preparare, bardare, sellare), reg., tr. e refl., cantar
- **Aparentar** (imparentare, apparentare/-rsi, dimostrare, mostrare, ostentare), reg., tr. e refl., cantar
- **Apartar** (appartare, separare, dividere, mettersi in disparte, isolarsi), reg., tr. e refl., cantar
- **Apavorar** (spaventare, impaurire), reg., tr., cantar
- **Apaziguar** (metter pace, pacificare, riconciliare, calmare), reg., tr., cantar
- **Apear** (appiedare, smontare, demolire, scendere), irreg., tr., intr., refl., passear
- **Apegar** (attaccare, incollare, affezionare, unirsi), reg., tr. e refl., alugar
- **Apelar** (chiamare in aiuto, invocare, appellare/-arsi, fare ricorso), reg., tr., intr., refl., cantar
- **Apelidar** (cognominare, soprannominare, chiamarsi), reg., tr. e refl., cantar
- **Apequenar** (impiccolire, impiccinire), reg., tr., cantar
- **Aperceber** (scorgere, vedere, preparare, accorgersi, avvedersi), reg., tr. e refl., vender
- **Aperfeiçoar** (perfezionare/-rsi, raffinare, migliorare), reg., tr. e refl., magoar
- **Apertar** (stringere, serrare, cingere, restringere, allacciare, legare, spremere, strizzare, affrettare), reg.,tr. e intr., cantar
- **Apetecer** (avere voglia, desiderare, suscitare l'appetito), defec., tr. e intr., conhecer
- **Aplanar** (appianare, livellare), reg., tr., cantar
- **Aplaudir** (applaudire), reg., tr. e intr., partir
- **Aplicar** (applicare, destinare, dedicarsi, adattarsi), reg., tr. e refl., brincar
- **Apoderar-se** (impadronirsi, appropriarsi, accaparrarsi), reg., refl., cantar
- **Apodrecer** (marcire, imputridire), reg., tr. e intr., conhecer
- **Apoiar** (appoggiare, posare, sostenere, appoggiarsi), reg., tr. e refl., cantar
- **Apontar** (additare, appuntare, indicare, allegare, menzionare, spuntare, aguzzare), reg., tr. e intr., cantar
- **Apor** (apporre, applicare, aggiogare), irreg., tr., pôr
- **Aportar** (condurre in porto, ancorare), reg., tr., cantar
- **Aposentar** (collocare a riposo, mettere in pensione, andare in pensione, alloggiare, abitare), reg., tr., intr., refl., cantar
- **Apostar** (scommettere, impegnarsi, prepararsi), reg., tr. e refl., cantar
- **Aprazer** (piacere, aggradare, contentarsi), defec., intr. e refl., prazer
- **Apreciar** (apprezzare, gradire, stimare, valutare), reg., tr., cantar
- **Apreender** (sequestrare, confiscare, arrestare, catturare, preoccuparsi), reg., tr. e intr., vender
- **Apregoar** (bandire, gridare, divulgare, pubblicare, vantarsi), reg., tr. e refl., magoar
- **Apresentar** (presentare, far conoscere, porgere, offrire, presentarsi, proporsi), reg., tr. e refl., cantar
- **Apressar** (affrettare, accelerare, sbrigarsi), reg., tr. e refl., cantar
- **Aprisionar** (imprigionare, incarcerare, catturare), reg., tr., cantar
- **Aprofundar** (approfondire, scavare, studiare a fondo), reg., tr., cantar
- **Aprontar** (approntare, apparecchiare, allestire, prepararsi), reg., tr. e refl., cantar
- **Apropriar** (far proprio, appropriare, adattare, adeguarsi), reg., tr. e refl., cantar
- **Aprovar** (approvare, promuovere), reg., tr., cantar

- **Aproveitar** (approfittare, trarre profitto, fruttare, servirsi), reg., tr., intr., refl., cantar
- **Aproximar** (avvicinare, approssimare, accostare, avvicinarsi), reg., tr. e refl., cantar
- **Apurar** (purificare, depurare, elaborare, selezionare, appurare, accertare, verificare), reg., tr. e refl., cantar
- **Aquecer** (scaldare, riscaldare, scaldarsi, riscaldarsi), reg., tr., intr., refl., conhecer
- **Aquiescer** (acconsentire, annuire), reg, .intr., conhecer
- **Aquietar** (acquietare, calmare, placare, acquietarsi), reg., tr. e refl., cantar
- **Arbitrar** (valutare, giudicare, arbitrare), reg., tr. e intr., cantar
- **Arcar** (arcuare, inarcare, cerchiare, lottare, affrontare, incurvarsi), reg., tr., intr., refl., brincar
- **Arcuar** (–> **arquear**), reg., tr., cantar
- **Arder** (ardere, bruciare, svanire, sfumare), reg., intr., vender
- **Arejar** (dare aria, ventilare, aerare, prendere aria, sventolarsi), reg., tr., intr., refl., cantar
- **Arfar** (ansare, ansimare, affannare, boccheggiare, oscillare), reg., intr., cantar
- **Arguir** (accusare, rimproverare, censurare, arguire, argomentare), irreg., tr. e intr., poluir
- **Argumentar** (argomentare, ragionare, concludere, dedure, provare), reg., tr. e intr., cantar
- **Ariscar** (rifiutare, rendere/essere restio), reg., tr. e intr., brincar
- **Armar** (armare, addobbare, adornare, prepararsi alla guerra, provvedersi), reg., tr. e intr., cantar
- **Arquear** (arcuare, curvare, inarcare, misurare, stazzare, incurvarsi), irreg., tr. e refl., passear
- **Arquitetar** (architettare, ideare, macchinare), reg., tr., cantar
- **Arrancar** (strappare, sradicare, estirpare, staccare, prendere lo slancio, partire, uscire), reg., tr. e intr., brincar
- **Arranhar** (graffiare, scalfire, graffiarsi), reg., tr. e refl., cantar
- **Arranjar** (aggiustare, sistemare, arrangiare, ottenere, procurare, preparare, sistemarsi, arrangiarsi), reg.,tr. e refl., cantar
- **Arrasar** (spianare, radere al suolo, distruggere, devastare, umiliare, stancare, rovinarsi, umiliarsi), reg.,tr. e refl., cantar
- **Arrastar** (trascinare/-rsi, tirare, trainare, strisciare, strisciarsi), reg., tr., intr., refl., cantar
- **Arrebanhar** (imbrancare, raggruppare, riunire, raccogliere), reg., tr., cantar
- **Arrebatar** (strappare, rapire, tirare, trascinare, estasiare, arrabbiarsi, entusiasmarsi), reg., tr. e refl., cantar
- **Arrebentar** (–> **rebentar**), reg., tr. e intr., cantar
- **Arredar** (arretrare, allontanare, rimuovere, scostare, scostarsi), reg., tr. e refl., cantar
- **Arredondar** (arrotondare, ingrassare), reg., tr. e intr., cantar
- **Arrefecer** (raffreddare, raffreddarsi, diventare freddo), reg., tr. e intr., conhecer
- **Arreganhar** (digrignare, aprirsi, fendersi, creparsi, ridere), reg., tr., intr., refl., cantar
- **Arremedar** (contraffare, imitare, scimmiottare, somigliare), reg., tr., cantar
- **Arremessar** (lanciare, scagliare, gettare, espellere, lanciarsi), reg., tr. e refl., cantar
- **Arremeter** (assalire, assaltare, aggredire, lanciarsi, avventarsi), reg., tr. e intr., vender
- **Arrepender-se** (pentirsi, ravvedersi), reg., refl., vender
- **Arrepiar** (rizzare i capelli, inorridire, atterrire, spaventare, increspare, rabbrividire, accapponarsi), reg.,tr. e refl., cantar
- **Arriar** (ammainare, calare, rinunciare, mollare, abbassare, inclinare), irreg., tr. e intr., incendiar
- **Arriscar** (rischiare, mettere a rischio, avventurarsi, esporsi), reg., tr. e refl., brincar
- **Arrojar** (lanciare, scagliare, buttare, spingere, lanciarsi, osare, ardire), reg., tr. e refl., cantar
- **Arrolar** (registrare, inventariare, arrotolare, avvolgere, cullare), reg., tr. e intr., cantar
- **Arrotar** (ruttare, vantarsi, fare lo spaccone), reg., tr. e intr., cantar
- **Arrufar** (irritare, stizzire, contrariare, fare il broncio, incresparsi), reg., tr. e refl., cantar
- **Arruinar** (rovinare, distruggere, crollare, andare in rovina), reg., tr., intr., refl., cantar
- **Arrumar** (sistemare, mettere in ordine, dare, assestare, stivare), reg., tr. e refl., cantar
- **Ascender** (ascendere, salire, elevarsi), reg., intr., vender
- **Asfixiar** (asfissiare, soffocare), reg., tr., cantar
- **Asilar** (dare asilo a, accogliere, ricoverare in un ospizio), reg., tr., cantar
- **Asnear** (fare/dire stupidaggini), irreg., intr., passear
- **Aspar** (torturare, mortificare, cancellare, mettere tra virgolette), reg., tr., cantar
- **Aspirar** (aspirare, inspirare), reg., tr. e intr., cantar
- **Assaborar** (insaporire, dare sapore), reg., intr., cantar
- **Assalariar** (salariare, stipendiare), reg., tr., cantar
- **Assaltar** (assalire, assaltare), reg., tr., cantar
- **Assassinar** (assassinare, uccidere), reg., tr., cantar

- **Assediar** (assediare, infastidire, importunare), reg., tr., cantar
- **Assegurar** (assicurare, affermare, accertare, proteggere, preservare, assicurarsi), reg., tr. e refl.,cantar
- **Assemelhar** (somigliare, paragonare, equiparare, assomigliare), reg., tr. e refl., cantar
- **Assentar** (far sedere, porre, fissare, registrare, annotare, stabilire, sedersi, decidere, stipulare), reg., tr., intr., refl., cantar
- **Assentir** (assentire, consentire, annuire, approvare), irreg., intr., mentir
- **Asserir** (asserire, affermare, asseverare), irreg., intr., mentir
- **Assestar** (assestare, puntare), reg., tr., cantar
- **Assimilar** (assimilare, assimilarsi), reg., tr. e refl., cantar
- **Assinalar** (segnare, indicare, segnalare, distinguere, rivelarsi), reg., tr. e refl., cantar
- **Assinar** (firmare, abbonarsi, sottoscrivere, assegnare), reg., tr., cantar
- **Assistir** (assistere, abitare, spettare), reg., tr. e intr., partir
- **Assobarcar** (mettere sotto il braccio, accaparrare), reg., tr., brincar
- **Assoberbar** (trattare con superbia, umiliare, opprimere, dominare, insuperbire), reg., tr. e refl., cantar
- **Associar** (associare, prendere come socio, associarsi), reg., tr., cantar
- **Assolar** (devastare, desolare, distruggere), reg., tr. e refl., cantar
- **Assomar** (spuntare, sorgere, apparire, raggiungere, mostrarsi), reg., intr., e refl., cantar
- **Assombrar** (ombreggiare, stupire, sbalordire, folgorare, oscurare, meravigliarsi, spaventarsi), reg., tr., intr., refl., cantar
- **Assumir** (assumere, assumersi), reg., tr., partir
- **Assustar** (spaventare, impaurire, allarmare, intimidire, impaurirsi), reg., tr. e refl., cantar
- **Astuciar** (inventare, macchinare, giocare d'astuzia), reg., tr. e intr., cantar
- **Atacar** (attaccare, aggredire, assalire, allacciare, annodare, offendere, colpire, riempirsi), reg., tr. e refl., brincar
- **Atar** (legare, annodare, allacciare), reg., tr., cantar
- **Atarantar** (confondere/-rsi, smarrire, turbare, imbrogliarsi), reg., tr. e refl., cantar
- **Atardar** (ritardare, attardare, rallentare), reg., tr., cantar
- **Atarefar** (affaccendare/-rsi, caricare di lavoro), reg., tr. e refl., cantar
- **Atear** (accendere, infiammare, attivare, fomentare, avvivarsi, propagarsi, aumentare), irreg., tr., intr., refl., passear
- **Atender** (fare attenzione, ricevere, esaudire, badare, curare, attendere, aspettare, rispondere), reg., tr., vender
- **Atentar** (fare attenzione, osservare, riflettere, badare, attentare), reg., tr. e intr., cantar
- **Atenuar** (attenuare, ridurre), reg., tr., cantar
- **Aterrar** (atterrire, spaventare, terrorizzare, interrare, sterrare, atterrare), reg., tr. e intr., cantar
- **Ater-se** (attenersi, appoggiarsi, tenersi, aderire), irreg., refl., ter
- **Atestar** (attestare, affermare, certificare, riempire, colmare), reg., tr. e refl., cantar
- **Atiçar** (attizzare, ravvivare, fomentare), reg., tr., dançar
- **Atinar** (indovinare, scoprire, trovare, ricordare, riuscire, dirigersi), reg., tr. e intr., cantar
- **Atingir** (raggiungere, arrivare, attingere, colpire, ottenere, comprendere, riguardare), reg., tr., agir
- **Atirar** (gettare, lanciare, buttare, sparare, tirare, gettarsi, lanciarsi), reg., tr., intr., refl., cantar
- **Ativar** (attivare, accelerare, stimolare), reg., tr., cantar
- **Atordoar** (stordire, intontire, sbalordire), reg., tr., intr., refl., magoar
- **Atracar** (attraccare, ormeggiare, abbordare, afferrarsi), reg., tr., brincar
- **Atraiçoar** (tradire, tradirsi), reg., tr. e refl., magoar
- **Atrair** (attrarre, attirare), irreg., tr., sair
- **Atrapalhar** (imbarazzare, confondere, ingarbugliare, imbarazzarsi, imbrogliarsi), reg., tr. e refl., cantar
- **Atrasar** (ritardare, indugiare, rimandare, attardarsi), reg., tr., intr., refl., cantar
- **Atravessar** (attraversare, mettere di traverso, trapassare, immischiarsi), reg., tr. e refl., cantar
- **Atrever-se** (osare, ardire, affrontare), reg., refl., vender
- **Atribuir** (attribuire, assegnare, attribuirsi, arrogarsi), irreg., tr. e refl., poluir
- **Atribular** (tribolare, tormentare, affliggere, affliggersi), reg., tr. e refl., cantar
- **Atropelar** (investire, metter sotto, calcare, violare, offendere, pigiarsi), reg., tr. e refl., cantar
- **Atualizar** (attualizzare, aggiornare, modernizzare), reg., tr., cantar
- **Atuar** (agire, attuare, operare), reg., intr., cantar
- **Aturar** (soffrire, sopportare, tollerare, patire, resistere, continuare), reg., tr. e intr., cantar
- **Aturdir** (–> **atordoar**), defec., tr., partir

- **Auferir** (riscuotere, percepire, guadagnare, ottenere, ricevere), irreg., tr., mentir
- **Aumentar** (aumentare, accrescere), reg., tr. e intr., cantar
- **Ausentar-se** (assentarsi, allontanarsi), reg., refl., cantar
- **Autorizar** (autorizzare, permettere, valersi, appoggiarsi), reg., tr. e refl., cantar
- **Auxiliar** (aiutare, soccorrere, assistere, favorire), reg., tr., cantar
- **Avaliar** (valutare, stimare, calcolare, giudicarsi, reputarsi), reg., tr. e refl., cantar
- **Avançar** (avanzare, spingere, portare avanti, procedere, avvicinarsi), reg., tr. e intr., dançar
- **Avantajar** (avvantaggiare, favorire, superare, distinguersi, migliorare), reg., tr., intr., refl., cantar
- **Avariar** (guastare, avariare, guastarsi, avariarsi), reg., tr., intr., refl., cantar
- **Aventurar** (avventurare/-rsi, arrischiare/-rsi), reg., tr. e refl., cantar
- **Averbar** (registrare, annotare, verbalizzare, usare come verbo), reg., tr., cantar
- **Averiguar** (indagare, investigare), reg., tr. e refl., cantar
- **Avermelhar** (arrossare, diventare rosso, arrossire), reg., tr. e refl., cantar
- **Avessar** (fare alla rovescia, stilizzare, contrariare), reg., tr. e refl., cantar
- **Aviar** (spedire, preparare, eseguire, avviare, incamminare, concludere, affrettare, sbrigare, prepararsi), reg., tr., intr., refl., cantar
- **Avigorar** (invigorire, irrobustire, fortificare, consolidare), reg., tr., cantar
- **Aviltar** (avvilire, degradare, umiliare, avvilirsi), reg., tr. e refl., cantar
- **Avir** (mettere d'accordo, intendersi), irreg., tr., intr., refl., vir
- **Avisar** (avvisare, avvertire, ammonire, considerare), reg., tr. e refl., cantar
- **Avistar** (avvistare, scorgere, abboccarsi, avere un colloquio), reg., tr. e refl., cantar
- **Avivar** (avvivare, animare, avvivarsi, ravvivarsi), reg., tr. e refl., cantar
- **Avizinhar** (avvicinare, accostare, approssimare, essere vicino, abitare vicino, avvicinarsi), reg., tr., intr., refl., cantar
- **Avolumar** (ingrossare, ingrandire/-rsi, riempire, aumentare di volume), reg., tr., intr., refl., cantar
- **Avultar** (dare rilievo, mettere in rilievo, aumentare, esagerare, crescere, distinguersi), reg., tr. e intr., cantar
- **Azar** (dare occasione, dare motivo), reg., tr. e intr., cantar
- **Azerar** (–> **acerar**), reg., tr., cantar
- **Azoar** (stordire, intontire, far arrabbiare, seccare, irritarsi), reg., tr., intr., refl., magoar
- **Azulejar** (coprire di azulejos), reg., tr. e refl., cantar
- **Babujar** (sbavare, sporcare di bava, adulare, lusingare), reg., tr., cantar
- **Badalar** (rintoccare, sonare, rivelare, raccontare, riferire), reg., tr. e intr., cantar
- **Bafejar** (soffiare, riscaldare con il fiato, favorire, proteggere, ispirare), reg., tr., cantar
- **Baforar** (sbuffare, ruttare, vantarsi), reg., intr., cantar
- **Bailar** (ballare, danzare, oscillare, tremare), reg., tr. e intr., cantar
- **Baixar** (abbassare, ribassare, abbattere, diminuire, calare, abbassarsi, chinarsi), reg., tr., intr., refl., cantar
- **Bajular** (adulare bassamente, lisciare, incensare, piaggiare), reg., tr., cantar
- **Balançar** (dondolare, oscillare, soppesare, valutare, equilibrare, bilanciare), reg., tr. e intr., dançar
- **Balbuciar** (balbettare, tartagliare), reg., tr. e intr., cantar
- **Balburdiar** (mettere a soqquadro, confondere), reg., tr., cantar
- **Balear** (ferire, uccidere con arma da fuoco), irreg., tr., passear
- **Balnear** (fare il bagno), irreg., tr., passear
- **Bambear** (allentare, afflosciare), irreg., tr., passear
- **Bambolear** (dimenare, muovere, scuotere, agitare, vacillare, barcollare, traballare), irreg., tr., intr., refl.,passear
- **Banalizar** (rendere banale, banalizzare, diventare banale), reg., tr. e refl., cantar
- **Bandear** (raggruppare, riunire, unirsi, associarsi, agitare, cambiare opinione), irreg., tr., intr., refl., passear
- **Bandejar** (ventilare), reg., tr., cantar
- **Banhar** (bagnare, mettere a bagno, irrigare, fare il bagno, bagnarsi), reg., tr. e refl., cantar
- **Banir** (bandire, mettere al bando, esiliare, evitare), defec., tr., partir
- **Banzar** (stupire, meravigliare, sbalordire), reg., tr., cantar
- **Baralhar** (mescolare/-rsi, confondere, disordinare, imbrogliarsi), reg., tr. e refl., cantar
- **Baratar** (–> **baratear**), reg., tr., cantar
- **Baratear** (vendere a buon mercato, a basso prezzo, abbassare il prezzo), irreg., tr., passear
- **Barbarizar** (imbarbarire, barbarizzare, imbarbarirsi), reg., tr., intr., refl., cantar
- **Barbear** (radere, rasare, fare la barba, sbarbarsi), irreg., tr. e refl., passear

- **Bardar** (bardare, circondare con siepe, con steccato), reg., tr., cantar
- **Barganhar** (barattare, scambiare, negoziare, imbrogliare), reg., tr., cantar
- **Barquear** (andare in barca, condurre una nave), irreg., intr., passear
- **Barreirar** (circondare di barriere, mettere barriere), reg., tr., cantar
- **Barricar** (barricare, sbarrare), reg., tr., brincar
- **Barrotar** (impalcare), reg., tr., cantar
- **Barulhar** (mettere a soqquadro, confondere, far rumore), reg., tr. e intr., cantar
- **Basear** (basare, fondare, basarsi), irreg., tr. e refl., passear
- **Bastar** (bastare, essere sufficiente), reg., intr., e refl., cantar
- **Bastardear** (–> **abastardar**), irreg., tr., passear
- **Batalhar** (battagliare, combattere, lottare, disputare), reg., intr., cantar
- **Bater** (battere, sbattere, picchiare, colpire, vincere, sconfiggere, suonare), reg., tr. e intr., vender
- **Batucar** (battere, martellare), reg., intr., brincar
- **Beatificar** (beatificare, rendere felice, beato), reg., tr., brincar
- **Beber** (bere), reg., tr., vender
- **Beijar** (baciare), reg., tr., cantar
- **Beliscar** (pizzicare, graffiare, stimolare), reg., tr., brincar
- **Bendizer** (benedire, lodare, glorificare), irreg., tr., dizer
- **Beneficiar** (beneficare, beneficiare, bonificare, migliorare, favorire), reg., tr. e intr., cantar
- **Benzer** (benedire, farsi il segno della croce), reg., tr., intr., refl., vender
- **Berrar** (urlare, strillare, gridare, essere sgargiante), reg., tr. e intr., cantar
- **Besoirar** (bisbigliare, mormorare, ronzare), defec., intr., cantar
- **Bestializar** (imbestialire, abbrutire), reg., tr., cantar
- **Besuntar** (ungere, impiastricciare, inzafardare, insudiciare, insudiciarsi), reg., tr. e refl., cantar
- **Bexigar** (prendere in giro), reg., intr., alugar
- **Bichanar** (sussurrare, mormorare), reg., intr., cantar
- **Bichar** (inverminire, bacare, tarlare), defec., intr., cantar
- **Bifurcar** (biforcare, biforcarsi), reg., tr. e refl., brincar
- **Bigodear** (prendere in giro, canzonare, ingannare, illudere), irreg., tr., passear
- **Biografar** (biografare), reg., tr. e refl., cantar
- **Bisbilhotar** (spettegolare, chiacchierare, far pettegolezzi), reg., intr., cantar
- **Bitolar** (misurare, stimare, valutare), reg., tr., cantar
- **Bizarrear** (vantarsi, fare lo spaccone), irreg., intr., passear
- **Blasfemar** (bestemmiare), reg., tr. e intr., cantar
- **Blindar** (blindare, corazzare), reg., tr., cantar
- **Blocar** (–> **bloquear**), reg., tr. e intr., cantar
- **Bloquear** (bloccare), irreg., tr., passear
- **Boatar** (diffondere dicerie), reg., tr. e intr., cantar
- **Bobear** (dire sciocchezze, fare il buffone), irreg., intr., passear
- **Bocejar** (sbadigliare, annoiarsi), reg., intr., cantar
- **Boiar** (legare alla boa, galleggiare, tenersi, rimanere galla, esitare), reg., tr. e intr., cantar
- **Boicotar** (boicottare), reg., tr., cantar
- **Bolar** (colpire con la palla, dare nel segno), reg., tr. e intr., cantar
- **Bolear** (arrotondare, appallottolare, tornire, condurre montando sul cavallo), irreg., tr., passear
- **Boletar** (alloggiare), reg., intr., cantar
- **Bolorecer** (far ammuffire, ammuffire, invecchiare), reg., tr. e intr., conhecer
- **Bombardear** (bombardare), irreg., tr., passear
- **Bombear** (bombardare, arrotondare, pompare), irreg., tr., passear
- **Bonificar** (bonificare, abbonare), reg., intr., brincar
- **Boquear** (boccheggiare, agonizzare, mormorare), irreg., tr., passear
- **Boquejar** (sbadigliare, boccheggiare, mormorare, sparlare, toccare con la bocca), reg., tr. e intr.,cantar
- **Borbotar** (sgorgare, zampilare, gorgogliare, lanciare), reg., tr. e intr., cantar
- **Borbulhar** (sgorgare, zampillare), reg., intr., cantar
- **Bordar** (orlare, bordare, ricamare), reg., tr., cantar
- **Borraçar** (piovigginare), defec., intr., dançar
- **Borrar** (insudiciare, sporcare, imbrattare, scarabocchiare), reg., tr. e refl., cantar
- **Borrifar** (spruzzare, schizzare, aspergere), reg., tr., intr., refl., cantar
- **Bosquejar** (abbozzare, sbozzare, riassumere), reg., tr., cantar

- **Botar** (lanciare, gettare, buttare, mettere, buttarsi), reg., tr., intr., refl., cantar
- **Bracejar** (agitare le braccia, sbracciarsi, gesticolare), reg., tr. e intr., cantar
- **Bradar** (gridare, urlare, vociferare), reg., tr. e intr., cantar
- **Bramar** (bramire, muggire, ruggire), reg., intr., cantar
- **Bramir** (bramire, muggire, fremere), reg., intr., partir
- **Brandecer** (render blando), reg., tr., conhecer
- **Brandir** (brandire, tremare, oscillare), defec., tr. e intr., abolir
- **Branquear** (imbiancare, bianchire, imbiancarsi, invecchiare), irreg., tr. e intr., passear
- **Brecar** (frenare), reg., tr. e intr., brincar
- **Brejeirar** (girovagare), reg., intr., cantar
- **Brevetar** (brevettare), reg., intr., cantar
- **Brigar** (bisticciare, litigare, lottare), reg., intr., alugar
- **Brilhar** (brillare, splendere, scintillare), reg., intr., cantar
- **Brincar** (scherzare, giocare), reg., tr. e intr., brincar
- **Brindar** (offrire, regalare, concedere, brindare), reg., tr. e intr., cantar
- **Britar** (spaccare, frantumare, triturare), reg., tr., cantar
- **Brocar** (trapanare, filettare, forare), reg., tr., brincar
- **Bronzear** (abbronzare), irreg., tr., passear
- **Brotar** (mettere, gettare, produrre, generare, nascere, sbocciare, sgorgare, svilupparsi), reg., tr. e intr., cantar
- **Broxar** (dipingere, pennellare), reg., tr. e intr., cantar
- **Brunir** (brunire, levigare, forbire), defec., tr., partir
- **Brutalizar** (abbrutire, brutalizzare, abbrutirsi), reg., tr., intr., refl., cantar
- **Bufar** (sbuffare, buffare, soffiare), reg., intr., cantar
- **Bufonear** (fare il buffone, fare il pagliaccio), irreg., intr., passear
- **Bulir** (toccare, smuovere, agitarsi), irreg., tr. e intr., subir
- **Burlar** (truffare, imbrogliare, ingannare, beffare), reg., tr. e intr., cantar
- **Burlesquear** (agire, parlare burlescamente), irreg., intr., passear
- **Buscar** (cercare, andare in cerca, prendere, investigare), reg., tr., brincar
- **Buzinar** (suonare il clacson, strombettare), reg., intr., cantar
- **Cabecear** (inclinare la testa, beccheggiare, dare testate), irreg., tr. e intr., passear
- **Caber** (entrare, stare, spettare, toccare, competere, venire a proposito), irreg., intr., caber
- **Cabular** (marinare la scuola), reg., intr., cantar
- **Caçar** (cacciare, prendere, raggiungere, alare, tirare), reg., tr. e intr., dançar
- **Cacetear** (bastonare, seccare), irreg., tr., passear
- **Cachimbar** (fumare la pipa, pipare, inagannare, gabbare), reg., tr. e intr., cantar
- **Caçoar** (prendere in giro, canzonare, schernire), reg., tr. e intr., magoar
- **Cadenciar** (cadenzare, ritmare), reg., tr., cantar
- **Caducar** (diventare caduco, invecchiare, decadere, cadere in prescrizione), reg., intr., brincar
- **Caiar** (imbiancare, fingere, dissimulare), reg., tr., cantar
- **Cair** (cadere, cascare), irreg., intr., sair
- **Calar** (tacere, stare zitto, rimanere zitto), reg., tr., intr., refl., cantar
- **Calcar** (calpestare, calcare, pestare, ricalcare, opprimere), reg., tr., brincar
- **Calçar** (calzare, rincalzare, pavimentare), reg., tr., intr., refl., dançar
- **Calcular** (calcolare, valutare, immaginare, contare), reg., tr. e intr., cantar
- **Calhar** (incastrarsi, convenire, essere opportuno, capitare, accadere), reg., intr., cantar
- **Caluniar** (calunniare, diffamare), reg., tr. e intr., cantar
- **Calvar** (rendere calvo, incalvire), reg., tr. e intr., cantar
- **Cambalear** (barcollare, traballare), irreg., intr., passear
- **Caminhar** (camminare, percorrere, andare, dirigersi), reg., tr. e intr., cantar
- **Campear** (campeggiare, accamparsi, ostentare, dominare, brillare), irreg., intr., passear
- **Camuflar** (camuffare, mascherare, mimetizzarsi), reg., tr., cantar
- **Canalizar** (canalizzare, incanalare), reg., tr., cantar
- **Cancelar** (cancellare, cassare, annullare, abolire), reg., tr., cantar
- **Candidatar-se** (candidarsi, presentarsi come candidato), reg., refl., cantar
- **Canelar** (scanalare, striare, accannellare), reg., tr. e intr., cantar
- **Cansar** (stancare, affaticare, stancarsi, affaticarsi), reg., tr., intr., refl., cantar
- **Cantar** (cantare), reg., tr. e intr., cantar
- **Cantarolar** (canticchiare, canterellare), reg., tr. e intr., cantar

- **Capacitar** (capacitare, far capace, convincersi, capacitarsi), reg., tr. e refl., cantar
- **Capinar** (falciare, sarchiare), reg., tr., cantar
- **Capitanear** (capitanare, capeggiare, comandare, guidare), irreg., tr., passear
- **Capitular** (dividere in capitoli, qualificare, capitolare, arrendersi), reg., tr. e intr., cantar
- **Capotar** (cappottare, ribaltarsi), reg., intr., cantar
- **Caprichar** (fare capricci, fare con cura), reg., intr., cantar
- **Captar** (captare, attirare, accattivarsi), reg., tr., cantar
- **Capturar** (catturare, arrestare), reg., tr., cantar
- **Caracterizar** (caratterizzare, distinguere, qualificare, truccare), reg., tr., cantar
- **Carbonizar** (carbonizzare, carbonizzarsi), reg., tr. e refl., cantar
- **Carburar** (carburare), reg., tr., cantar
- **Carecer** (avere bisogno, necessitare, non avere, essere privo), reg., intr., conhecer
- **Caricaturar** (mettere in caricatura, caricaturare), reg., tr., cantar
- **Carimbar** (timbrare, bollare), reg., tr., cantar
- **Carpinteirar** (lavorare il legno, fare lavori di falegnameria), reg., tr. e intr., cantar
- **Carpir** (strappare, carpire, afferrare, mondare, piangere, lamentarsi), defec., tr., intr., refl.,abolir
- **Carrear** (trasportare), irreg., tr. e intr., passear
- **Carregar** (caricare, attaccare, esagerare, premere, spingere, accumularsi), reg., tr. e intr., alugar
- **Carunchar** (tarlarsi, tarlare), reg., intr., cantar
- **Casar** (sposarsi, sposare, combinare), reg., tr., intr., refl., cantar
- **Casmurrar** (intestardirsi, incaparbirsi, ostinarsi), reg., intr., cantar
- **Cassar** (cassare, annullare, cancellare), reg., tr., cantar
- **Castiçar** (accoppiare, montare, coprire), reg., tr. e intr., dançar
- **Castigar** (castigare, punire, correggere), reg., tr., alugar
- **Catalogar** (catalogare), reg., tr., alugar
- **Catar** (cercare, andare in cerca, frugare, esaminare), reg., tr., cantar
- **Categorizar** (categorizzare, disporre per categoria), reg., tr., cantar
- **Catingar** (puzzare, mostrarsi avaro), reg., intr., alugar
- **Catitar** (mostrarsi elegante, chic), reg., intr., cantar
- **Cativar** (far prigioniero, catturare, cattivare, accattivare, conquistare), reg., tr., cantar
- **Causar** (causare, arrecare, provocare), reg., tr., cantar
- **Causticar** (cauterizzare, infastidire, annoiare), reg., tr., brincar
- **Cavalgar** (cavalcare), reg., tr. e intr., alugar
- **Cavar** (scavare, cavare, indagare, lavorare, zappare), reg., tr. e intr., cantar
- **Cear** (cenare, consumare la cena), irreg., tr. e intr., passear
- **Ceder** (cedere, soccombere, crollare, vendere), reg., tr. e intr., vender
- **Cegar** (accecare, diventare cieco, illudersi), reg., tr., intr., refl., alugar
- **Ceifar** (mietere, falciare), reg., tr. e intr., cantar
- **Celebrar** (celebrare, dir messa), reg., tr. e intr., cantar
- **Celebrizar** (rendere/diventare celebre), reg., tr. e intr., cantar
- **Censurar** (censurare, rimproverare), reg., tr., cantar
- **Centralizar** (centralizzare, accentrare), reg., tr. e refl., cantar
- **Centrar** (centrare), reg., tr., cantar
- **Cercar** (circondare, chiudere, assediare, perseguitare), reg., tr. e refl., brincar
- **Cercear** (rifilare, tosare, tagliare rasente, diminuire, limitare), irreg., tr., passear
- **Cerimoniar** (dirigere il cerimoniale, trattare con cerimonia, festeggiare), reg., tr., cantar
- **Cerrar** (chiudere, serrare, stringere, finire, spingere), reg., tr., intr., refl., cantar
- **Certificar** (certificare, attestare, assicurarsi), reg., tr. e refl., brincar
- **Cerzir** (rammendare, ricucire), reg., tr., partir
- **Cessar** (cessare, smettere, finire), reg., tr. e intr., cantar
- **Cevar** (ingrassare, cibare, nutrire, saziare, arrichire), reg., tr., cantar
- **Chacotear** (prendere in giro, burlare), irreg., intr., passear
- **Chafurdar** (sguazzare, rivoltolarsi, sprofondare), reg., intr., cantar
- **Chamar** (chiamare, dare nome), reg., tr., intr., refl., cantar
- **Chapar** (lastrare, placcare, coniare, stampare), reg., tr. e refl., cantar
- **Chapinhar** (spruzzare, bagnare, guazzare, sciabordare) reg., tr. e intr., cantar
- **Charlatanear** (fare il ciarlatano), irreg., intr., passear
- **Chasquear** (motteggiare, schernire), irreg., tr. e intr., passear
- **Chatear** (scocciare, seccare, annoiare, rompere le scatole), irreg., tr., passear

- **Chegar** (arrivare, avvicinare, venire, bastare, raggiungere), reg., tr. e intr., alugar
- **Cheirar** (fiutare, annusare, odorare, subodorare), reg., tr. e intr., cantar
- **Chiar** (stridere, scricchiolare, pigolare, squittire, zigare), reg., intr., cantar
- **Chispar** (scintillare, sfavillare, arrabbiarsi, montare in bestia), reg., intr., cantar
- **Chocalhar** (agitare, scuotere, divulgare), reg., tr. e intr., cantar
- **Chocar** (covare, preparare, macchinare, marcire, andare a male), reg., tr., intr., refl., brincar
- **Choramingar** (piagnucolare, frignare), reg., intr., alugar
- **Chorar** (piangere, lacrimare), reg., tr. e intr., cantar
- **Chover** (piovere), defec., tr. e intr., vender
- **Chumbar** (piombare, ferire con piombo,ubriacare,bocciare), reg., tr., cantar
- **Chupar** (succhiare, sfruttare, ottenere, dimagrire), reg., tr. e refl., cantar
- **Chusmar** (equipaggiare), reg., tr., cantar
- **Chutar** (tirare la palla, calciare), reg., tr. e intr., cantar
- **Chuviscar** (piovigginare), defec., intr., brincar
- **Cicatrizar** (cicatrizzare, rimarginare, cicatrizzarsi), reg., tr. e intr., cantar
- **Cientificar** (far sapere, rendere consapevole), reg., tr., brincar
- **Cifrar** (cifrare, sintetizzare, consistere), reg., tr. e refl., cantar
- **Ciganar** (imbrogliare, truffare), reg., intr., cantar
- **Cigarrar** (fumare sigarette), reg., intr., cantar
- **Cilhar** (cinghiare, cingere, circondare), reg., tr., cantar
- **Cimentar** (cementare, rinsaldare), reg., tr., cantar
- **Cingir** (cingere, circondare, avvolger, avvicinarsi), reg., tr. e refl., agir
- **Cintar** (fasciare, bendare, cingere), reg., tr., cantar
- **Cintilar** (scintillare, irradiare), reg., tr. e intr., cantar
- **Circular** (circolare, girare, circondare), reg., tr. e intr., cantar
- **Circundar** (circondare, accerchiare), reg., tr., cantar
- **Circunscrever** (circoscrivere, limitarsi, attenersi), reg., intr., vender
- **Circunstanciar** (circostanziare, dettagliare), reg., tr., cantar
- **Ciscar** (pulire il terreno, squagliarsela, fuggire), reg., tr., brincar
- **Cismar** (pensare molto a, meditare, essere preoccupato), reg., tr. e intr., cantar
- **Citar** (citare, menzionare), reg., tr., cantar
- **Ciumar** (essere geloso, aver gelosia), reg., intr., cantar
- **Civilizar** (civilizzare, incivilire), reg., tr., cantar
- **Clarear** (schiarirsi, chiarire, diradare), irreg., tr. e intr., passear
- **Clarificar** (chiarificare, raffinare, chiarire), reg., tr. e refl., brincar
- **Classificar** (classificare), reg., tr., brincar
- **Claudicar** (claudicare, zoppicare), reg., intr., brincar
- **Coabitar** (coabitare), reg., tr. e intr., cantar
- **Coactar** (costringere, forzare), reg., tr., cantar
- **Coadunar** (combinarsi, adattarsi), reg., tr., cantar
- **Coagir** (costringere, obbligare), reg., tr., agir
- **Coalizar-se** (coalizzarsi), reg., refl., cantar
- **Coar** (colare, scolare, introdursi, insinuarsi), reg., tr., intr., refl., magoar
- **Cobiçar** (bramare, desiderare, ambire), reg., tr. dançar
- **Cobrar** (riscuotere, incassare, pagarsi, riprendersi), reg., tr. e refl., cantar
- **Cobrir** (coprire, montare, fecondare, coprirsi), irreg., tr., intr., refl., cobrir
- **Coçar** (grattare, logorare, picchiare, bastonare, grattarsi), reg., tr. dançar
- **Codificar** (codificare), reg., tr., brincar
- **Coerir** (aderire reciprocamente), reg., intr., partir
- **Coexistir** (coesistere), reg., intr., partir
- **Cogitar** (cogitare, pensare), reg., tr. e intr., cantar
- **Coibir** (reprimere, impedire, proibire, reprimersi), reg., tr. e refl., partir
- **Coincidir** (coincidere), reg., intr., partir
- **Colaborar** (collaborare), reg., intr., cantar
- **Colar** (incollare, appiccicare, schiarire, aderire, conferire), reg., tr. e intr., cantar
- **Colecionar** (collezionare, raccogliere), reg., tr., cantar
- **Colher** (cogliere, raccogliere), reg., tr. e intr., vender
- **Colimar** (collimare), reg., tr., cantar
- **Colmar** (coprire di paglia, colmare, riempire), reg., tr., cantar

- **Colocar** (collocare, disporre, mettersi), reg., tr. e refl., brincar
- **Colorar** (colorare, colorire, tingere), reg., tr., cantar
- **Colorir** (colorire, colorare, tingersi), defec., tr. e refl., abolir
- **Comandar** (comandare), reg., tr., cantar
- **Comarcar** (confinare), reg., intr., brincar
- **Combater** (combattere, lottare), reg., tr. e intr., vender
- **Combinar** (combinare, pattuire, concordare, accordarsi), reg., tr., intr., refl., cantar
- **Comboiar** (convogliare, scortare), reg., tr., cantar
- **Combustar** (bruciare), reg., tr., cantar
- **Começar** (cominciare, iniziare), reg., tr. e intr., dançar
- **Comedir** (misurare, regolare, commisurare, moderarsi), defec., tr. e refl., abolir
- **Comemorar** (commemorare), reg., tr., cantar
- **Comensurar** (commisurare, paragonare), reg., tr. e refl., cantar
- **Comentar** (commentare), reg., tr., cantar
- **Comer** (mangiare, nutrirsi, rodersi, mortificarsi), reg., tr., intr., refl., vender
- **Comercializar** (commercializzare), reg., tr., cantar
- **Comerciar** (commerciare, negoziare), reg., tr. e intr., cantar
- **Cometer** (commettere, affidare, delegare, assalire, esporsi), reg., tr. e refl., vender
- **Comissionar** (commissionare, ordinare, incaricare), reg., tr., cantar
- **Comover** (commuovere, turbare, intenerirsi), reg., tr., intr., refl., vender
- **Compadecer** (compatire, commiserare, accordarsi), reg., tr., intr., refl., conhecer
- **Comparar** (paragonare, confrontare, comparare, uguagliarsi), reg., tr. e refl., cantar
- **Comparecer** (comparire, presentarsi), reg., intr., conhecer
- **Compartilhar** (condividere), reg., tr., cantar
- **Compassar** (compassare, misurare col compasso, moderarsi), reg., tr., cantar
- **Compatibilizar** (rendere compatibile, conciliare), reg., tr., cantar
- **Compelir** (costringere, obbligare), irreg., tr., mentir
- **Compendiar** (compendiare, riassumere), reg., tr., cantar
- **Compenetrar** (compenetrare, convincersi), reg., tr. e refl., cantar
- **Compensar** (compensare), reg., tr., cantar
- **Competir** (competere, spettare, gareggiare), irreg., intr., mentir
- **Compilar** (compilare), reg., tr., cantar
- **Completar** (completare), reg., tr., cantar
- **Complicar** (complicare), reg., tr. e intr., brincar
- **Compor** (comporre, aggiustare, conciliare, comporsi), irreg., tr., intr., refl., pôr
- **Comportar** (comportare, agire, contenere), reg., tr. e refl., cantar
- **Comprar** (comprare, acquistare, corrompere), reg., tr., cantar
- **Comprazer** (compiacere,compiacersi), reg., intr., e refl., vender
- **Compreender** (comprendere, intendere, contenere, racchiudere, capire), reg., tr. e refl., vender
- **Comprimir** (comprimere, premere, trattenere), reg., tr., partir
- **Comprometer** (compromettere, impegnare, esporsi, impegnarsi), reg., tr. e refl., vender
- **Comprovar** (comprovare, confermare), reg., tr., cantar
- **Computar** (computare, calcolare), reg., tr., cantar
- **Comunicar** (comunicare, comunicarsi), reg., tr., intr., refl., brincar
- **Conceber** (concepire, ideare, immaginare, capire, restare incinta), reg., tr. e intr., vender
- **Conceder** (concedere, accordare), reg., tr. e intr., vender
- **Conceituar** (stimare, reputare, apprezzare, considerare), reg., tr., cantar
- **Concentrar** (concentrare, accentrare), reg., tr. e refl., cantar
- **Concernir** (concernere, riguardare), reg., intr., partir
- **Concertar** (concertare, combinare, accordarsi), reg., tr., intr., refl., cantar
- **Conchavar** (unire, legare, incassare, aggiustare, unirsi), reg., tr. e refl., cantar
- **Conchegar** (avvicinare, mettere in contatto, accomodarsi), reg., tr. e refl., alugar
- **Conciliar** (conciliare, cattivarsi, mettersi d'accordo), reg., tr., cantar
- **Conclamar** (conclamare, acclamare), reg., tr. e intr., cantar
- **Concluir** (concludere, finire, terminare), irreg., tr., poluir
- **Concordar** (concordar, mettere/essere d'accordo), reg., tr. e intr., cantar
- **Concorrer** (concorrre, affluire, contribuire, gareggiare), reg., intr., vender
- **Concretizar** (rendere concreto, concretizzare), reg., tr., cantar
- **Condenar** (condannare, incolparsi), reg., tr. e refl., cantar

- **Condensar** (condensare, riassumere), reg., tr., cantar
- **Condescender** (condiscendere), reg., tr. e intr., vender
- **Condicionar** (condizionare), reg., tr., cantar
- **Condimentar** (condire), reg., tr., cantar
- **Condir** (preparare), reg., tr., partir
- **Condizer** (convenire, addirsi), irreg., tr. e refl., dizer
- **Condoer** (compatire, compiangere, impietosirsi), irreg., tr. e refl., moer
- **Conduzir** (condurre, portare, comportarsi), reg., tr., intr., refl., produzir
- **Confabular** (confabulare), reg., tr. e intr., cantar
- **Confeiçoar** (confezionare, preparare), reg., tr. magoar
- **Conferenciar** (conferire, abboccarsi), reg., intr., cantar
- **Conferir** (confrontare, conferire, concedere, dare, verificare, controllare), irreg., tr. e intr., mentir
- **Confessar** (confessare, confessarsi), reg., tr. e refl., cantar
- **Confiar** (fidarsi, fidare, confidare, affidare, rivelare, raccomandarsi), reg., tr., intr., refl., cantar
- **Configurar** (configurare), reg., tr., cantar
- **Confinar** (confinare, relegare, limitare, circoscrivere), reg., tr. e intr., cantar
- **Confirmar** (confermare, cresimare, convalidare, certificarsi), reg., tr. e refl., cantar
- **Confiscar** (confiscare), reg., tr., brincar
- **Confluir** (confluire, convergere), irreg., intr., poluir
- **Conformar** (conformare, uniformare, adattare, conformarsi), reg., tr., intr., refl., cantar
- **Confortar** (confortare, consolare), reg., tr., cantar
- **Confrontar** (confrontare, riscontrare, paragonare, confinare), reg., tr., intr., refl., cantar
- **Confundir** (confondere, scambiare, turbare, umiliare, confondersi), reg., tr. e refl., partir
- **Confutar** (confutare, ribattere), reg., tr., cantar
- **Congelar** (congelare, congelarsi), reg., tr., intr., refl., cantar
- **Congraçar** (riconciliare, rappacificare), reg., tr. e refl., dançar
- **Congratular** (congratularsi, felicitarsi), reg., tr. e refl., cantar
- **Congregar** (congregare), reg., tr. e refl., alugar
- **Conhecer** (conoscere, riconoscere, distinguere), reg., tr. e intr., conhecer
- **Conjecturar** (congetturare, ipotizzare), reg., tr. e intr., cantar
- **Conjugar** (coniugare, unire, congiungere, adattarsi), reg., tr. e refl., alugar
- **Conjungir** (congiungere, unire), reg., tr., agir
- **Conjurar** (tramare, scongiurare, cospirare, lagnarsi), reg., tr., intr., refl., cantar
- **Conotar** (paragonare, legare), reg., tr., cantar
- **Conquistar** (conquistare), reg., tr., cantar
- **Consagrar** (consacrare, dedicare, votare), reg., tr., intr., refl., cantar
- **Consciencializar** (rendere cosciente, consapevole), reg., tr., cantar
- **Conseguir** (conseguire, ottenere, reggiungere, riuscire), irreg., tr., mentir
- **Consentir** (consentire, autorizzare, permettere), irreg., tr. e intr., mentir
- **Consertar** (riparare, aggiustare, rammendare), reg., tr., cantar
- **Conservar** (conservare, mantenere, tenere, custodire), reg., tr. e refl., cantar
- **Considerar** (considerare, riflettere, meditare, pensare), reg., tr., intr., refl., cantar
- **Consignar** (depositare, consegnare, registrare), reg., tr., cantar
- **Consistir** (consistere), reg., intr., partir
- **Consolar** (consolare, confortare), reg., tr. e refl., cantar
- **Consolidar** (consolidare, saldare, rimarginare), reg., tr. e refl., cantar
- **Consorciar** (consorziare, associare, unire in matrimonio, sposarsi), reg., tr. e refl., cantar
- **Conspirar** (cospirare, congiurare, concorrere), reg., tr. e intr., cantar
- **Constar** (constare, essere composto, risultare), reg., intr., cantar
- **Constatar** (constatare, accertare), reg., tr., cantar
- **Constipar** (far venire un raffredore, costipare, rendere stitico), reg., tr. e refl., cantar
- **Constituir** (costituire, organizzare, formare), irreg., tr. e refl., poluir
- **Constranger** (costringere, obbligare), reg., tr. e refl., proteger
- **Constringir** (stringere, restringere, premere), reg., tr. e refl., agir
- **Construir** (costruire), irreg., tr. construir
- **Consultar** (consultare, visitare, consigliarsi), reg., tr., intr., refl., cantar
- **Consumir** (consumare, corrodere), irreg., tr. e refl., subir
- **Contabilizar** (contabilizzare, registrare, annotare), reg., tr., cantar
- **Contactar** (entrare in contatto, contattare), reg., intr., cantar

- **Contagiar** (contagiare), reg., tr., cantar
- **Contaminar** (contaminare, infettare), reg., tr., cantar
- **Contar** (contare, calcolare, avere, annoverare, valere, raccontare), reg., tr., intr., refl., cantar
- **Contemplar** (contemplare, meditare, considerare, dare, regalare), reg., tr., intr., refl., cantar
- **Contemporizar** (rimandare, differire, temporeggiare, transigere), reg., tr. e intr., cantar
- **Contender** (contendere, disputare, irritare, provocare), reg., intr., vender
- **Contentar** (accontentare, soddisfare), reg., tr., intr., refl., cantar
- **Conter** (contenere, trattenere), irreg., tr. e refl., ter
- **Contestar** (contestare, impugnare, negare, mettere in dubbio), reg., tr. e intr., cantar
- **Continuar** (continuare, proseguire, durare, prolungarsi), reg., tr., intr., refl., cantar
- **Contorcer** (contorcere, torcere), reg., tr. e refl., conhecer
- **Contornar** (contornare, delineare, circondare, aggirare), reg., tr., cantar
- **Contra-atacar** (contrattaccare), reg., tr., brincar
- **Contradizer** (contraddire, contraddirsi), irreg., tr., intr., refl., dizer
- **Contrafazer** (contraffare, falsificare), irreg., tr. e refl., fazer
- **Contrair** (contrarre, contrarsi), irreg., tr. e refl., sair
- **Contrapor** (contraporre, opporre), irreg., tr. pôr
- **Contrariar** (contrariare, irritare, indispettire, ostacolare, contraddirsi), reg., tr. e refl., cantar
- **Contrastar** (contrastare, ostacolare, far contrasto), reg., tr. e intr., cantar
- **Contratar** (contrattare, assumere, ingaggiare, commerciare), reg., tr., intr., refl., cantar
- **Contribuir** (contribuire, concorrere), irreg., intr., poluir
- Controlar (controllare, verificare), reg., tr., cantar
- **Conturbar** (conturbare, turbare), reg., tr., cantar
- **Convencer** (convincere, persuadere), reg., tr. e refl., conhecer
- **Convencionar** (convenzionare, stipulare, stabilire), reg., tr., cantar
- **Convergir** (convergere), irreg., intr., mentir
- **Conversar** (conversare, parlare, chiacchierare, dialogare), reg., tr. e intr., cantar
- **Converter** (convertire, mutare, trasformarsi), reg., tr. e refl., vender
- **Convidar** (invitare, offrire), reg., tr. e refl., cantar
- **Convir** (convenire, ammettere), irreg., intr., vir
- **Conviver** (convivere), reg., intr., vender
- **Convocar** (convocare, chiamare), reg., tr., brincar
- **Convulsionar** (mettere in convulsione, agitare, eccitare), reg., tr., cantar
- **Cooperar** (cooperare), reg., intr., cantar
- **Coordenar** (coordinare), reg., tr., cantar
- **Copiar** (copiare), reg., tr., cantar
- **Corar** (colorare, tingere, arrossire), reg., tr. e intr., cantar
- **Coroar** (incoronare, coronare), reg., tr. e refl., magoar
- **Correlacionar** (correlare), reg., tr. e refl., cantar
- **Correlatar** (mettere in correlazione), reg., tr., cantar
- **Correr** (correre, percorrere, girare, circolare, andare), reg., tr. e intr., vender
- **Corresponder** (corrispondere), reg., tr., intr., refl., vender
- **Corrigir** (correggere, addolcire, emendarsi), reg., tr. e refl., agir
- **Corromper** (corrompere), reg., tr. e refl., vender
- **Cortar** (tagliare, cancellare, sopprimere), reg., tr., intr., refl., cantar
- **Cortinar** (ornare di tende, nascondere), reg., tr., cantar
- **Coser** (cucire, collarsi), reg., tr., intr., refl., vender
- **Costumar** (abituare, avvezzare, essere solito, usare), reg., tr., intr., refl., cantar
- **Costurar** (cucire), reg., tr. e intr., cantar
- **Cotar** (quotare, annotare, classificare, stimare), reg., tr., cantar
- **Cozer** (cuocere, bollire, lessare), reg., tr. e intr., vender
- **Cozinhar** (cucinare, fare da mangiare), reg., tr. e intr., cantar
- **Cravar** (conficcare, ficcare, inchiodare, incastonare, spillare, penetrare), reg., tr. e refl., cantar
- **Cravejar** (ferrare, inchiodare, incastonare), reg., tr., cantar
- **Crer** (credere, credersi), irreg., tr., intr., refl., crer
- **Crescer** (crescere, avanzare, restare), reg., tr. e intr., conhecer
- **Criar** (creare, allattare, allevare, educare, crescere), reg., tr., intr., refl., cantar
- **Crispar** (raggrinzare, contrarre), reg., tr. e refl., cantar
- **Criticar** (criticare, biasimare), reg., tr., brincar

- **Cronicar** (scrivere cronache), reg., tr. e intr., brincar
- **Cronometrar** (cronometrare), reg., tr., cantar
- **Crucificar** (crocifiggere, tormentare), reg., tr., brincar
- **Cruzar** (incrociare, centrare, incrociarsi), reg., tr., intr., refl., cantar
- **Cuidar** (curare, immaginare, pensare, riflettere, badare, aver cura), reg., tr., intr., refl., cantar
- **Culminar** (culminare), reg., intr., cantar
- **Culpar** (incolpare, incriminare), reg., tr. e refl., cantar
- **Cultivar** (coltivare, educare, istruire), reg., tr. e refl., cantar
- **Cumpliciar** (rendere complice), reg., tr. e refl., cantar
- **Cumprimentar** (salutare, felicitare), reg., tr. e intr., cantar
- **Cumprir** (eseguire, adempiere, osservare, convenire, spettare), reg., tr., intr., refl., partir
- **Cunhar** (coniare, monetare), reg., tr., cantar
- **Curar** (guarire, curare, risanare, stagionare), reg., tr., intr., refl., cantar
- **Cursar** (seguire il corso di, percorrere, frequentare, viaggiare), reg., tr. e intr., cantar
- **Curtir** (conciare, indurire, soffrire), reg., tr. e refl., partir
- **Curvar** (curvare, chinare, piegare, curvarsi), reg., tr., intr., refl., cantar
- **Custar** (costare, far fatica, penare), reg., tr. e intr., cantar
- **Dadivar** (donare, regalare, offrire), reg., tr., cantar
- **Dançar** (danzare, ballare), reg., tr. e intr., dançar
- **Dar** (dare, fare, augurare, offrire, affacciarsi, darsi, consacrarsi, andare d'accordo), irreg., tr., intr., refl., dar
- **Datar** (datare, risalire, rimontare), reg., tr. e intr., cantar
- **Debater** (dibattere, discutere, dimenarsi), reg., tr., intr., refl., vender
- **Debelar** (debellare, vincere), reg., tr., cantar
- **Debilitar** (debilitare, indebolire, infiacchirsi), reg., tr. e refl., cantar
- **Decair** (decadere, declinare, scadere), irreg., intr., sair
- **Decapitar** (decapitare, decollare), reg., tr., cantar
- **Decepar** (mozzare, troncare, interrompere, tagliare), reg., tr., cantar
- **Decepcionar** (deludere, disingannare), reg., tr., cantar
- **Decidir** (decidere, risolvere, definire, stabilire, risolversi), reg., tr., intr., refl., partir
- **Decifrar** (decifrare), reg., tr. e intr., cantar
- **Declamar** (declamare, parlare con enfasi, inveire), reg., tr. e intr., cantar
- **Declarar** (dichiarare, manifestare), reg., tr. e refl., cantar
- **Decorar** (decorare, ornare), reg., tr., cantar
- **Decorrer** (decorrere), reg., intr., vender
- **Decrescer** (decrescere, calare), reg., intr., conhecer
- **Decretar** (decretare, decidere, stabilire), reg., tr., cantar
- **Dedicar** (dedicare, consacrarsi, darsi), reg., tr. e refl., brincar
- **Deduzir** (dedurre, detrarre, concludere), reg., tr. produzir
- **Defender** (difendere, sostenere, proteggere, impedire), reg., tr. e refl., vender
- **Deferir** (accogliere, accordare, accettare, concedere, cedere), irreg., tr. e intr., mentir
- **Definir** (definire, determinare), reg., tr. e refl., partir
- **Deformar** (deformare, sformare), reg., tr., cantar
- **Defraudar** (defraudare, frodare), reg., tr., cantar
- **Degenerar** (degenerare, tralignare, imbastardirsi), reg., tr. e intr., cantar
- **Deglutir** (deglutire, ingoiare), reg., tr., partir
- **Degolar** (decollare, decapitare), reg., tr., cantar
- **Degradar** (degradare, sfumare, smorzare), reg., tr., cantar
- **Degustar** (degustare, assaggiare), reg., tr., cantar
- **Deitar** (stendere, coricare, sdraiare, versare, mettere, spargere, dare), reg., tr., intr., refl., cantar
- **Deixar** (lasciare, abbandonare, cessare, finire, smettere, lasciarsi), reg., tr., intr., refl., cantar
- **Delapidar** (dilapidare, dissipare), reg., tr., cantar
- **Delatar** (denunciare, fare la spia), reg., tr., cantar
- **Delegar** (delegare), reg., tr., alugar
- **Deleitar** (deliziare, dilettare), reg., tr. e refl., cantar
- **Deliberar** (deliberare, decidere, rifflettere, ponderare), reg., tr., intr., refl., cantar
- **Deliciar** (deliziare, deliziarsi), reg., tr. e refl., cantar
- **Delimitar** (delimitare, demarcare), reg., tr., cantar
- **Delinear** (delineare, delinearsi), reg., tr. e refl., cantar

- **Delirar** (delirare, farneticare), reg., intr., cantar
- **Demandar** (muovere, intentare a causa, cercare, reclamare, chiedere, avere bisogno), reg., tr. e intr., cantar
- **Demarcar** (demarcare, delimitare), reg., tr. e refl., brincar
- **Demitir** (dimettere, destituire), reg., tr. e refl., partir
- **Demolir** (demolire, distruggere), defec., tr. abolir
- **Demonstrar** (dimostrare, rivelarsi), reg., tr. e refl., cantar
- **Demorar** (ritardare, indugiare, far aspettare, abitare, stare, fermarsi), reg., tr., intr., refl., cantar
- **Denegrir** (annerire, denigrare, diffamare, calunniare), irreg., tr., agredir
- **Denominar** (denominare, chiamare), reg., tr. e refl., cantar
- **Denotar** (denotare, dimostrare), reg., tr., cantar
- **Denunciar** (denunziare, rivelarsi), reg., tr. e refl., cantar
- **Depauperar** (depauperare, impoverire, impoverirsi), reg., tr. e refl., cantar
- **Depender** (dipendere), reg., tr., vender
- **Deplorar** (deplorare, lamentare, compiangere), reg., tr., cantar
- **Depor** (deporre, deporre in giudizio), irreg., tr., intr., refl., pôr
- **Deportar** (deportare), reg., tr., cantar
- **Depositar** (depositare, deporre, far sedimento), reg., tr., intr., refl., cantar
- **Depravar** (depravare, pervertire, corrompere), reg., tr. e intr., cantar
- **Depreciar** (deprezzare, svilire, svalutare, perdere di valore), reg., tr. e refl., cantar
- **Depredar** (depredare, saccheggiare), reg., tr., cantar
- **Deprimir** (deprimere), reg., tr., partir
- **Deputar** (deputare, delegare, inviare), reg., tr., cantar
- **Derivar** (derivare), reg., tr. e intr., cantar
- **Derramar** (spargere, spandere, versare, diffondere, diramare), reg., tr. e refl., cantar
- **Derreter** (sciogliere, liquefare, intenerirsi, commuoversi), reg., tr. e refl., vender
- **Derrubar** (demolire, rovesciare, atterrare), reg., tr., cantar
- **Desabar** (demolire, franare, abbassare le falde, crollare), reg., tr. e intr., cantar
- **Desabitar** (cessare di abitare, spopolare), reg., tr., cantar
- **Desabituar** (disabituare, perdere l'abitudine), reg., tr., cantar
- **Desafiar** (sfidare), reg., tr., cantar
- **Desafinar** (scordare, stonare, irritarsi), reg., tr., intr., refl., cantar
- **Desagradar** (dispiacere), reg., intr., cantar
- **Desalentar** (scoraggiare, disanimare, demoralizzarsi), reg., tr. e intr., cantar
- **Desaparecer** (sparire, svanire), reg., intr., conhecer
- **Desarmar** (disarmare, smontare), reg., tr., intr., refl., cantar
- **Desatar** (sciogliere, slegare, slacciare, liberare, scoppiare), reg., tr., intr., refl., cantar
- **Desatender** (non prestare attenzione, mancare di rispetto), reg., tr., vender
- **Descansar** (riposare, tranquillizzare), reg., tr. e intr., cantar
- **Descarregar** (scaricare, scaricarsi), reg., tr. e refl., alugar
- **Descasar** (annullare il matrimonio, separarsi, divorziare), reg., tr. e refl., cantar
- **Descender** (discendere, provenire), reg., intr., vender
- **Descer** (scendere, calare, abbassare, diminuire), reg., tr., intr., refl., conhecer
- **Descobrir** (scoprire, scoprirsi), irreg., tr., intr., refl., cobrir
- **Desconfiar** (diffidare, supporre), reg., tr. e intr., cantar
- **Desconhecer** (ignorare, disconoscere), reg., tr. e refl., conhecer
- **Descontar** (scontare, detrarre), reg., tr., cantar
- **Descontrair** (rilassare, distendere), irreg., tr. e refl., sair
- **Descrever** (descrivere, tracciare), reg., tr. e refl., vender
- **Descriminar** (togliere la colpa, assolvere, giustificare), reg., tr., cantar
- **Desculpar** (scusare, discolpare, scagionare, scusarsi), reg., tr. e refl., cantar
- **Desdenhar** (disdegnare, disprezzare), reg., tr., cantar
- **Desdobrar** (spiegare, distendere, aprirsi, sdoppiare), reg., tr. e refl., cantar
- **Desejar** (desiderare, augurare, aspirare), reg., tr. e intr., cantar
- **Desembocar** (imboccare, sboccare), reg., tr. e intr., brincar
- **Desempenhar** (disimpegnare, svincolare, eseguire, interpretare), reg., tr., cantar
- **Desencadear** (scatenare, togliere le catene, eccitare), irreg., tr., intr., refl., passear
- **Desenhar** (disegnare, segnare, prendere forma), reg., tr., intr., refl., cantar
- **Desenrolar** (srotolare, svolgere), reg., tr. e refl., cantar

- **Desenvolver** (sviluppare), reg., tr. e refl., vender
- **Desequilibrar** (squilibrare, sbilanciare), reg., tr. e refl., cantar
- **Deserdar** (diseredare), reg., tr., cantar
- **Desertar** (disertare, abbandonare), reg., tr. e intr., cantar
- **Desesperar** (disperare, costernare, perdere la speranza), reg., tr., intr., refl., cantar
- **Desfalecer** (sentirsi mancare, svenire), reg., tr. e intr., conhecer
- **Desfazer** (disfare, disfarsi), irreg., tr., intr., refl., fazer
- **Desfrutar** (sfruttare, fruire, godere), reg., tr., cantar
- **Desidratar** (desidratare), reg., tr. e refl., cantar
- **Designar** (designare, nominare), reg., tr., cantar
- **Desiludir** (deludere, disilludere), reg., tr. e refl., partir
- **Desimpedir** (sgomberare, sbarazzare, liberare dagli impedimenti), irreg., tr. pedir
- **Desinfestar** (liberare, ripulire), reg., tr., cantar
- **Desintegrar** (disintegrare), reg., tr., cantar
- **Desinteressar** (disinteressare), reg., tr. e refl., cantar
- **Desistir** (rinunciare, desistere), reg., intr., partir
- **Desleixar** (trascurare, trascurarsi), reg., tr. e refl., cantar
- **Desligar** (slegare, spegnere, riattacare, liberarsi), reg., tr. e refl., alugar
- **Deslizar** (scivolare, slittare, scorrere), reg., intr., cantar
- **Deslocar** (spostare, trasferire, lussare), reg., tr. e refl., brincar
- **Deslumbrar** (abbagliare, incantarsi), reg., tr. e refl., cantar
- **Desmaiar** (svenire), reg., tr. e intr., cantar
- **Desmanchar** (disfare, guastare, demolire), reg., tr., intr., refl., cantar
- **Desmedir** (esagerare, eccedere), irreg., intr., pedir
- **Desmentir** (smentire), irreg., tr., mentir
- **Desmoralizar** (demoralizzare, corrompere, scoraggiarsi), reg., tr. e refl., cantar
- **Desmoronar** (demolire, crollare, franare), reg., tr. e refl., cantar
- **Desobedecer** (disubbidire), reg., intr., conhecer
- **Desolar** (desolare, affliggere), reg., tr., cantar
- **Desordenar** (disordinare), reg., tr. e refl., cantar
- **Desorientar** (disorientare), reg., tr. e refl., cantar
- **Despachar** (sbrigare, spedire, affrettarsi, sbrigarsi), reg., tr., intr., refl., cantar
- **Despedir** (congedare, licenziare, emettere, cessare), irreg., tr., intr., refl., pedir
- **Despejar** (sgomberare, svuotare, scaricare, versare), reg., tr. e refl., cantar
- **Desperdiçar** (sciupare, sprecare), reg., tr. dançar
- **Despertar** (svegliare, destare), reg., tr. e intr., cantar
- **Despir** (spogliare, svestire), irreg., tr. e refl., mentir
- **Despistar** (depistare, sviare), reg., tr. e refl., cantar
- **Despojar** (spogliare, defraudare, rinunciare), reg., tr. e refl., cantar
- **Despovoar** (spopolare, spopolarsi), reg., tr. e refl., magoar
- **Despreocupar** (non preoccupare), reg., tr. e refl., cantar
- **Desprezar** (disprezzare, spregiare), reg., tr. e refl., cantar
- **Desprover** (sprovvedere, privare), reg., tr., vender
- **Desrespeitar** (non rispettare), reg., tr., cantar
- **Destacar** (distaccare, dar rilievo, staccare, distaccarsi), reg., tr. e refl., brincar
- **Desterrar** (bandire, esiliare, emigrare), reg., tr. e refl., cantar
- **Destinar** (destinare, proporsi), reg., tr. e refl., cantar
- **Destituir** (destituire, deporre), irreg., tr., poluir
- **Destruir** (distruggere), irreg., tr. e intr., construir
- **Desunir** (disunire, separare), reg., tr. e refl., partir
- **Desvalorizar** (svalutare, deprezzare), reg., tr. e refl., cantar
- **Desviar** (sviare, deviare, distogliere, sottrarre), reg., tr. e refl., cantar
- **Detectar** (rivelare), reg., tr., cantar
- **Deter** (fermare, trattenere, detenere), irreg., tr. e refl., ter
- **Deteriorar** (deteriorare, danneggiare), reg., tr., cantar
- **Determinar** (determinare, decidersi), reg., tr. e refl., cantar
- **Detestar** (detestare), reg., tr., cantar
- **Detrair** (detrarre, diffamare), irreg., tr. sair
- **Devastar** (devastare), reg., tr., cantar

- **Dever** (dovere), reg., tr. e intr., vender
- **Devolver** (restituire, devolvere, rinviare, rifiutare), reg., tr., vender
- **Devorar** (divorare), reg., tr., cantar
- **Dialogar** (dialogare, conversare), reg., tr. e intr., alugar
- **Difamar** (diffamare, screditarsi), reg., tr., cantar
- **Diferenciar** (differenziare, distinguere), reg., tr. e refl., cantar
- **Diferir** (differire, rinviare), irreg., tr. e intr., mentir
- **Dificultar** (rendere difficile, ostacolare), reg., tr. e refl., cantar
- **Difundir** (difondere, spandere), reg., tr. e refl., partir
- **Digerir** (digerire), irreg., tr. e intr., mentir
- **Digitar** (digitare), reg., tr., cantar
- **Dignar-se** (degnarsi), reg., refl., cantar
- **Dignificar** (rendere degno, nobilitar), reg., tr., brincar
- **Dilacerar** (dilacerare, lacerare, straziare), reg., tr., cantar
- **Dilatar** (dilatare), reg., tr. e refl., cantar
- **Diluir** (diluire), irreg., tr., poluir
- **Dimensionar** (trovare la dimensione) reg., tr., cantar
- **Diminuir** (ridurre, diminuire, umiliare, abbassare, calare), irreg., tr. e intr., poluir
- **Dirigir** (dirigere, rivolgere, comandare, guidare), reg., tr. e refl., agir
- **Discernir** (discernere, distinguere), irreg., tr., mentir
- **Discordar** (discordare, contrastare), reg., intr., cantar
- **Discorrer** (scorrere, parlare, percorrere, meditare), reg., tr. e intr., vender
- **Discriminar** (discriminare, distinguere), reg., tr. e refl., cantar
- **Discutir** (discutere, escutere), reg., tr., partir
- **Disfarçar** (travestire, mascherare), reg., tr. dançar
- **Disparar** (sparare, lanciare, scattare), reg., tr. e intr., cantar
- **Dispensar** (dispensare, esonerare), reg., tr. e refl., cantar
- **Disperder** (distruggere, rovinare), reg., tr., vender
- **Dispersar** (disperdere, disperdersi), reg., tr., intr., refl., cantar
- **Dispor** (disporre, collocare, possedere, prepararsi), irreg., tr., intr., refl., pôr
- **Disputar** (disputare, discutere), reg., tr. e intr., cantar
- **Dissertar** (dissertare), reg., intr., cantar
- **Dissimular** (dissimulare, nascondere, fingere), reg., tr. e intr., cantar
- **Dissipar** (dissipare, dissolvere, disperdere, dilapidare), reg., tr. e refl., cantar
- **Dissociar** (dissociare, separare), reg., tr. e refl., cantar
- **Dissolver** (dissolvere, sciogliere), reg., tr. e refl., vender
- **Dissuadir** (dissuadere, distogliere), reg., tr., partir
- **Distanciar** (distanziare, staccare), reg., tr. e refl., cantar
- **Distar** (distare, essere distante), reg., intr., cantar
- **Distender** (distendere, dilatare), reg., tr., vender
- **Distinguir** (distinguere, discernere, differenziare, mettersi in luce), reg., tr., intr., refl., distinguir
- **Distorcer** (distorcere), reg., tr. conhecer
- **Distrair** (distrarre, svagare, sotrarre), irreg., tr. sair
- **Distribuir** (distribuire), irreg., tr., poluir
- **Ditar** (dettare), reg., tr., cantar
- **Divagar** (vagabondare, divagare), reg., intr., alugar
- **Divergir** (divergere, discordare), irreg., intr., mentir
- **Diversificar** (diversificare, variare), reg., tr. e intr., brincar
- **Divertir** (divertire, svagare, divertirsi), irreg., tr. e refl., mentir
- **Dividir** (dividere, dividersi), reg., tr. e refl., partir
- **Divisar** (scorgere, intravedere, delimitare), reg., tr., cantar
- **Divorciar** (divorziare, separare), reg., tr. e refl., cantar
- **Divulgar** (divulgare, divulgarsi), reg., tr. e refl., alugar
- **Dizer** (dire, convenire, addirsi, dirsi), irreg., tr., intr., refl., dizer
- **Dobrar** (raddoppiare, piegare in due, doppiare, piegare, chinare), reg., tr. e intr., cantar
- **Documentar** (documentare), reg., tr., cantar
- **Doer** (dolere, far male, avere dolore), irreg., intr., e refl., moer
- **Domar** (domare, dominare), reg., tr., cantar
- **Domesticar** (addomesticare, incivilire), reg., tr. e refl., brincar

- **Domiciliar** (domiciliare), reg., tr. e refl., cantar
- **Dominar** (dominare, sovrastare, contenersi), reg., tr., intr., refl., cantar
- **Dormir** (dormire), irreg., tr. e intr., cobrir
- **Dourar** (dorare, indorare), reg., tr. e refl., cantar
- **Dramatizar** (drammatizzare), reg., tr., cantar
- **Drogar** (drogare, drogarsi), reg., tr. e refl., alugar
- **Duplicar** (duplicare, raddoppiare), reg., tr., brincar
- **Durar** (durare, resistere), reg., intr., cantar
- **Duvidar** (dubitare), reg., tr. e intr., cantar
- **Eclodir** (sbocciare, apparire, scoppiare), defec., intr., partir
- **Ecoar** (echeggiare, risuonare), defec., tr. e intr., magoar
- **Economizar** (economizzare, risparmiare), reg., tr. e intr., cantar
- **Edificar** (edificare, costruire), reg., tr., brincar
- **Editar** (pubblicare, stampare, editare), reg., tr., cantar
- **Educar** (educare), reg., tr. e refl., brincar
- **Efetivar** (rendere effettivo, effettuare, realizzare, passare in ruolo), reg., tr., cantar
- **Efetuar** (effettuare, eseguire, realizzare), reg., tr., cantar
- **Ejacular** (eiaculare, lanciare), reg., tr. e intr., cantar
- **Ejectar** (eiettare, espellere), reg., tr. e refl., cantar
- **Elaborar** (elaborare), reg., tr. e refl., cantar
- **Eleger** (eleggere, scegliere, nominare), reg., tr. proteger
- **Eletrizar** (elettrizzare), reg., tr., cantar
- **Elevar** (alzare, innalzare, elevare, sollevare, aumentare), reg., tr. e refl., cantar
- **Eliminar** (eliminare), reg., tr. e refl., cantar
- **Elogiar** (elogiare, lodare, complimentare), reg., tr., cantar
- **Elucidar** (delucidare, chiarire, spiegare, elucidare), reg., tr., cantar
- **Eludir** (eludere, schivare, sfuggire), reg., intr., partir
- **Emagrecer** (dimagrire, dimagrare), reg., tr. e intr., conhecer
- **Emanar** (emanare), reg., intr., cantar
- **Emancipar** (emancipare, emanciparsi), reg., tr. e refl., cantar
- **Emaranhar** (ingarbugliare, intricare, imbrogliare, immischiarsi), reg., tr. e refl., cantar
- **Embaçar** (ingannare, truffare, allibire) (–> **embaciar**), reg., tr. e intr., dançar
- **Embaciar** (appannare, offuscare), reg., tr. e intr., cantar
- **Embalar** (cullare, dondolare, imballare, prendere velocità), reg., tr., cantar
- **Embalsamar** (imbalsamare, profumare), reg., tr., cantar
- **Embaraçar** (imbarazzare, ingombrare, confondersi), reg., tr. e refl., dançar
- **Embaralhar** (–> **baralhar**), reg., tr., cantar
- **Embarcar** (imbarcare, imbarcarsi), reg., tr. e intr., brincar
- **Embargar** (impedire, opporsi, impugnare, trattenere, reprimere), reg., tr. e refl., alugar
- **Embarreirar** (inerpicarsi, arrampicarsi), reg., tr., intr., refl., cantar
- **Embarretar** (imberrettare, infinocchiare, raggirare), reg., tr., cantar
- **Embasbacar** (restare a bocca aperta, imbambolare), reg., tr. e intr., brincar
- **Embater** (scontrarsi, urtarsi, cozzare), reg., intr., e refl., vender
- **Embaular** (imbaulare, nascondere), reg., tr., cantar
- **Embebedar** (ubriacare, inebriare), reg., tr. e refl., cantar
- **Embeber** (imbevere, impregnare, inzuppare), reg., tr. e refl., vender
- **Embelezar** (abbellire, imbellire), reg., tr., cantar
- **Embevecer** (estasiare, rapire, affascinare, incantarsi), reg., tr. e refl., conhecer
- **Embirrar** (intestardirsi, ostinarsi, fare capricci), reg., intr., cantar
- **Emblemar** (simboleggiare), reg., tr., cantar
- **Embocar** (imboccare, mettere il freno, imbeccare), reg., tr. e intr., brincar
- **Embolsar** (intascare, rimborsare), reg., tr., cantar
- **Emborcar** (rovesciare, riversare, scolare, svuotare), reg., tr., brincar
- **Emborrachar** (ubriacare, sborniare), reg., tr. e refl., cantar
- **Emborrascar** (rendere burrascoso, agitare, sconvolgere), defec., tr., intr., refl., brincar
- **Emboscar** (mettere in aguato, imboscare, nascondere), reg., tr. e refl., brincar
- **Embotijar** (imbottigliare, mettere nella bombola), reg., tr., cantar
- **Embranquecer** (imbiancare, imbianchire), reg., tr. e intr., conhecer
- **Embravecer** (inferocire, inferocirsi), reg., tr. e refl., conhecer

- **Embrenhar** (imboscare, inselvarsi, addentrarsi), reg., tr. e refl., cantar
- **Embriagar** (ubriacare, inebriare), reg., tr. e refl., alugar
- **Embrulhar** (avvolgere, incartare, impacchettare), reg., tr. e refl., cantar
- **Embrumar** (annuvolare, oscurare, truffare, avere nausea), defec., tr. e refl., cantar
- **Embrutecer** (abbrutire, inebetire), reg., tr. e refl., conhecer
- **Embuchar** (ingozzare, saziare, soffocarsi), reg., tr. e intr., cantar
- **Emburrar** (abbrutire, imputarsi, ostinarsi), reg., tr. e intr., cantar
- **Emendar** (emendare, correggere, riparare, emendarsi), reg., tr. e refl., cantar
- **Ementar** (notare, segnare, appuntare, ricordare), reg., tr., cantar
- **Emergir** (emergere), irreg., intr., mentir
- **Emigrar** (emigrare, migrare), reg., intr., cantar
- **Emitir** (emettere), reg., tr., partir
- **Emocionar** (emozionare, commuovere), reg., tr., cantar
- **Emoldurar** (incorniciare, inquadrare), reg., tr., cantar
- **Empacotar** (imballare, impacchettare), reg., tr., cantar
- **Empalidecer** (impallidire), reg., tr. e intr., conhecer
- **Empanar** (impannare, offuscare), reg., tr., cantar
- **Empapar** (inzuppare, impregnare, adescare, spappolarsi, ingozzare), reg., tr. e refl., cantar
- **Empapelar** (incartare, conservare), reg., tr., cantar
- **Emparedar** (chiudere, rinchiudere fra quattro pareti, eregersi), reg., tr., cantar
- **Empastar** (impastare), reg., tr. e refl., cantar
- **Empatar** (pareggiare, impattare, sospendere, interrompere, ostaculare, impedire), reg., tr. e intr., cantar
- **Empecer** (impedire, impacciare, danneggiare), reg., tr. e intr., conhecer
- **Empedrar** (pavimentare, lastricare, impietrire, diventare di sasso), reg., tr. e refl., cantar
- **Empenhar** (impegnare, vincolare, usare, fare, impegnarsi), reg., tr. e refl., cantar
- **Empilhar** (mettere in pila, accatastare, ammucchiare), reg., tr., cantar
- **Empinar** (rizzare, elevare, svuotare, imparare a memoria, gonfiarsi), reg., tr. e refl., cantar
- **Empobrecer** (impoverire, depauperare), reg., tr. e intr., conhecer
- **Empoçar** (mettere, stagnare, impantanarsi), reg., tr., intr., refl., dançar
- **Empoeirar** (impolverare), reg., tr., cantar
- **Empolar** (causare bolle, vesciche, gonfiare, insuperbire), reg., tr. e intr., cantar
- **Empoleirar** (mettere nel pollaio, collocare in alto, elevare, esaltare), reg., tr. e refl., cantar
- **Empolgar** (impugnare, tenere, afferrare, avvincere, entusiasmare, incantare), reg., tr. e refl., alugar
- **Empolmar** (ridurre in poltiglia), reg., tr., cantar
- **Emporcalhar** (insudiciare, insozzare, sporcare, macchiare, macchiarsi), reg., tr., cantar
- **Empossar** (mettere in possesso, insediare, installare, impossessarsi), reg., tr. e refl., cantar
- **Empreender** (intraprendere, incominciare), reg., tr. e intr., vender
- **Empregar** (impiegare, usare, adoperare, dare impiego, impiegarsi), reg., tr. e refl., alugar
- **Emprenhar** (impregnare,ingravidare), reg., tr. e intr., cantar
- **Emprestar** (prestare, dare in prestito), reg., tr., cantar
- **Empunhar** (impugnare), reg., tr., cantar
- **Empurrar** (spingere, urtare, appioppare, spingersi), reg., tr., cantar
- **Emudecer** (far tacere, ammutolire, stare zitto, ammutire), reg., tr. e intr., conhecer
- **Enaltecer** (esaltare, decantare, glorificare, inneggiare), reg., tr. conhecer
- **Enamorar** (innamorare, innamorarsi), reg., tr. e refl., cantar
- **Encabeçar** (intestare, intitolare, essere il primo, dirigere), reg., tr. dançar
- **Encadear** (incatenare, concatenare), irreg., tr. passear
- **Encadeirar** (far sedere su una sedia, fornire di sedie), reg., tr., cantar
- **Encaixar** (incassare, imballare, incastrare, commettere, introdurre), reg., tr., cantar
- **Encaixotar** (incassare, imballare), reg., tr., cantar
- **Encalçar** (incalzare, inseguire), reg., tr. dançar
- **Encaldeirar** (scalzare), reg., tr., cantar
- **Encalhar** (fare arenare, fare incagliare, incagliarsi, arenarsi), reg., tr., cantar
- **Encalvecer** (diventare calvo), reg., intr., conhecer
- **Encaminhar** (avviare, incamminare, inoltrare), reg., tr. e refl., cantar
- **Encanar** (incanalare, canalizzare, ingessare), reg., tr. e intr., cantar
- **Encantar** (incantare, stregare, affascinare, soddisfare), reg., tr. e refl., cantar
- **Encapar** (avvolgere nella cappa, mettere la copertina, foderare, coprire), reg., tr., cantar

- **Encapotar** (incappottare, ammantare, simulare, intabarrarsi), reg., tr., intr., refl., cantar
- **Encaracolar** (acchiocciolare, arricciare, inanellare), reg., tr., intr., refl., cantar
- **Encarapinhar** (arricciare, increspare, ghiacciare, congelare), reg., tr., intr., refl., cantar
- **Encarapuçar** (imberrettare, incappucciare), reg., tr. e refl., dançar
- **Encarar** (guardare in faccia, fissare, affrontare, considerare), reg., tr. e refl., cantar
- **Encarcerar** (incarcerare, imprigionare), reg., tr., cantar
- **Encardir** (sporcare, lavare male), reg., tr. e intr., partir
- **Encarecer** (rincarare, aumentare il prezzo, esagerare, farsi valere), reg., tr., intr., refl., conhecer
- **Encarnar** (incarnare, impersonare, cicatrizzarsi, penetrare), reg., tr. e intr., cantar
- **Encarregar** (incaricare, incaricarsi), reg., tr. e refl., alugar
- **Encartar** (nominare, designare, registrar, brevettare), reg., tr., intr., refl., cantar
- **Encartuchar** (incartocciare, accartocciare, mettere nelle cartucce), reg., tr., cantar
- **Encavalar** (accavallare, sovrapporre), reg., tr., cantar
- **Encavaleirar** (accavallare, sovraporre), reg., tr. e refl., cantar
- **Encenar** (sceneggiare, mettere in scena, inscenare), reg., tr., cantar
- **Encerar** (cerare, incerare, lucidare), reg., tr., cantar
- **Encerrar** (chiudere, rinchiudere), reg., tr. e refl., cantar
- **Encharcar** (allagare, impantanare, bagnare, inzuppare), reg., tr. e refl., brincar
- **Encher** (riempire, colmare, adempire, assolvere, stufarsi), reg., tr., intr., refl., vender
- **Encimar** (mettere in cima, collocare sopra, intestare, sollevare), reg., tr., cantar
- **Encobrir** (nascondere, occultare, coprire, dissimulare, coprirsi), irreg., tr., intr., refl., cobrir
- **Encolar** (incollare, portare in braccio), reg., tr., cantar
- **Encolher** (ritrarre, ritirare, restringere, ridurre, contrarsi), reg., tr., intr., refl., vender
- **Encomendar** (ordinare, raccomandare, affidare), reg., tr. e refl., cantar
- **Encontrar** (trovare, incontrare), reg., tr. e refl., cantar
- **Encorajar** (incoraggiare), reg., tr., cantar
- **Encordoar** (incordare, imbronciarsi), reg., tr. e intr., magoar
- **Encostar** (appoggiare, accostare, aderire), reg., tr. e refl., cantar
- **Encovar** (sotterrare, nascondere, affossare, rintanarsi), reg., tr., intr., refl., cantar
- **Encravar** (inchiodare, conficcare, piantare, incastonare), reg., tr., intr., refl., cantar
- **Encrespar** (arricciare, increspare, corrugarsi, irritarsi), reg., tr. e refl., cantar
- **Encrudescer** (incrudelire, irritare), reg. tr. e refl., conhecer
- **Encruzilhar** (incrociare, incrocicchiare), reg., tr., cantar
- **Encurtar** (accorciare, abbreviare, riassumere, essere breve), reg., tr., cantar
- **Encurvar** (incurvare, piegare), reg., tr., cantar
- **Endemoninhar** (indiavolare, indemoniarsi), reg., tr. e refl., cantar
- **Endereçar** (indirizzare, dirigere), reg., tr. dançar
- **Endireitar** (raddrizzare, riparare, correggere, andare dritto), reg., tr., intr., refl., cantar
- **Endoidecer** (far impazzire, impazzire, diventare matto), reg., tr. e intr., conhecer
- **Endossar** (girare, trasferire), reg., tr., cantar
- **Endurecer** (indurire, indurirsi), reg., tr. e intr., conhecer
- **Enervar** (snervare, infiacchire), reg., tr. e refl., cantar
- **Enfadar** (infastidire, annoiare, irritare), reg., tr. e refl., cantar
- **Enfartar** (saziare, ostruire, intasare), reg., tr., cantar
- **Enfatizar** (enfatizzare) reg., tr., cantar
- **Enfatuar** (infatuare, infatuarsi), reg., tr. e refl., cantar
- **Enfeitar** (abbellire, adornare, colorare), reg., tr. e refl., cantar
- **Enfeitiçar** (ammaliare, stregare, incantare), reg., tr. dançar
- **Enfermar** (rendere ammalato, infermare), reg., intr., cantar
- **Enferrujar** (arrugginire, arrugginirsi), reg., tr. e intr., cantar
- **Enfestar** (piegare in due, rendere festivo, rallegrare), reg., tr., cantar
- **Enfiar** (infilare, entrare, infilarsi), reg., tr. e intr., cantar
- **Enfileirar** (mettere in fila, accodare), reg., tr. e intr., cantar
- **Enforcar** (impiccare, svendere), reg., tr. e refl., brincar
- **Enformar** (mettere nella forma, dare forma a, crescere), reg., tr. e intr., cantar
- **Enfornar** (infornare), reg., tr., cantar
- **Enfraquecer** (indebolire, fiaccare, affievolirsi), reg., tr. e intr., conhecer
- **Enfrentar** (affrontare), reg., tr., cantar
- **Enfunar** (gonfiare, enfiare, insuperbire, gonfiarsi), reg., tr., intr., refl., cantar

- **Enfurecer** (infuriare, inferocire, montare in collera), reg., tr., intr., refl., conhecer
- **Engaiolar** (ingabbiare, mettere in gabbia), reg., tr., cantar
- **Engajar** (assumere, reclutare, arruolarsi), reg., tr. e refl., cantar
- **Enganar** (ingannare, deludere, sbagliarsi), reg., tr. e refl., cantar
- **Enganchar** (appendere in un gancio, agganciare, intrecciarsi), reg., tr., intr., refl., cantar
- **Engarrafar** (imbottigliare, ingorgare, bloccare), reg., tr. e intr., cantar
- **Engastar** (incastonare, incastrare), reg., tr., cantar
- **Engatar** (agganciare, attaccare), reg., tr. e intr., cantar
- **Engendrar** (generare, causare), reg., tr., cantar
- **Engenhar** (ideare, inventare, tramare), reg., tr., cantar
- **Englobar** (conglobare, inglobare), reg., tr., cantar
- **Engolir** (inghiottire, ingoiare), irreg., tr. cobrir
- **Engomar** (stirare, germogliare), reg., tr. e intr., cantar
- **Engordar** (ingrassare, ingrassarsi), reg., tr. e intr., cantar
- **Engordurar** (sporcare di grassi, ungere), reg., tr. e refl., cantar
- **Engraçar** (aggraziare, rendere carino, simpatizzare, aggradare), reg., tr. e intr., dançar
- **Engrandecer** (ingrandire, aumentare, crescere), reg., tr. e refl., conhecer
- **Engraxar** (lucidare, lustrare, annerire), reg., tr., cantar
- **Engrenar** (ingranare), reg., tr. e intr., cantar
- **Engrenhar** (ravvivare i capelli, pettinare), reg., tr., cantar
- **Engrolar** (cuocere male, biascicare, imbrogliare), reg., tr., cantar
- **Engrossar** (ingrossare, aumentare il volume di, concimare), reg., tr., intr., refl., cantar
- **Enguiçar** (portare sfortuna, gettare il malocchio), reg., tr. e intr., dançar
- **Enjaular** (ingabbiare, imprigionare), reg., tr., cantar
- **Enjeitar** (abbandonare, rifiutare), reg., tr., cantar
- **Enjoiar** (ingioiellare), reg., tr., cantar
- **Enlaçar** (accalappiare, avvolgere, allacciare, legare, intrecciare, abbracciare, unirsi), reg., tr. e refl., dançar
- **Enlamear** (infangare, inzaccherare, infangarsi, sporcare), irreg., tr. e refl., passear
- **Enlear** (allacciare, legare, unire, ingarbugliare, turbare, sedurre), irreg., tr. e refl., passear
- **Enlevar** (incantare, estasiare), reg., tr. e refl., cantar
- **Enlodaçar** (impantanare, infangare), reg., tr. dançar
- **Enlouquecer** (–> **endoidecer**), reg., tr. e intr., conhecer
- **Enlutar** (vestire a lutto, rattristare), reg., tr., cantar
- **Enluvar** (mettere i guanti, inguantate), reg., tr. e refl., cantar
- **Enobrecer** (nobilitare, adornare), reg., tr. e refl., conhecer
- **Enojar** (–> **enjoar**), reg., tr. e refl., cantar
- **Enriquecer** (arricchire, arricchirsi), reg., tr. e intr., conhecer
- **Ensaboar** (insaponare, rimproverare), reg., tr. magoar
- **Entoar** (intonare), reg., tr. e refl., magoar
- **Entocar** (rintanare, intanarsi), reg., tr. e refl., brincar
- **Entonar** (alzare la fronte con alterigia, ostentare), reg., tr. e refl., cantar
- **Entontecer** (stordire, intontire), reg., tr. e intr., conhecer
- **Entorpecer** (intorpidire, intorpidirsi), reg., tr. e intr., conhecer
- **Entortar** (storcere, curvare, deviare), reg., tr., intr., refl., cantar
- **Entranhar** (inviscerare, penetrare, addentrarsi), reg., tr. e refl., cantar
- **Entrar** (entrare, rientrare), reg., tr. e intr., cantar
- **Entravar** (impastoiare, ostacolare), reg., tr., cantar
- **Entreabrir** (socchiudere, sbocciare), reg., tr. e intr., partir
- **Entrebater-se** (picchiarsi reciprocamente, dibattersi), reg., refl., vender
- **Entrecerrar** (socchiudere), reg., tr., cantar
- **Entrechar** (intrecciare, intessere), reg., tr., cantar
- **Entrecortar** (frammezzare, intersecare), reg., tr. e refl., cantar
- **Entregar** (consegnare, recapitare, affidare, lasciare, tradire), reg., tr. e refl., alugar
- **Entrelaçar** (intrecciare, allacciare), reg., tr. dançar
- **Entreligar** (legare reciprocamente), reg., tr., alugar
- **Entremear** (frammischiare, frammezzare, interporsi), irreg., tr. e refl., passear
- **Entreouvir** (sentire confusamente, non sentire bene), irreg., tr. ouvir
- **Entreprender** (–> **empreender**), reg., tr., vender

- **Entreter** (intrattenere, trattenersi), irreg., tr. e refl., ter
- **Entrevar** (rendere paralitico, ottenebrare, oscurarsi), reg., tr. e intr., cantar
- **Entrever** (intravvedere, scorgere), irreg., tr. e refl., ver
- **Entrevistar** (intervistare), reg., tr., cantar
- **Entristecer** (rattristare, affliggere), reg., tr. e intr., conhecer
- **Entroncar** (riunire, far convergere, innestare, inserire), reg., tr. e intr., brincar
- **Entupir** (ostruire, intasare, ingorgare), irreg., tr. e intr., subir
- **Entusiasmar** (entusiasmare), reg., tr. e refl., cantar
- **Enumerar** (enumerare, conteggiare), reg., tr., cantar
- **Enunciar** (enunciare, esporre), reg., tr. e refl., cantar
- **Envasar, envazar** (invasare), reg., tr., cantar
- **Envelhecer** (invecchiare), reg., tr. e intr., conhecer
- **Envencilhar** (legare, allacciare, ingarbugliarsi), reg., tr. e refl., cantar
- **Envenenar** (avvelenare, intossicare, inquinare), reg., tr., cantar
- **Enverdecer** (inverdire, ringiovanire), reg., tr. e intr., conhecer
- **Enveredar** (dirigersi, incamminarsi), reg., tr. e intr., cantar
- **Envergar** (inferire, piegare, curvare, vestire, infilare), reg., tr., alugar
- **Envergonhar** (far vergognare, umiliare, sconcertare), reg., tr. e refl., cantar
- **Envernizar** (verniciare), reg., tr. e refl., cantar
- **Enverrugar** (riempire di verruche, corrugare, sgualcire), reg., tr., intr., refl., alugar
- **Enviar** (inviare, mandare, spedire), reg., tr., cantar
- **Envolver** (avvolgere, comprendere, circondare, aggirare, coinvolgere), reg., tr. e refl., vender
- **Enxergar** (vedere, osservare, guardare), reg., tr., alugar
- **Enxerir** (inserire, ficcare), irreg., tr. e intr., mentir
- **Enxertar** (innestare, introdurre, inserire), reg., tr., cantar
- **Enxotar** (scacciare, mettere in fuga), reg., tr., cantar
- **Enxugar** (asciugare), reg., tr. e intr., alugar
- **Epilogar** (riepilogare, riassumere), reg., tr., alugar
- **Equilibrar** (equilibrare), reg., tr. e refl., cantar
- **Equipar** (attrezzare, equipaggiare), reg., tr., cantar
- **Equiparar** (equiparare), reg., tr. e refl., cantar
- **Equivaler** (equivalere), irreg., intr., valer
- **Equivocar** (confondere, equivocare), reg., tr. e refl., brincar
- **Erguer** (ergere, innalzare, alzare), reg., tr. e refl., erguer
- **Eriçar** (rizzare, rendere irto), reg., tr. e refl., dançar
- **Erigir** (erigere, ergere, innalzare, fondare, istituire), reg., tr., agir
- **Errar** (sbagliare, errare), reg., tr. e intr., cantar
- **Esbarrar** (lanciare, scagliare, cozzare, urtarsi), reg., tr., intr., refl., cantar
- **Esboçar** (abbozzare, sbozzare, accennare), reg., tr. e refl., dançar
- **Escalar** (scalare, arrampicarsi), reg., tr., cantar
- **Escandalizar** (scandalizzare, scandalizzarsi), reg., tr., intr., refl., cantar
- **Escangalhar** (scassare, sgangherare, fare a pezzi), reg., tr. e refl., cantar
- **Escapar** (scappare, sfuggire, scampare, fuggire), reg., intr., e refl., cantar
- **Escapulir** (lasciar sfuggire, fuggire), reg., tr., intr., refl., partir
- **Escarnecer** (schernire, canzonare), reg., tr. e intr., conhecer
- **Escarnificar** (martirizzare, scarnificare), reg., tr., brincar
- **Escarnir** (–> **escarnecer**), reg., intr., partir
- **Escarrar** (sputare), reg., tr. e intr., cantar
- **Escarvar** (scavare superficialmente, raschiare, grattare), reg., tr., cantar
- **Escassear** (scarseggiare), irreg., tr. e intr., passear
- **Escavar** (scavare, indagare), reg., tr. e refl., cantar
- **Esclarecer** (schiarire, chiarire, informarsi), reg., tr., intr., refl., conhecer
- **Escoar** (scolare, scorrere), reg., tr. e refl., magoar
- **Escolher** (scegliere, optare), reg., tr. e intr., vender
- **Esconder** (nascondere, celare, occultare), reg., tr. e refl., vender
- **Esconjurar** (scongiurare, esorcizzare, supplicare, far giurare), reg., tr. e refl., cantar
- **Escorregar** (scivolare, slittare), reg., intr., alugar
- **Escorrer** (scolare, sgocciolare, scorrere), reg., tr. e intr., vender
- **Escovar** (spazzolare, rimproverare), reg., tr., cantar

- **Escravizar** (schiavizzare, asservire, sottomettere), reg., tr., cantar
- **Escrever** (scrivere), reg., tr. e refl., vender
- **Escriturar** (registrare, scritturare), reg., tr., cantar
- **Escrupulizar** (causare, avere, provare, farsi scrupoli), reg., tr. e intr., cantar
- **Escrutar** (scrutare), reg., tr., cantar
- **Esculpir** (scolpire), defec., tr. abolir
- **Escurecer** (oscurare, offuscare, scurire, farsi notte), reg., tr. e intr., conhecer
- **Escusar** (scusare, giustificare, esentare, esimersi), reg., tr. e intr., cantar
- **Escutar** (ascoltare, auscultare), reg., tr. e intr., cantar
- **Esfarrapar** (sbrindellare, stracciare), reg., tr., cantar
- **Esfolhar** (sfogliare, scartocciare), reg., tr. e refl., cantar
- **Esfolhear** (sfogliare, scorrere), irreg., tr. passear
- **Esfoliar** (sfaldare), reg., tr., cantar
- **Esfomear** (affamare), irreg., tr. passear
- **Esforçar** (incoraggiare, stimolare, fortificare, aumentare), reg., tr., intr., refl., dançar
- **Esfumar** (sfumare, smorzare, affumicare, svanire), reg., tr., intr., refl., cantar
- **Esgotar** (svuotare, prosciugare, spossare, esaurire), reg., tr. e refl., cantar
- **Esguichar** (schizzare, spruzzare), reg., tr. e intr., cantar
- **Esmagar** (schiacciare, schiantarsi), reg., tr., alugar
- **Esmaltar** (smaltare), reg., tr., cantar
- **Esmaniar** (smaniare), reg., intr., cantar
- **Esmolar** (elemosinare), reg., tr. e intr., cantar
- **Espalhar** (spagliare, spargere, disseminare, distrarsi, diffondersi), reg. , tr., intr., refl., cantar
- **Espalmar** (spalmare, appianare, spianare), reg., tr., cantar
- **Espancar** (riempire di botte, pestare), reg., tr., brincar
- **Espantar** (spaventare, meravigliare, stupire, impaurire), reg., tr. e refl., cantar
- **Especializar** (specializzare), reg., tr., intr., refl., cantar
- **Especificar** (specificare), reg., tr., rincar
- **Espectar** (osservare, sfruttare), reg., tr., cantar
- **Especular** (speculare, contemplare, indagare), reg., tr. e intr., cantar
- **Espelhar** (brunire, pulire, rispecchiare, riflettere), reg., tr., intr., refl., cantar
- **Esperançar** (dare speranza, confortare, sperare), reg., tr. e refl., dançar
- **Esperar** (sperare, aspettare, attendere), reg., tr. e intr., cantar
- **Espetar** (infilzare, trafiggere, ficcare), reg., tr. e refl., cantar
- **Espiar** (spiare), reg., tr., cantar
- **Espichar** (infilzare, allungare, tirare), reg., tr., intr., refl., cantar
- **Espigar** (spigare, crescere, imbrogliare), reg., tr. e intr., alugar
- **Espinhar** (pungere, punzecchiare), reg., tr. e refl., cantar
- **Espirar** (respirare, spirare), reg., tr. e intr., cantar
- **Espirrar** (starnutire, crepitare, schizzare), reg., tr. e intr., cantar
- **Espojar** (far cadere a terra, rivoltarsi), reg., tr. e refl., cantar
- **Espoliar** (spogliare, depredare), reg., tr., cantar
- **Esponjar** (spugnare, eliminare), reg., tr., cantar
- **Espontar** (spuntare), reg., tr. e intr., cantar
- **Espraiar** (stendersi, allungare, propagarsi), reg., tr., intr., refl., cantar
- **Espreitar** (spiare, fare la posta), reg., tr., cantar
- **Espremer** (spremere, strizzare), reg., tr. e refl., vender
- **Espumejar** (spumeggiare, schiumare, spumare), reg., tr. e intr., cantar
- **Esquecer** (dimenticare, scordare, scordare), reg., tr., intr., refl., conhecer
- **Esquematizar** (schematizzare), reg., tr., cantar
- **Esquentar** (scaldare, riscaldare, irritare, arrabbiarsi), reg., tr. e refl., cantar
- **Esquiar** (sciare), reg., tr. e intr., cantar
- **Esquivar** (schivare, evitare, rifiutare), reg., tr. e refl., cantar
- **Estabelecer** (stabilire, fissare), reg., tr. e refl., conhecer
- **Estabilizar** (stabilizzare), reg., tr. e intr., cantar
- **Estacionar** (parcheggiare, non progredire, posteggiare, stazionare) reg., intr., cantar
- **Estagiar** (fare un tirocinio), reg., intr., cantar
- **Estagnar** (stagnare, ristagnare), reg., tr. e intr., cantar
- **Estalar** (scoppiare, crepitare, crepare), reg., tr. e intr., cantar

- **Estampar** (stampare, imprimere), reg., tr. e refl., cantar
- **Estancar** (arrestare il flusso di, esaurire, fermare), reg., tr., intr., refl., brincar
- **Estanciar** (permanere, soggiornare, fermarsi, abitare), reg., intr., cantar
- **Estandardizar** (standardizzare, unificare), reg., tr., cantar
- **Estanhar** (stagnare), reg., tr., cantar
- **Estar** (stare, essere, trovarsi), irreg., auxiliar, intr., estar
- **Estender** (stendere, coricare, sdraiare, allargare), reg., tr., intr., refl., vender
- **Estercar** (concimare, evacuare), reg., tr. e intr., brincar
- **Estereotipar** (stereotipare), reg., tr. e intr., cantar
- **Esterilizar** (sterilizzare), reg., tr., cantar
- **Esticar** (tendere, stendere, stirare, allungare), reg., tr., intr., refl., brincar
- **Estigmatizar** (stigmatizzare), reg., tr., cantar
- **Estilizar** (stilizzare), reg., tr., cantar
- **Estimar** (stimare, valutare, estimare, apprezzare, far piacere), reg., tr. e refl., cantar
- **Estimular** (stimolare), reg., tr., cantar
- **Estipendiar** (stipendiare, assoldare), reg., tr., cantar
- **Estipular** (stipulare), reg., tr., cantar
- **Estiraçar** (stirare, stendere, allungare), reg., tr. e refl., dançar
- **Estirar** (stirare, stendere, distendere, allungare, dilatare, prostrarsi), reg., tr. e refl., cantar
- **Estofar** (imbottire, tappezzare), reg., tr., cantar
- **Estontear** (stordire, intontire), irreg., tr. passear
- **Estorcer** (torcere, storcere, agitare, cambiare direzione), reg., tr., intr., refl., conhecer
- **Estorvar** (impacciare, ingombrare, impedire, ostacolare), reg., tr., cantar
- **Estragar** (guastare, rovinare, distruggere, danneggiare), reg., tr. e refl., alugar
- **Estrangular** (strangolare, strozzare), reg., tr. e refl., cantar
- **Estranhar** (trovare strano, non adattarsi, evitare), reg., tr. e intr., cantar
- **Estrear** (inaugurare, cominciare), irreg., tr. e refl., passear
- **Estreitar** (restringere, stringere, accorciare, diminuire, rafforzare), reg., tr., intr., refl., cantar
- **Estremar** (delimitare, demarcare, separare, dividere), reg., tr., cantar
- **Estremecer** (scuotere, scrollare, far tremare), reg., tr. e intr., conhecer
- **Estriar** (striare, scanalare, rigare), reg., tr., cantar
- **Estroncar** (stroncare, troncare), reg., tr., brincar
- **Estrondear** (scoppiare, esplodere, rimbombare), irreg., intr., passear
- **Estruturar** (strutturare), reg., tr., cantar
- **Estudar** (studiare), reg., tr., intr., refl., cantar
- **Esvair** (svanire, dissipare, dissiparsi), irreg., tr. e refl., sair
- **Esvanecer** (–> **esvaecer**), reg., tr. e intr., conhecer
- **Esvaziar** (vuotare, svuotare, sgombrare), reg., tr., cantar
- **Esventrar** (sventrare, sbudellare), reg., tr., cantar
- **Esvoaçar** (svolazzare, sventolare), reg., intr., dançar
- **Eternizar** (eternare, immortalare), reg., tr. e refl., cantar
- **Etilizar** (ubriacare, alcoolizzare), reg., tr., cantar
- **Etiquetar** (etichettare), reg., tr., cantar
- **Evacuar** (evacuare, sgombrare), reg., tr. e intr., cantar
- **Evadir** (evadere, sfuggire), reg., tr. e refl., partir
- **Evaporar** (evaporare, svanire), reg., tr. e refl., cantar
- **Evidenciar** (evidenziare, dimostrare), reg., tr. e refl., cantar
- **Eviscerar** (sviscerare), reg., tr., cantar
- **Evitar** (evitare, schivare), reg., tr., cantar
- **Evocar** (evocare, avocare), reg., tr., brincar
- **Evoluir** (evolvere, evolversi), irreg., intr., poluir
- **Evolver** (evolversi), reg., intr., e refl., vender
- **Exacerbar** (esacerbare, inasprire), reg., tr. e refl., cantar
- **Exagerar** (esagerare), reg., tr. e intr., cantar
- **Exalar** (esalare, emanare, spandere), reg., tr., cantar
- **Exaltar** (esaltare, eccitare), reg., tr. e refl., cantar
- **Examinar** (esaminare), reg., tr. e refl., cantar
- **Exasperar** (esasperare, esasperarsi), reg., tr. e refl., cantar
- **Exaurir** (esaurire), defec., tr., partir

- **Excarcerar** (scarcerare), reg., tr., cantar
- **Exceder** (eccedere, superare), reg., tr. e refl., vender
- **Excepcionar** (opporre eccezione), reg., tr., cantar
- **Excetuar** (eccettuare, escludere), reg., tr. e intr., cantar
- **Excitar** (eccitare), reg., tr. e refl., cantar
- **Exclamar** (esclamare, pronunciare ad alta voce), reg., tr. e intr., cantar
- **Excluir** (escludere, escludersi), irreg., tr., poluir
- **Excogitar** (escogitare), reg., tr., cantar
- **Excomungar** (scomunicare, maledire), reg., tr., alugar
- **Excursionar** (fare un'escursione), reg., intr., cantar
- **Executar** (eseguire, giustiziare), reg., tr., cantar
- **Exemplificar** (esemplificare), reg., tr., brincar
- **Exercer** (esercitare), reg., tr. e intr., conhecer
- **Exercitar** (esercitare, allenarsi), reg., tr. e refl., cantar
- **Exibir** (esibire, farsi notare), reg., tr. e refl., partir
- **Exigir** (esigire, imporre), reg., tr., agir
- **Exilar** (esiliare), reg., tr. e refl., cantar
- **Existir** (essitere, esserci), reg., intr., partir
- **Exonerar** (esonerare, esentare), reg., tr. e refl., cantar
- **Exordiar** (esordire), reg., tr. e intr., cantar
- **Exortar** (esortare, incitare), reg., tr., cantar
- **Expandir** (espandere, espandersi), reg., tr. e refl., partir
- **Expatriar** (esiliare, espatriare), reg., tr. e refl., cantar
- **Expectar** (essere in attesa), reg., intr., cantar
- **Expedir** (spedire, inviare, sbrigare, promulgare), irreg., tr. pedir
- **Expelir** (espellere, cacciare), irreg., tr., mentir
- **Experimentar** (sperimentare, provare, tentare, sentire), reg., tr. e refl., cantar
- **Expiar** (espiare), reg., tr., cantar
- **Expirar** (espirare, morire, scadere), reg., tr. e intr., cantar
- **Explanar** (spiegare, interpretare, chiarire), reg., tr. e intr., cantar
- **Explicar** (spiegare, spiegarsi), reg., tr. e refl., brincar
- **Explicitar** (esplicitare), reg., tr., cantar
- **Explodir** (esplodere), irreg., tr. cobrir
- **Explorar** (esplorare, sfruttare), reg., tr., cantar
- **Expor** (esporre, esporsi), irreg., tr. e refl., pôr
- **Exportar** (esportare), reg., tr., cantar
- **Exprimir** (esprimere, esprimersi), reg., tr. e refl., partir
- **Expropriar** (espropriare), reg., tr., cantar
- **Expulsar** (espellere, cacciar fuori), reg., tr., cantar
- **Expurgar** (espurgare, pulire), reg., tr., alugar
- **Exsicar** (essiccare, seccare), reg., tr., brincar
- **Extasiar** (estasiare, andare in estasi), reg., tr. e refl., cantar
- **Extenuar** (estenuare, spossare), reg., tr., cantar
- **Exteriorizar** (esternare, esteriorizzare), reg., tr., cantar
- **Exterminar** (sterminare), reg., tr., cantar
- **Externar** (esternare, manifestare), reg., tr., cantar
- **Extinguir** (estinguere, spegnere), reg., tr. e refl., distinguir
- **Extirpar** (estirpare), reg., tr., cantar
- **Extorquir** (estorcere, carpire), irreg., tr. cobrir
- **Extractar** (fare l'estratto, riassumere), reg., tr., cantar
- **Extrair** (estrarre), irreg., tr. sair
- **Extrapolar** (estrapolare), reg., tr., cantar
- **Extravasar** (traboccare, stravasare), reg., tr. e intr., cantar
- **Extraviar** (traviare, forviare, sviare), reg., tr., cantar
- **Extremar** (esaltare, distinguere), reg., tr. e refl., cantar
- **Exuberar** (esuberare, sovrabbondare), reg., tr. e intr., cantar
- **Exultar** (esultare), reg., intr., cantar
- **Fabricar** (fabbricare, inventare), reg., tr., brincar
- **Fabular** (favoleggiare, inventare), reg., tr. e intr., cantar

- **Facilitar** (facilitare, agevolare), reg., tr., intr., refl., cantar
- **Facultar** (permettere, offrire, concedere, autorizzare), reg., tr., cantar
- **Fadar** (predire, prognosticare, indovinare, dotare, concedere), reg., tr., cantar
- **Fadigar** (affaticare), reg., tr., alugar
- **Faiscar** (scintillare, sfavillare), reg., tr. e intr., brincar
- **Faixar** (fasciare, bendare), reg., tr., cantar
- **Falar** (parlare, parlarsi), reg., tr., intr., refl., cantar
- **Falecer** (morire, decedere), reg., intr., conhecer
- **Falhar** (fendere, spaccare, fallire), reg., tr. e intr., cantar
- **Falir** (fallire, mancare), defec., intr., partir
- **Falsear** (falsare, storcere, frustrare, tradire, stonare), irreg., tr. e intr., passear
- **Falsificar** (falsificare, adulterare), reg., tr., brincar
- **Faltar** (mancare, venir meno), reg., intr., cantar
- **Familiarizar** (abituare, familiarizzarsi, rendere familiare), reg., tr. e refl., cantar
- **Fanfarrear** (fare lo spaccone), irreg., intr., passear
- **Fantasiar** (fantasticare, immaginare, mascherarsi, travestirsi), reg., tr. e refl., cantar
- **Farpar** (fornire di punte metalliche, stracciare, lacerare), reg., tr., cantar
- **Fartar** (saziare, soddisfare, appagare, stancarsi, stufarsi), reg., tr., intr., refl., cantar
- **Fascinar** (affascinare, incantare), reg., tr., cantar
- **Fatiar** (tagliare a fette, affettare), reg., tr., cantar
- **Fatigar** (stancare, affaticare), reg., tr., intr., refl., alugar
- **Faturar** (fatturare), reg., tr., cantar
- **Favorecer** (favorire, valersi), reg., tr. e refl., conhecer
- **Faxinar** (fascinare), reg., tr. e intr., cantar
- **Fazer** (fare, divenire), irreg., tr., intr., refl., fazer
- **Fechar** (chiudere, rinchiudere, serrare, chiudersi), reg., tr., intr., refl., cantar
- **Fecundar** (fecondare, diventare fertile), reg., tr. e intr., cantar
- **Feirar** (vendere o comprare alla fiera), reg., tr. e intr., cantar
- **Felicitar** (felicitarsi, congratularsi), reg., tr. e refl., cantar
- **Fender** (fendere, spaccare, screpolare, solcare, lacerare), reg., tr., vender
- **Ferir** (ferire, ferirsi), irreg., tr., intr., refl., mentir
- **Fermentar** (fermentare, stimolare), reg., tr. e intr., cantar
- **Ferrar** (ferrare, marchiare, mordere, picchiare, ficcare, mettere), reg., tr., intr., refl., cantar
- **Ferver** (bollire, ribollire, esaltarsi), reg., tr. e intr., vender
- **Fervilhar** (bollire, brulicare, pullulare, formicolare), reg., intr., cantar
- **Festejar** (festeggiare, applaudire), reg., tr., cantar
- **Fiar** (filare, tramare, fidare, vendere a credito), reg., tr., intr., refl., cantar
- **Ficar** (restare, rimanere, fermarsi, diventare, divenire), reg., tr., intr., refl., brincar
- **Figurar** (figurare, raffigurare, rappresentare, supporre), reg., tr., intr., refl., cantar
- **Filhar** (germinare, germogliare), reg., tr. e intr., cantar
- **Filiar** (affiliare, associare, adottare), reg., tr. e refl., cantar
- **Filmar** (filmare), reg., tr., cantar
- **Filosofar** (filosofare), reg., intr., cantar
- **Filtrar** (filtrare, trasmettere, trapelare), reg., tr., intr., refl., cantar
- **Finalizar** (finalizzare, finire), reg., tr. e intr., cantar
- **Financiar** (finanziare), reg., tr., cantar
- **Finar** (finire, concludere, cessare, morire), reg., intr., e refl., cantar
- **Fincar** (puntare, ficcare, piantare), reg., tr. e refl., brincar
- **Findar** (finire, concludere, scadere), reg., tr. e intr., cantar
- **Fingir** (fingere, simulare), reg., tr. e intr., agir
- **Firmar** (fissare, rafforzare, firmare, confermare, basarsi), reg., tr. e refl., cantar
- **Fitar** (fissare, fermare), reg., tr. e intr., cantar
- **Fixar** (conficcare, piantare, inchiodare, fissare, stabilire), reg., tr. e refl., cantar
- **Flagelar** (flagellare, tormentare), reg., tr., cantar
- **Flamejar** (fiammeggiare, ardere, scintillare), defec., intr., cantar
- **Flautear** (suonare il flauto, illudere), irreg., tr. e intr., passear
- **Flectir** (flettere, curvare), irreg., tr. e intr., mentir
- **Flexibilizar** (rendere flessibile), reg., tr., cantar
- **Flexionar** (flettere), reg., tr., cantar

- **Florear** (infiorare, fiorettare, fiorire), irreg., tr. e intr., passear
- **Florescer** (infiorare, ornare con fiori), reg., tr. e intr., conhecer
- **Florir** (infiorare, fiorire), defec., tr. e intr., partir
- **Fluir** (fluire, scorrere, procedere), irreg., intr., poluir
- **Flutuar** (galleggiare, fluitare, svolazzare, ondeggiare, esitare), reg., intr., cantar
- **Focalizar** (–> **focar**), reg., tr., cantar
- **Focar** (focalizzare, mettere a fuoco), reg., tr., brincar
- **Foiçar** (falciare, mietere), reg., tr. dançar
- **Folgar** (dare riposo, riposare, allargare, slacciare, spassarsi), reg., tr. e intr., alugar
- **Folhar** (far crescere, produrre le foglie, frappare, laminare), reg., tr. e intr., cantar
- **Folhear** (sfogliare, scartabellare), irreg., tr. passear
- **Foliar** (danzare, saltare, divertirsi), reg., intr., cantar
- **Fomentar** (fomentare, incrementare), reg., tr., cantar
- **Forçar** (forzare, sforzare, costringere, violare), reg., tr., intr., refl., dançar
- **Forcejar** (usare la forza, sforzarsi, lottare), reg., intr., cantar
- **Forjar** (fucinare, forgiare, creare), reg., tr. e intr., cantar
- **Formalizar** (formalizzare), reg., tr. e refl., cantar
- **Formar** (formare, fare, allineare, laureare), reg., tr., intr., refl., cantar
- **Formigar** (formicolare, prudere, pizzicare, brulicare), reg., tr. e intr., alugar
- **Formiguejar** (formicolare, brulicare), reg., intr., cantar
- **Formular** (stendere, redigere, enunciare, formulare), reg., tr., cantar
- **Fornecer** (fornire, rifornire, procurare, dare), reg., tr. e refl., conhecer
- **Fornir** (fornire, rafforzare), defec., tr., partir
- **Forquear** (–> **bifurcar**), irreg., tr. passear
- **Forrar** (foderare, rivestire, imbottire, tappezzare, risparmiare), reg., tr. e refl., cantar
- **Fortalecer** (fortificare, rinforzare), reg., tr. e refl., conhecer
- **Fortificar** (fortificare, rafforzare), reg., tr., brincar
- **Fotocopiar** (fotocopiare), reg., tr., cantar
- **Fotografar** (fotografare), reg., tr., cantar
- **Fracassar** (fracassare, fallire, non riuscire, far fiasco), reg., tr. e intr., cantar
- **Fraccionar** (frazionare, spezzarsi), reg., tr. e refl., cantar
- **Fragmentar** (frammentare, frazionare), reg., tr., cantar
- **Franger** (frangere, rompere), reg., tr. proteger
- **Franquear** (affrancare, liberare, sgomberare, esentare, concedere), irreg., tr. e refl., passear
- **Franzir** (increspare, arricciare, corrugare), reg., tr., partir
- **Fraquejar** (diventare debole, indebolirsi, calare, desistere), reg., intr., cantar
- **Fraternizar** (fraternizzare, convivere), reg., tr. e intr., cantar
- **Fraturar** (fratturare), reg., tr., cantar
- **Fraudar** (frodare, defraudare), reg., tr., cantar
- **Frear** (frenare), irreg., tr. passear
- **Fremir** (fremere, rabbrividire), defec., intr., partir
- **Frenesiar** (causare frenesia, smaniare), reg., tr., cantar
- **Frequentar** (frequentare), reg., tr., cantar
- **Frigorificar** (refrigerare, congelare), reg., tr., brincar
- **Frisar** (arricciare, accotonare, sfiorare, quadrare, accentuare), reg., tr. e intr., cantar
- **Frontear** (affrontare), irreg., tr. e intr., passear
- **Fronteirar** (rendere confinanti), reg., tr., cantar
- **Fruir** (fruire, godere), irreg., tr. e intr., poluir
- **Frustrar** (frustrare, deludere, fallire), reg., tr. e refl., cantar
- **Frutificar** (fruttificare, fruttare), reg., intr., brincar
- **Fugir** (fuggire, scappare), irreg., tr. e intr., fugir
- **Fulgentear** (rendere brillante), irreg., tr. passear
- **Fulgir** (fulgere, risplendere), defec., tr. e intr., fugir
- **Fulgurar** (folgorare, risplendere), reg., intr., cantar
- **Fulminar** (fulminare, folgorare), reg., tr. e intr., cantar
- **Fumar** (fumare, affumicare), reg., tr. e intr., cantar
- **Funcionar** (funzionare), reg., intr., cantar
- **Fundamentar** (fondare, provare, fondamentale, basare, documentare), reg., tr. e refl., cantar
- **Fundar** (fondare, istituire), reg., tr. e refl., cantar

- **Fundir** (fondere, sciogliere, liquefare, unire, fulminarsi), reg., tr., intr., refl., partir
- **Furar** (bucare, forare, perforare, far fallire, penetrare), reg., tr. e intr., cantar
- **Furtar** (rubare, sottrarre), reg., tr. e refl., cantar
- **Fusionar** (fondere, riunire), reg., tr., cantar
- **Fuzilar** (fucilare, lampeggiare), reg., tr. e intr., cantar
- **Gabar** (vantare, vantarsi), reg., tr. e refl., cantar
- **Gaguejar** (balbettare, tartagliare), reg., tr. e intr., cantar
- **Galantear** (corteggiare, fare il galante, dire frasi galanti), irreg., tr. e intr., passear
- **Galhofar** (divertirsi, sollazzarsi, scherzare, prendere in giro), reg., intr., cantar
- **Galopar** (galoppare, percorrere), reg., tr. e intr., cantar
- **Galvanizar** (galvanizzare, elettrizzare), reg., tr., cantar
- **Gamar** (sgraffignare, fregare, rubare, rimanere affascinato, innamorarsi), reg., tr. e intr., cantar
- **Ganhar** (guadagnare, vincere, raggiungere, conquistare, riuscire), reg., tr. e intr., cantar
- **Garantir** (garantire, assicurare, riparare, difendere), reg., tr., partir
- **Garatujar** (scarabocchiare, fare smorfie), reg., tr. e intr., cantar
- **Gargalhar** (ridere fragorosamente), reg., intr., cantar
- **Gargantear** (gorgheggiare, dire, cantare con voce tremula), irreg., tr. e intr., passear
- **Garrir** (cinguettare, garrire, chiacchierare, vestirsi in modo vistoso), reg., tr. e refl., partir
- **Gastar** (spendere, consumare, logorare, sciupare, guastare, rovinare, consumarsi), reg., tr., intr., refl., cantar
- **Gelar** (gelare, ghiacciare, congelare), reg., tr. e intr., cantar
- **Gemer** (gemere, tubare, piangere), reg., tr. e intr., vender
- **Geminar** (geminare), reg., tr., cantar
- **Generalizar** (generalizzare), reg., tr. e refl., cantar
- **Genuflectir** (genuflettersi, inginocchiarsi), reg., tr. e intr., partir
- **Gerar** (generare, produrси, formarsi), reg., tr., intr., refl., cantar
- **Gerir** (amministrare, gestire), irreg., tr., mentir
- **Germanar** (affratellare, riunire, identificarsi), reg., tr., cantar
- **Germinar** (germinare, germogliare), reg., tr. e intr., cantar
- **Gesticular** (gesticolare, indicare, esprimere con gesti), reg., tr. e intr., cantar
- **Gigantear** (ingigantire, giganteggiare), irreg., intr., passear
- **Gingar** (dondolarsi, ondeggiare), reg., intr., cantar
- **Girar** (girare, circolare, negoziare, commerciare, errare, vagabondare), reg., tr. e intr., cantar
- **Gloriar** (gloriare, glorificare), reg., tr. e refl., cantar
- **Glorificar** (glorificare, vantarsi), reg., tr. e refl., brincar
- **Golfar** (sgorgare, zampillare, sprizzare, vomitare), reg., tr. e intr., cantar
- **Golpear** (colpire, ferire, addolorare), irreg., tr. passear
- **Gostar** (piacere, aver piacere, gradire, amare, voler bene, gustare, provare), reg., tr. e intr., cantar
- **Gotejar** (gocciolare, sgocciolare, colare), reg., tr. e intr., cantar
- **Governar** (governare), reg., tr., intr., refl., cantar
- **Gozar** (godere), reg., tr., intr., refl., cantar
- **Gracejar** (scherzare, motteggiare, dire cose spiritose), reg., tr. e intr., cantar
- **Gradar** (erpicare, ingrandirsi, ingrossarsi, crescere), reg., tr. e intr., cantar
- **Gradecer** (ingrandirsi, crescere), reg., intr., conhecer
- **Graduar** (graduare, conferire un diploma universitario, un grado militare,regolare,sfumare, laurearsi), reg., tr. e refl., cantar
- **Grafar** (scrivere, ortografare), reg., tr., cantar
- **Granizar** (grandinare, granire), defec., tr. e intr., cantar
- **Granjear** (coltivare, acquistare, guadagnare), irreg., tr. passear
- **Grasnar** (gracchiare, schiamazzare, cicalare), defec., intr., cantar
- **Gratificar** (gratificare, compensare, remunerare, essere grato), reg., tr. e intr., brincar
- **Gravar** (incidere, intagliare, scolpire, registrare, imprimere), reg., tr. e refl., cantar
- **Gravidar** (ingravidare, ingravidarsi), reg., tr. e intr., cantar
- **Gravitar** (gravitare), reg., intr., cantar
- **Graxear** (flirtare), irreg., intr., passear
- **Grelhar** (grigliare, cuocere, arrostire), reg., tr., cantar
- **Grifar** (arricciare, comporre in italico, sottolineare, accentuare), reg., tr., cantar
- **Grisalhar** (diventare grigio, brizzolato), reg., tr. e intr., cantar
- **Gritar** (urlare, gridare, strillare), reg., tr. e intr., cantar

- **Grunhir** (grugnire, brontolare), defec., intr., partir
- **Guardar** (custodire, vigilare, conservare, tenere, osservare), reg., tr. e refl., cantar
- **Guarnecer** (guarnire, munire, ornare), reg., tr. conhecer
- **Guerrilhar** (fare la guerriglia), reg., tr. e intr., cantar
- Guiar (guidare, orientarsi, regolarsi), reg., tr., intr., refl., cantar
- **Guisar** (preparare, stufare), reg., tr., cantar
- **Habilitar** (abilitare, rendere capace, autorizzare, prepararsi), reg., tr. e refl., cantar
- **Habitar** (abitare, vivere), reg., tr. e intr., cantar
- **Habituar** (abituare, avvezzare, assuefare, abituarsi, avvezzarsi), reg., tr. e refl., cantar
- **Harmonizar** (armonizzare), reg., tr., cantar
- **Hastear** (inalberare, inastare, sollevarsi, issarsi), irreg., tr. e refl., passear
- **Haver** (avere, possedere, credere, pensare, ricevere, prendere, esserci, esistere, dovere), irreg., auxiliar, tr. e refl., haver
- **Herdar** (ereditare), reg., tr. e intr., cantar
- **Hesitar** (esitare, titubare), reg., intr., cantar
- **Hierarquizar** (gerarchizzare), reg., tr., cantar
- **Higienizar** (rendere igienico, risanare), reg., tr., cantar
- **Hilarizar** (rallegrare, fare ridere), reg., tr., cantar
- **Hipnotizar** (ipnotizzare, magnetizzare), reg., tr., cantar
- **Hipotecar** (ipotecare), reg., tr., brincar
- **Homenagear** (rendere omaggio, rispettare, onorare, festeggiare), irreg., tr. passear
- **Homologar** (omologare, convalidare), reg., tr., alugar
- **Honorificar** (onorare), reg., tr., brincar
- **Horripilar** (inorridire, far venire la pelle d'oca, rabbrividire), reg., tr., cantar
- **Horrorizar** (far inorridire, spaventare, raccapricciarsi), reg., tr., cantar
- **Hospedar** (ospitare, alloggiare, alloggiarsi), reg., tr. e refl., cantar
- **Hospitalizar** (ospedalizzare, ricoverare), reg., tr., cantar
- **Hostilizar** (osteggiare, avversare, contrariare), reg., tr., cantar
- **Humanizar** (umanizzare, umanare, umanizzarsi, umanarsi), reg., tr. e refl., cantar
- **Humilhar** (umiliare, mortificare, umiliarsi), reg., tr. e refl., cantar
- **Içar** (issare, alzare), reg., tr. e refl., dançar
- **Idealizar** (idealizzare), reg., tr., cantar
- **Idear** (ideare, concepire, inventare), irreg., tr. passear
- **Identificar** (identificare, riconoscere), reg., tr. e refl., brincar
- **Idolatrar** (idolatrare, venerare), reg., tr., cantar
- **Ignorar** (ignorare), reg., tr., cantar
- **Igualar** (uguagliare, esere pari), reg., tr., intr., refl., cantar
- **Ilhar** (isolare), reg., tr. e refl., cantar
- **Iludir** (illudere, ingannare), reg., tr. e refl., partir
- **Iluminar** (illuminare, rischiarare, consigliare, miniare), reg., tr. e intr., cantar
- **Ilustrar** (illustrare, spiegare, diventare illustre), reg., tr., cantar
- **Imaginar** (immaginare, ideare, credere, concepire), reg., tr. e refl., cantar
- **Imanar** (calamitare, magnetizzare), reg., tr., cantar
- **Imergir** (immergere, tuffare, penetrare), reg., tr., intr., refl., agir
- **Imigrar** (immigrare), reg., intr., cantar
- **Imitar** (imitare), reg., tr., cantar
- **Imobilizar** (immobilizzare), reg., tr. e refl., cantar
- **Imolar** (immolare, sacrificare), reg., tr., cantar
- **Imortalizar** (immortalare, eternare), reg., tr. e refl., cantar
- **Impactar** (spingere, urtare), reg., tr., cantar
- **Imparcializar** (rendere imparziale), reg., tr., cantar
- **Impassibilizar** (rendere impassibile), reg., tr., cantar
- **Impedir** (impedire, ostacolare, vietare, proibire), irreg., tr. pedir
- **Impelir** (spingere, muovere, costringere, indurre), irreg., intr., mentir
- **Imperar** (comandare, dominare, imperare), reg., tr. e intr., cantar
- **Implantar** (impiantare, inserire), reg., tr., cantar
- **Implicar** (implicare, provocare), reg., tr. e intr., brincar
- **Implorar** (implorare), reg., tr., cantar
- **Impor** (imporre, congedare, fare l'imposizione, imporsi), irreg., tr. e refl., pôr

- **Importar** (importare, avere importanza, interessarsi), reg., tr., intr., refl., cantar
- **Importunar** (disturbare, molestare, seccare), reg., tr., cantar
- **Impossibilitar** (impossibilitare, impedire), reg., tr., cantar
- **Imposturar** (ingannare), reg., intr., cantar
- **Imprecar** (imprecare, supplicare), reg., tr. e intr., brincar
- **Impregnar** (impregnare, imbevere, fecondare, assorbire), reg., tr. e refl., cantar
- **Imprensar** (stampare, imprimere, pressare), reg., tr., cantar
- **Impressionar** (impressionare), reg., tr., cantar
- **Imprimir** (stampare, imprimere, pubblicare), reg., tr., intr., refl., partir
- **Improvisar** (improvvisare, organizzare in fretta), reg., tr., intr., refl., cantar
- **Impugnar** (impugnare), reg., tr., cantar
- **Impulsionar** (dare impulso, promuovere, stimolare, incitare), reg., tr., cantar
- **Imputar** (imputare, attribuire), reg., tr., cantar
- **Imunizar** (immunizzare), reg., tr., cantar
- **Imutar** (immutare, mutare), reg., tr., cantar
- **Inabilitar** (inabilitare), reg., tr., cantar
- **Inabitar** (non abitare), reg., tr., cantar
- **Inalar** (inalare), reg., tr., cantar
- **Inanir** (debilitare, indebolire), reg., tr., partir
- **Inugurar** (inaugurare, iniziare), reg., tr., cantar
- **Incapacitar** (rendere incapace, inabilitare), reg., tr., cantar
- **Incendiar** (incendiare, dar fuoco), irreg., tr. incendiar
- **Incensar** (incensare, adulare), reg., tr., cantar
- **Incentivar** (incentivare, incrementare), reg., tr., cantar
- **Inchar** (gonfiare, enfiare, insuperbire), reg., tr., intr., refl., cantar
- **Incidir** (incidere, influire), reg., intr., partir
- **Incinerar** (incenerire, cremare), reg., tr., cantar
- **Incisar** (incidere), reg., tr., cantar
- **Incitar** (incitare, istigare), reg., tr., cantar
- **Inclinar** (inclinare, chinare, piegare), reg., tr. e refl., cantar
- **Incluir** (includere, comprendere), irreg., tr., poluir
- **Incomodar** (disturbare, infastidire, molestare), reg., tr. e refl., cantar
- **Incompatibilizar** (rendere incompatibile, inimicarsi), reg., tr. e refl., cantar
- **Incorporar** (incorporare), reg., tr., intr., refl., cantar
- **Incorrer** (incorrere), reg., tr. e intr., vender
- **Incrementar** (incrementare), reg., tr., cantar
- **Incriminar** (incriminare), reg., tr., cantar
- **Inculcar** (inculcare, raccomandare), reg., tr. e refl., brincar
- **Inculpar** (incolpare, accusare), reg., tr., cantar
- **Incumbir** (incaricare, affidare, incombere, spettare), reg., tr. e intr., partir
- **Incutir** (incutere, infondere), reg., tr., partir
- **Indagar** (indagare, investigare), reg., tr. e intr., alugar
- **Indeferir** (respingere, dichiarare irrecevibile), irreg., tr., mentir
- **Indenizar** (indennizzare, risarcire), reg., tr. e refl., cantar
- **Indeterminar** (rendere indeterminato), reg., tr., cantar
- **Indicar** (indicare), reg., tr., brincar
- **Indiciar** (ìndiziare, dare degli indizi), reg., tr., cantar
- **Indignar** (indignare, sdegnarsi), reg., tr. e refl., cantar
- **Indisciplinar** (rendere/essere indisciplinato, sollevarsi), reg., tr., cantar
- **Indispor** (indisporre, dare fastidio, rendere indisposto), irreg., tr. e refl., pôr
- **Individuar** (individuare, specificare), reg., tr., cantar
- **Industriar** (ammaestrare, addestrare, istruire, adoperarsi), reg., tr., cantar
- **Induzir** (indurre, sospingere), reg., tr. produzir
- **Inebriar** (ubriacare, inebriare), reg., tr., cantar
- **Infantilizar** (rendere infantile), reg., tr., cantar
- **Infeccionar** (infettare, ammorbare), reg., tr., cantar
- **Infectar** (infettare, ammorbare), reg., tr. e intr., cantar
- **Inferiorizar** (rendere inferiore), reg., tr. e refl., cantar
- **Inferir** (inferire, indurre, arguire), irreg., tr., mentir

- **Infernar** (mettere/condannare all'inferno, tormentare, tribolare), reg., tr. e refl., cantar
- **Infernizar** (–> **infernar**), reg., tr., cantar
- **Infestar** (infestare), reg., tr., cantar
- **Infiltrar** (introdurre, far penetrare, infiltrarsi), reg., tr., intr., refl., cantar
- **Infixar** (inserire come infisso), reg., tr., cantar
- **Inflamar** (infiammare), reg., tr., cantar
- **Inflectir** (inflettere, flettere), irreg., tr. e intr., mentir
- **Infligir** (infliggere, inferire), reg., tr., agir
- **Influenciar** (influenzare), reg., tr., cantar
- **Influir** (influenzare, influire), irreg., tr. e intr., poluir
- **Informar** (informare), reg., tr. e refl., cantar
- **Infringir** (infrangere, trasgredire), reg., tr., agir
- **Ingerir** (ingerire, ingoiare), irreg., tr. e refl., mentir
- **Ingressar** (entrare, essere ammesso), reg., tr., cantar
- **Ingurgitar** (ingurgitare, ingorgare, rimpinzarsi), reg., tr., intr., refl., cantar
- **Inibir** (inibire), reg., tr., partir
- **Iniciar** (iniziare, avviarsi), reg., tr., cantar
- **Injetar** (iniettare, iniettarsi), reg., tr. e refl., cantar
- **Injuriar** (ingiuriare, insultarsi), reg., tr. e refl., cantar
- **Inocentar** (considerare innocente), reg., tr., cantar
- **Inquietar** (inquietare, preoccupare), reg., tr. e refl., cantar
- **Inquinar** (inquinare), reg., tr., cantar
- **Inquirir** (inquisire, indagare, interrogare), reg., tr. e intr., partir
- **Inscrever** (iscrivere, inscrivere), reg., tr. e refl., vender
- Insculpir (incidere), reg., tr., partir
- **Inserir** (inserire, inserirsi), irreg., tr., mentir
- **Insidiar** (insidiare), reg., tr., cantar
- **Insinuar** (insinuare, introdursi), reg., tr. e refl., cantar
- **Insistir** (insistere), reg., intr., partir
- **Inspecionar** (ispezionare), reg., tr., cantar
- **Inspirar** (ispirare, inspirare), reg., tr., cantar
- **Instalar** (installare, impiantare), reg., tr. e refl., cantar
- **Instaurar** (instaurare, instaurarsi), reg., tr., cantar
- **Instigar** (istigare, sobillare), reg., tr., alugar
- **Instilar** (instillare, infondere), reg., tr., cantar
- **Instituir** (istituire), irreg., tr., poluir
- **Instruir** (istruire, addestrare), irreg., tr. e refl., poluir
- **Instrumentar** (strumentare, orchestrare), reg., tr., cantar
- **Insubordinar** (rendere insubordinato, ammutinare, ribellarsi), reg., tr. e refl., cantar
- **Insuflar** (insufflare, inspirare), reg., tr., cantar
- **Insultar** (insultare, offendere), reg., tr., cantar
- **Insurgir** (far insorgere, insorgere), reg., tr., intr., refl., agir
- **Integrar** (integrare, inserire), reg., tr., cantar
- **Inteirar** (integrare, completare, mettere al corrente), reg., tr. e refl., cantar
- **Intencionar** (avere intenzione), reg., tr., cantar
- **Intensificar** (intensificare), reg., tr., brincar
- **Intentar** (intendere, intentare), reg., tr., cantar
- **Intercalar** (intercalare, frapporre), reg., tr., cantar
- **Interceder** (intercedere), reg., intr., vender
- **Interceptar** (intercettare), reg., tr., cantar
- **Interdepender** (dipendere reciprocamente), reg., intr., vender
- **Interditar** (proibire, vietare, interdire), reg., tr., cantar
- **Interdizer** (interdire, vietare), irreg., tr. dizer
- **Interessar** (interessare, raggiungere, ferire, offendere), reg., tr., intr., refl., cantar
- **Interferir** (interferire, intromettersi), irreg., intr., mentir
- **Interiorizar** (rendere interiore), reg., tr., cantar
- **Intermediar** (fare da intermediario), irreg., tr. e intr., cantar
- **Intermeter** (frammettere, frapporre), reg., tr., vender
- **Internar** (internare, ricoverare), reg., tr. e refl., cantar

- **Interpelar** (interpellare, intimare), reg., tr., cantar
- **Interpor** (interporre, intromettere), irreg., tr. e refl., pôr
- **Interpretar** (interpretare), reg., tr., cantar
- **Interrogar** (interrogare), reg., tr., alugar
- **Interromper** (interrompere), reg., tr., vender
- **Intervalar** (intervallare), reg., tr., cantar
- **Intervir** (intervenire), irreg., intr., vir
- **Intimar** (intimare, citare), reg., tr. e intr., cantar
- **Intimidar** (intimidire, intimorire), reg., tr., cantar
- **Intitular** (intitolare, proclamarsi), reg., tr. e refl., cantar
- **Intricar** (intricare), reg., tr., brincar
- **Intrigar** (incuriosire, intrigare), reg., tr. e intr., alugar
- **Introduzir** (introdurre, entrare), reg., tr. e refl., produzir
- **Intrometer** (intromettere, impicciarsi), reg., tr. e refl., vender
- **Introverter** (introvertere), reg., tr., vender
- **Inundar** (inondare, invadere), reg., tr., cantar
- **Inutilizar** (inutilizzare), reg., tr., cantar
- **Invadir** (invadere), reg., tr., partir
- **Invalidar** (invalidare, inficiare), reg., tr., cantar
- **Invejar** (invidiare, desiderare), reg., tr., cantar
- **Inventar** (inventare), reg., tr., cantar
- **Inventariar** (inventariare), reg., tr., cantar
- **Inverter** (invertire, capovolgere), reg., tr., vender
- **Investigar** (investigare, indagare), reg., tr. e intr., alugar
- **Investir** (investire, attaccare, impiegare, assalire), irreg., tr. e intr., mentir
- **Inveterar** (introdurre, rendere inveterato, radicarsi), reg., tr. e refl., cantar
- **Invocar** (invocare), reg., tr., brincar
- **Ir** (andare, andarsene), irreg., intr., e refl., ir
- **Irar** (far arrabbaire, adirarsi), reg., tr. e refl., cantar
- **Irmanar** (affratellare, unire), reg., tr., cantar
- **Ironizar** (ironizzare), reg., tr. e intr., cantar
- **Irradiar** (irradiare, irradiarsi), reg., tr. e intr., cantar
- **Irrigar** (irrigare), reg., tr., alugar
- **Irritar** (irritare, stimolare), reg., tr. e refl., cantar
- **Irromper** (irrompere, fare irruzione), reg., intr., vender
- **Iscar** (innescare, ungere, attivare), reg., tr., brincar
- **Isentar** (esentare, dispensare, esonerare), reg., tr., cantar
- **Isolar** (isolare, isolarsi), reg., tr. e refl., cantar
- **Iterar** (iterare, ripetere), reg., tr., cantar
- **Jantar** (mangiare, cenare), reg., tr. e intr., cantar
- **Jazer** (giacere), reg., intr., jazer
- **Jejuar** (digiunare, astenersi, privarsi, ignorare), reg., intr., cantar
- **Jogar** (giocare, rischiare, lanciare, scagliare, addirsi, funzionare), reg., tr. e intr., alugar
- **Jorrar** (grondare, schizzare, sprizzare, zampillare, sgorgare, verniciare, smaltare), reg., tr. e intr., cantar
- **Jovializar** (rendere gioviale, rallegrare, allietare, mostrarsi, essere gioviale), reg., tr. e intr., cantar
- **Jubilar** (giubilare, esultare, allietare, rallegrarsi), reg., tr., intr., refl., cantar
- **Judiar** (prendere in giro, schernire, tormentare, maltrattare), reg., intr., cantar
- **Judiciar** (giudicare, emettere una sentenza), reg., intr., cantar
- **Julgar** (giudicare, emettere un'opinione, credere, pensare, ritenere, giudicarsi, considerarsi), reg., tr., intr., refl., alugar
- **Jungir** (aggiogare, congiungere, unire), defec., tr., agir
- **Juntar** (unire, congiungere, mettere insieme, raccogliere, radunare, riunire, unirsi), reg., tr. e refl., cantar
- **Jurar** (giurare, sacramentare), reg., tr., cantar
- **Justapor** (giustapporre), irreg., tr. pôr
- **Justar** (giostrare, lottare, gareggiare) (–> **ajustar**), reg., intr., cantar
- **Justiçar** (giustiziare), reg., tr. dançar
- **Justificar** (giustificare, giustificarsi), reg., tr. e refl., brincar

- **Laborar** (lavorare, coltivare la terra), reg., intr., cantar
- **Lacerar** (lacerare, lacerarsi), reg., tr. e refl., cantar
- **Laconizar** (rendere laconico, riassumere, sintetizzare, laconizzare), reg., tr., cantar
- **Lacrimejar** (lacrimare, piagnucolare), reg., intr., cantar
- **Lactar** (allattare, poppare), reg., tr. e intr., cantar
- **Ladear** (fiancheggiare, contornare), irreg., tr. e intr., passear
- **Lamber** (leccare, lambire, rifinire eccessivamente, rallegrarsi), reg., tr. e refl., vender
- **Lamentar** (lamentare, compiangere, deplorare, dispiacere, rincrescere, lagnarsi), reg., tr. e refl., cantar
- **Lampejar** (lampeggiare, scintillare), defec., intr., cantar
- **Lamuriar** (lagnarsi, lamentarsi, gemere), reg., intr., e refl., cantar
- **Lançar** (lanciare, gettare, rincarare, segnare, registrare, vomitare), reg., tr. e refl., dançar
- **Languescer** (languire, struggersi), reg., intr., conhecer
- **Lanhar** (colpire, ferire, maltrattare), reg., tr., cantar
- **Lapidar** (lapidare, sfaccettare, educare, perfezionare), reg., tr., cantar
- **Laquear** (legare, allacciare, laccare), irreg., tr. passear
- **Largar** (lasciare, lasciare andare, abbandonare, mollare, sganciare, prendere il largo, partire), reg., tr. e intr., alugar
- **Lastimar** (compiangere, compatire, commiserare, lamentarsi), reg., tr. e refl., cantar
- Latejar (pulsare, palpitare, battere), reg., intr., cantar
- **Laurear** (coronare d'alloro, premiare, festeggiare, applaudire), irreg., tr. e intr., passear
- **Lavar** (lavare, lavarsi), reg., tr. e refl., cantar
- **Lavrar** (arare, lavorare, coltivare, lapidare, coniare, costruire, ricamare, incidere, redigere, stilare), reg., tr. e intr., cantar
- **Lecionar** (insegnare, dare lezioni), reg., tr. e intr., cantar
- **Legalizar** (legalizzare), reg., tr., cantar
- **Legar** (legare, lasciare in legato per testamento, trasmettere), reg., tr., alugar
- **Legislar** (legiferare), reg., tr. e intr., cantar
- **Legitimar** (legittimare, giustificare, regolarizzare), reg., tr., cantar
- **Lembrar** (ricordare, ricordarsi), reg., tr., intr., refl., cantar
- **Lenir** (lenire, calmare, addolcire), defec., tr., partir
- **Lentar** (allentare, rellentare, inumidire, sudare), reg., tr. e intr., cantar
- **Ler** (leggere), irreg., tr., ler
- **Levantar** (sollevare, alzare, rivoltare, levare, togliere, rimuovere, crescere, aumentare, alzarsi), reg., tr., intr., refl., cantar
- **Levar** (portare, condurre, impiegare, metterci, andarsene, partire), reg., tr. e intr., cantar
- **Levigar** (levigare), reg., tr., alugar
- **Liberalizar** (liberalizzare, prodigare), reg., tr., cantar
- **Liberar** (liberare, pagare), reg., tr., cantar
- **Libertar** (liberare, liberarsi), reg., tr., cantar
- **Librar** (mettere in equilibrio, equilibrare, sospendere, fondare), reg., tr. e refl., cantar
- **Licenciar** (congedare, lecenziare, laureare, laurearsi), reg., tr. e refl., cantar
- **Lidar** (lavorare, lottare, avere a che fare, provocare, affrontare), reg., tr. e intr., cantar
- **Liderar** (avere la leadership, dirigere, guidare, comandare), reg., tr., cantar
- **Ligar** (legare, allacciare, unire, fasciare, accendere, collegare), reg., tr., intr., refl., alugar
- **Limar** (limare, perfezionare, consumare, condire con olio e limone), reg., tr. e intr., cantar
- **Limitar** (limitare, limitarsi, restringersi, ridursi), reg., tr., intr., refl., cantar
- **Limpar** (pulire, ripulire, pulirsi), reg., tr., intr., refl., cantar
- **Linguajar** (parlare, chiacchierare), reg., intr., cantar
- **Liquefazer** (liquefare, fondersi), irreg., tr. e refl., fazer
- **Liquidificar** (–> **liquefazer**), reg., tr., brincar
- **Lisonjear** (lusingare, adulare, blandire, vantarsi, dilettarsi), irreg., tr. e refl., passear
- **Listar** (mettere in, fare una lista), reg., tr., cantar
- **Lividescer** (illividire, impallidire), reg., tr. e intr., conhecer
- **Livrar** (liberare, difendere, esentare, esonerare, sbarazzarsi), reg., tr. e refl., cantar
- **Lixiviar** (lisciviare, lavare), reg., tr., cantar
- **Localizar** (localizzare, individuare, limitare, circoscrivere), reg., tr., cantar
- **Locar** (locare, affittare), reg., tr., brincar
- **Lograr** (godere, fruire, ottenere, raggiungere, imbrogliare, approfittare), reg., tr. e intr., cantar

- **Louvar** (lodare, stimare, valutare), reg., tr. e refl., cantar
- **Lubrificar** (lubrificare), reg., tr., brincar
- **Lucidar** (lucidare), reg., tr., cantar
- **Lucrar** (lucrare, guadagnare), reg., tr. e intr., cantar
- **Lucubrar** (elucubrare), reg., intr., cantar
- **Ludibriar** (schernire, deridere, beffeggiare, prendere in giro, imbrogliare, illudere), reg., tr., cantar
- **Lustrar** (lucidare, lustrare, brillare), reg., tr. e intr., cantar
- **Lutar** (lottare), reg., intr., cantar
- **Luxar** (lussare, slogare, far lusso, vestire con lusso), reg., tr. e intr., cantar
- **Luziluzir** (lampeggiare), reg., intr., produzir
- **Luzir** (brillare, lampeggiare), reg., intr., produzir
- **Macaquear** (scimmiottare), irreg., tr. passear
- **Maçar** (battere, gramolare, maciullare, picchiare, seccare), reg., tr. e refl., dançar
- **Macerar** (macerare, mortificare), reg., tr., cantar
- **Macular** (macchiare, maculare), reg., tr., cantar
- **Madurar** (maturare), reg., tr. e intr., cantar
- **Magnificar** (magnificare, esaltare, ampliare, ingrandire), reg., tr., brincar
- **Magoar** (far male, ammaccare, pestare, addolorarsi), reg., tr. magoar
- **Maldizer** (maledire, sparlare, bestemmiare), irreg., tr. e intr., dizer
- **Malfazer** (danneggiare, fare male), irreg., intr., fazer
- **Malhar** (battere, martellare, schernire), reg., tr. e intr., cantar
- **Maliciar** (interpretare con malizia, smaliziare), reg., tr., cantar
- **Malograr** (far fallire, inutillizzare, frustrare, guastare), reg., tr. e refl., cantar
- **Maltratar** (maltrattare, strapazzare), reg., tr., cantar
- **Malucar** (far pazzie, folleggiare), reg., intr., brincar
- **Manchar** (macchiare), reg., tr., cantar
- **Mandar** (comandare, ordinare, inviare, spedire), reg., tr., intr., refl., cantar
- **Manejar** (maneggiare, amministrare), reg., tr. e intr., cantar
- **Manifestar** (manifestare, palesare), reg., tr. e refl., cantar
- **Manipular** (manipolare), reg., tr., cantar
- **Manter** (mantenere, tenere, conservare, sostenere), irreg., tr. e refl., ter
- **Maquiar** (truccarsi), reg., tr., cantar
- **Maquinar** (macchinare, tramare), reg., tr., cantar
- **Maravilhar** (meravigliare), reg., tr. e refl., cantar
- **Marcar** (segnare, marcare), reg., tr. e intr., brincar
- **Marchar** (marciare, funzionare, andare, progredire), reg., intr., cantar
- **Marejar** (mareggiare, gocciolare, stillare, colare), reg., tr. e intr., cantar
- **Martirizar** (martirizzare, tormentarsi), reg., tr. e refl., cantar
- **Mascarar** (mascherare), reg., tr. e refl., cantar
- **Massacrar** (massacrare, sterminare), reg., tr., cantar
- **Massagear** (fare massaggi), irreg., tr. passear
- **Mastigar** (masticare, ponderare, esaminare), reg., tr., alugar
- **Matar** (uccidere, ammazzare), reg., tr. e refl., cantar
- **Materializar** (materializzare, concretare), reg., tr., cantar
- **Matizar** (sfumare, graduare, screziare), reg., tr. e refl., cantar
- **Matricular** (immatricolare, iscrivere, targare, immatricolarsi), reg., tr. e refl., cantar
- **Maturar** (maturare), reg., tr. e intr., cantar
- **Mear** (dimezzare, dividere a metà, arrivare a metà), irreg., tr., intr., refl., passear
- **Mediar** (dimezzare, mediare, stare in mezzo, intervenire), irreg., tr. e intr., incendiar
- **Mediatizar** (assoggettare), reg., tr., cantar
- **Medicar** (medicare, curare), reg., tr., brincar
- **Medir** (misurare, scandire, avere una certa misura, misurarsi), irreg., tr., intr., refl., pedir
- **Meditar** (meditare, riflettere), reg., tr. e intr., cantar
- **Melhorar** (migliorare, riformare, ammendare, bonificare), reg., tr. e intr., cantar
- **Memorizar** (memorizzare), reg., tr., cantar
- **Mencionar** (menzionare, citare), reg., tr., cantar
- **Mendigar** (mendicare, elemosinare, chiedere l'elemosina), reg., tr. e intr., alugar
- **Menear** (dimenare, muovere, scuotere, agitare, maneggiare), irreg., tr. passear
- **Menosprezar** (disprezzare, misconoscere, disdegnare), reg., tr., cantar

- **Mentalizar** (ideare, immaginare, ricordare, riflettere, convincersi), reg., tr., intr., refl., cantar
- **Mentir** (mentire), irreg., intr., mentir
- **Merecer** (meritare), reg., tr. e intr., conhecer
- **Mergulhar** (immergere, tuffare, tuffarsi, fare immersione), reg., tr. e intr., cantar
- **Mestiçar** (incrociare, incrociarsi), reg., tr. dançar
- **Meter** (mettere, porre, mettersi), reg., tr., intr., refl., vender
- **Mexer** (muovere, agitare, mescolare, toccare, muoversi), reg., tr., intr., refl., vender
- **Mexericar** (sussurrare, spettegolare), reg., tr. e intr., brincar
- **Migrar** (migrare), reg., intr., cantar
- **Mijar** (pisciare, orinare), reg., tr. e intr., cantar
- **Mimar** (mimare, coccolare, accarezzare), reg., tr., cantar
- **Minar** (scavare, minare, espandersi), reg., tr. e intr., cantar
- **Minguar** (diminuire, calare, decrescere, mancare, scarseggiare), reg., intr., cantar
- **Miniaturar** (miniare), reg., tr., cantar
- **Minimizar** (minimizzare), reg., tr., cantar
- **Mirar** (mirare, osservare, guardare), reg., tr., intr., refl., cantar
- **Misturar** (mescolare, mischiare, miscelare), reg., tr., cantar
- **Mitigar** (mitigare, lenire), reg., tr., alugar
- **Mobilizar** (mobilitare, mettere in moto, smobilizzare), reg., tr., cantar
- **Modelar** (modellare, plasmare), reg., tr., cantar
- **Moderar** (moderare, moderarsi), reg., tr. e refl., cantar
- **Modernizar** (modernizzare), reg., tr., cantar
- **Modificar** (modificare), reg., tr. e refl., brincar
- **Moer** (macinare, triturare, rimuginare), irreg., tr. e intr., moer
- **Mofar** (burlarsi, schernire, ammuffire), reg., tr. e intr., cantar
- **Moinhar** (macinare), reg., intr., cantar
- **Moldar** (modellare, plasmare), reg., tr. e refl., cantar
- **Moldurar** (modanare, incorniciare), reg., tr., cantar
- **Molestar** (molestare, importunare, offendere, maltrattare), reg., tr., cantar
- **Molhar** (bagnare, inumidire), reg., tr. e refl., cantar
- **Monopolizar** (monopolizzare), reg., tr., cantar
- **Montar** (montare, cavalcare, ammontare, assommare), reg., tr., intr., refl., cantar
- **Moralizar** (moralizzare), reg., tr. e intr., cantar
- **Morar** (abitare, risiedere), reg., intr., cantar
- **Morder** (mordere, criticare, rodersi), reg., tr., intr., refl., vender
- **Mordicar** (mordicchiare, punzecchiare, stimolare), reg., tr., brincar
- **Mordiscar** (–> **mordicar**), reg., tr., brincar
- **Morrer** (morire), reg., intr., vender
- **Mortificar** (mortificare, tormentare), reg., tr. e refl., brincar
- **Moscar** (svignarsela), reg., intr., e refl., brincar
- **Mostrar** (mostrare, far vedere, esibire), reg., tr. e refl., cantar
- **Motivar** (motivare, giustificare), reg., tr., cantar
- **Motorizar** (motorizzare), reg., tr., cantar
- **Mourejar** (lavorare sodo), reg., intr., cantar
- **Mover** (muovere, spostare), reg., tr. e refl., vender
- **Movimentar** (movimentare), reg., tr. e refl., cantar
- **Mudar** (cambiare, mutare, diventare diverso, traslocare), reg., tr., intr., refl., cantar
- **Multar** (multare), reg., tr., cantar
- **Multicolorir** (sfumare, screziare), defec., tr., partir
- **Multiplicar** (moltiplicare, accrescere, aumentare, riprodursi), reg., tr., intr., refl., brincar
- **Mumificar** (mummificare, fossilizzare), reg., tr., intr., refl., brincar
- **Munir** (munire, fortificare, provvedere), reg., tr. e refl., partir
- **Muralhar** (murare, fornire di muraglie), reg., tr., cantar
- **Murar** (murare, fortificare, cacciare topi), reg., tr., intr., refl., cantar
- **Murchar** (appassire, avvizzire), reg., tr. e intr., cantar
- **Murmurar** (mormorare, sussurrare), reg., tr., intr., refl., cantar
- **Musicar** (musicare, cantare), reg., tr. e intr., brincar
- **Mutilar** (mutilare, danneggiare), reg., tr., cantar
- **Mutuar** (mutuare), reg., tr., cantar

- **Nadar** (nuotare), reg., intr., cantar
- **Namorar** (corteggiare, innamorare, desiderare, amoreggiare), reg., tr. e intr., cantar
- **Namoricar** (corteggiare, amoreggiare), reg., tr. e intr., brincar
- **Narrar** (narrare, raccontare), reg., tr., cantar
- **Nascer** (nascere, sorgere), reg., intr., conhecer
- **Naturalizar** (naturalizzare), reg., tr. e refl., cantar
- **Naufragar** (naufragare, fallire), reg., intr., alugar
- **Nausear** (nauseare), irreg., tr. e intr., passear
- **Navalhar** (accoltellare, colpire col rasoio), reg., tr., cantar
- **Navegar** (navigare), reg., tr. e intr., alugar
- **Necessitar** (necessitare, avere bisogno, essere privo), reg., tr. e intr., cantar
- **Negar** (negare, proibire, vietare, rifiutare), reg., tr., intr., refl., alugar
- **Negativar** (rendere negativo), reg., tr., cantar
- **Negligenciar** (trascurare), reg., tr., cantar
- **Negociar** (negoziare, trattare), reg., tr. e intr., cantar
- **Neutralizar** (neutralizzare), reg., tr. e refl., cantar
- **Nevar** (nevicare, imbiancare), defec., tr. e intr., cantar
- **Nidificar** (nidificare), reg., intr., brincar
- **Ninar** (fare la nanna), reg., tr. e intr., cantar
- **Nitrir** (nitrire), defec., intr., partir
- **Nivelar** (livellare, pareggiare), reg., tr., cantar
- **Nobilitar** (nobilitare), reg., tr., cantar
- **Noivar** (essere fidanzati), reg., intr., cantar
- **Nomear** (nominare, designare, elencare), irreg., tr. e refl., passear
- **Nortear** (dirigere verso nord, orientare, guidare), irreg., tr. passear
- **Notabilizar** (rendere famoso, segnalarsi), reg., tr. e refl., cantar
- **Notar** (notare, annotare, osservare), reg., tr., cantar
- **Noticiar** (informare, dar notizia, comunicare), reg., tr., cantar
- **Notificar** (notificare, intimare), reg., tr., brincar
- **Novelar** (scrivere romanzi, novellare), reg., intr., cantar
- **Noviciar** (fare il noviziato, debuttare), reg., intr., cantar
- **Nublar** (annuvolare, oscurare), defec., tr. e refl., cantar
- **Nulificar** (nullificare, annullare), reg., tr., brincar
- **Numerar** (numerare, contare), reg., tr., cantar
- **Nutrir** (nutrire, alimentare), reg., tr. e refl., partir
- **Obcecar** (accecare, offuscare, ossessionare, assillare), reg., tr., brincar
- **Obedecer** (ubbidire, obbedire, rispettare), reg., intr., conhecer
- **Oberar** (oberare, indebitare), reg., tr., cantar
- **Objetar** (obiettare, eccepire), reg., tr., cantar
- **Objetivar** (obiettivare, oggettivare), reg., tr., cantar
- **Obliterar** (obliterare, cancellare, occludere, cancellarsi), reg., tr. e refl., cantar
- **Obrar** (lavorare, operare, fare, eseguire, evacuare), reg., tr. e intr., cantar
- **Obrigar** (obbligare, costringere, imporre, fare piacere), reg., tr., intr., refl., alugar
- **Obscurecer** (oscurare, offuscare, rendere imcomprensibile), reg., tr., intr., refl., conhecer
- **Obsequiar** (ossequiare, rendere servizio, far piacere, offrire), reg., tr., cantar
- **Observar** (osservare, esaminare, notare), reg., tr., cantar
- **Obstinar** (ostinarsi, rendere ostinato), reg., tr. e refl., cantar
- **Obstruir** (ostruire, ostruirsi), irreg., tr., poluir
- **Obter** (ottenere, conseguire), irreg., tr. ter
- **Obturar** (otturare), reg., tr., cantar
- **Obviar** (ovviare, portar rimedio), reg., tr. e intr., cantar
- **Ocasionar** (occasionare, causare, provocare), reg., tr., cantar
- **Ocorrer** (occorrere, accadere, venire, capitare, succedere), reg., intr., vender
- **Ocultar** (occultare, nascondere), reg., tr. e refl., cantar
- **Ocupar** (occupare, occuparsi), reg., tr., intr., refl., cantar
- **Odiar** (odiare, detestare), irreg., tr. incendiar
- **Odorar** (odorare), reg., tr., cantar
- **Ofegar** (ansare, ansimare), reg., intr., alugar
- **Ofender** (offendere, oltraggiare, ledere), reg., tr. e refl., vender

- **Oferecer** (offrire, offrirsi), reg., tr. e refl., conhecer
- **Oferendar**, **ofertar** (offrire), reg., tr., cantar
- **Oficializar** (rendere ufficiale), reg., tr., cantar
- **Oficiar** (officiare, comunicare ufficialmente), reg., intr., cantar
- **Ofuscar** (offuscare, annebbiare, ottenebrare), reg., tr., brincar
- **Olhar** (guardare, guardarsi), reg., tr., intr., refl., cantar
- **Ombrear** (uguagliare, mettersi alla pari, competere), irreg., intr., passear
- **Omitir** (omettere, tralasciare), reg., tr., partir
- **Ondear** (ondulare, ondeggiare), irreg., tr. e intr., passear
- **Ondular** (ondulare, arricciare, ondeggiare), reg., tr. e intr., cantar
- **Onerar** (onerare, gravare), reg., tr. e refl., cantar
- **Operar** (operare, compiere, fare, agire, prodursi), reg., tr., intr., refl., cantar
- **Opinar** (esprimere la propria opinione), reg., tr. e intr., cantar
- **Opor** (opporre, contrapporre, paragonare, dividere, opporsi), irreg., tr. e refl., pôr
- **Oprimir** (opprimere, stringere), reg., tr., partir
- **Orar** (pregare, orare, chiedere, supplicare), reg., intr., cantar
- **Orçamentar** (preventivare, iscrivere in bilancio), reg., tr., cantar
- **Orçar** (stimare, calcolare, preventivare, orzare), reg., tr. e intr., dançar
- **Ordenar** (ordinare, comandare, prescrivere, ordinarsi), reg., tr. e refl., cantar
- **Orfanar** (lasciare orfano, privare), reg., tr., cantar
- **Organizar** (organizzare), reg., tr., cantar
- **Orgulhar** (inorgoglire, insuperbire), reg., tr. e refl., cantar
- **Orientar** (orientare, indirizzare), reg., tr. e refl., cantar
- **Originar** (originare, dare origine), reg., tr. e refl., cantar
- **Ornamentar** (ornare, adornare, addobbare, decorare), reg., tr., cantar
- **Ornar** (ornare, adornare, abbellirsi), reg., tr., cantar
- **Orquestrar** (orchestrare), reg., tr., cantar
- **Oscilar** (oscillare, esitare, titubare), reg., intr., cantar
- **Ostentar** (ostentare, esibire, sfoggiare), reg., tr. e intr., cantar
- **Otimizar** (ottimizzare), reg., tr., cantar
- **Ousar** (osare), reg., tr., cantar
- **Ouvir** (sentire, udire, ascoltare), irreg., tr. e intr., ouvir
- **Pacificar** (pacificare), reg., tr., brincar
- **Pactuar** (patteggiare, pattuire, patteggiare), reg., tr. e intr., cantar
- **Padecer** (patire, soffrire, subire), reg., tr. e intr., conhecer
- **Padronizar** (standardizzare, uniformare), reg., tr. e intr., cantar
- **Pagar** (pagare, pagarsi), reg., tr. e refl., alugar
- **Paginar** (numerare le pagine, impaginare), reg., tr. e intr., cantar
- **Pairar** (librarsi, spaziare, fluttuare, cappeggiare, esitare), reg., tr. e intr., cantar
- **Palavrear** (chiacchierare, discorrere), irreg., intr., passear
- **Palestrar** (parlare, fare una conferenza), reg., intr., cantar
- **Palpitar** (palpitare, fremere, presentire, saggiare), reg., tr. e intr., cantar
- **Panificar** (panificare), reg., tr., brincar
- **Pantomimar** (mimare, imbrogliare), reg., intr., cantar
- **Papar** (pappare, scroccare, estorcere), reg., tr. e intr., cantar
- **Parafusar** (avvitare, sognare, meditare, studiare), reg., tr. e intr., cantar
- **Paralisar** (paralizzare, intorpidirsi), reg., tr., intr., refl., cantar
- **Parar** (fermare, evitare, fissare, fermarsi, cessare, finire), reg., tr. e intr., cantar
- **Parcelar** (parcellare, frazionare), reg., tr., cantar
- **Parcializar** (parzializzare), reg., tr., cantar
- **Parecer** (sembrare, parere, apparire, somigliare), reg., intr., e refl., conhecer
- **Parir** (partorire, produrre), reg., tr. e intr., partir
- **Participar** (partecipare), reg., tr. e intr., cantar
- **Particularizar** (particolareggiare, distinguersi), reg., tr., cantar
- **Partilhar** (dividere, ripartire, condividere, partecipare), reg., tr. e intr., cantar
- **Partir** (partire, uscire, dividere, ripartire, rompere, tagliare), reg., tr., intr., refl., partir
- **Pasmar** (stupire, meravigliare), reg., tr. e intr., cantar
- **Passar** (passare), reg., tr., intr., refl., cantar
- **Passear** (passeggiare), irreg., tr. e intr., passear

- **Patrocinar** (sponsorizzare, patrocinare, difendere), reg., tr., cantar
- **Pausar** (ritardare, fermare, pausare), reg., tr. e intr., cantar
- **Pautar** (rigare, regolare, registrare), reg., tr., cantar
- **Pavimentar** (pavimentare), reg., tr., cantar
- **Pavonear** (pavoneggiarsi, ostentare), irreg., tr. e refl., passear
- **Pecar** (peccare, intristire), reg., intr., brincar
- **Pedir** (chiedere, domandare, mendicare, pregare), irreg., tr. e intr., pedir
- **Pegar** (prendere, afferrare, incollarsi, attaccare, unire, aderire, acciuffare), reg., tr., intr., refl., alugar
- **Pejorar** (deprezzare, peggiorare), reg., tr., cantar
- **Pelar** (sbucciare, pelare, togliere la pelle, scottarsi), reg., tr., intr., refl., cantar
- **Pelejar** (combattere, battagliare), reg., tr. e intr., cantar
- **Penalizar** (addolorare, penalizzare), reg., tr. e refl., cantar
- **Penar** (penare, patire, tormentarsi), reg., tr., intr., refl., cantar
- **Pendenciar** (litigare, altercare), reg., intr., cantar
- **Pender** (appendere, pendere, incombere, avere inclinazione), reg., tr. e intr., vender
- **Pendurar** (appendere, sospendere), reg., tr. e refl., cantar
- **Penetrar** (penetrare, compenetrarsi), reg., tr., intr., refl., cantar
- **Penhorar** (pignorare, sequestrare, obbligare), reg., tr., cantar
- **Penitenciar** (sottoporre a penitenza), reg., tr. e refl., cantar
- **Pensar** (pensare, credere, supporre), reg., tr. e intr., cantar
- **Pentear** (pettinare), irreg., tr. e refl., passear
- **Perceber** (capire, intendersi), reg., tr. e intr., vender
- **Percorrer** (percorrere, attraversare), reg., tr., vender
- **Percutir** (percuotere, battere, cozzare), reg., tr., partir
- **Perder** (perdere, smarrire), irreg., tr., intr., refl., perder
- **Perdoar** (perdonare, scusare), reg., tr. e intr., magoar
- **Perdurar** (perdurare), reg., intr., cantar
- **Perecer** (perire, morire), reg., intr., conhecer
- **Peregrinar** (percorrere, peregrinare, pellegrinare), reg., tr. e intr., cantar
- **Perfilar** (profilare, delineare, allineare), reg., tr. e refl., cantar
- **Perfumar** (profumare), reg., tr., cantar
- **Perfurar** (perforare, forare), reg., tr., cantar
- **Perguntar** (domandare, chiedere), reg., tr. e intr., cantar
- **Permanecer** (rimanere, restare), reg., intr., conhecer
- **Permeabilizar** (rendere permeabile), reg., tr., cantar
- **Permear** (permeare, stare in mezzo), irreg., tr. e intr., passear
- **Permitir** (permettere), reg., tr. e refl., partir
- **Permutar** (permutare, scambiare), reg., tr. e intr., cantar
- **Pernear** (sgambettare, saltellare), irreg., intr., passear
- **Pernoitar** (pernottare), reg., intr., cantar
- **Perpetrar** (perpetrare, commettere), reg., tr., cantar
- **Perpetuar** (perpetuare, immortalare), reg., tr. e refl., cantar
- **Perseguir** (inseguire, perseguire, perseguitare, tormentare), irreg., tr. seguir
- **Perseverar** (perseverare, persistere), reg., intr., cantar
- **Persistir** (persistere), reg., intr., partir
- **Personalizar** (personalizzare, fare allusioni ingiuriose), reg., tr. e intr., cantar
- **Personificar** (personificare), reg., tr., brincar
- **Persuadir** (persuadere), reg., tr., intr., refl., partir
- **Pertencer** (appartenere, spettare), reg., intr., conhecer
- **Perturbar** (perturbare, sconvolgere), reg., tr. e refl., cantar
- **Perverter** (pervertire, corrompere, alterare, degenerare), reg., tr. e refl., vender
- **Pesar** (pesare, dispiacere), reg., tr. e intr., cantar
- **Pescar** (pescare, trovare, capire), reg., tr. e intr., brincar
- **Pesquisar** (cercare, fare ricerche), reg., tr., cantar
- **Pestanejar** (battere le palpebre), reg., intr., cantar
- **Petiscar** (mangiucchiare, assaggiare), reg., tr. e intr., brincar
- **Petrificar** (pietrificare, impietrire), reg., tr., brincar
- **Picar** (pungere, mordere, pizzicare), reg., tr. e refl., brincar
- **Picotar** (punteggiare, bucare), reg., tr., cantar

- **Pilar** (pestare, triturare), reg., tr., cantar
- **Pilhar** (saccheggiare, depredare, prendere, vedersi), reg., tr. e refl., cantar
- **Pimpar** (fare lo spaccone, essere damerino, divertirsi), reg., intr., cantar
- **Pinçar** (stringere, strappare con la pinza), reg., tr. dançar
- **Pincelar** (pennellare, dipingere), reg., tr., cantar
- **Pinchar** (spingere, far uscire, saltare), reg., tr. e intr., cantar
- **Pingar** (gocciolare, cominciare a piovere), reg., tr., intr., refl., alugar
- **Pintar** (dipingere, rappresentare, colorarsi, truccarsi), reg., tr., intr., refl., cantar
- **Piorar** (peggiorare), reg., tr. e intr., cantar
- **Piquetar** (picchettare), reg., tr., cantar
- **Pirar** (diventare matto, squagliarsela), reg., intr., e refl., cantar
- **Pisar** (pestare, calpestare, calcare, camminare), reg., tr. e intr., cantar
- **Piscar** (strizzare), reg., tr. e intr., brincar
- **Plagiar** (plagiare), reg., tr. e intr., cantar
- **Planar** (planare, librarsi), reg., intr., cantar
- **Planear** (progettare, programmare), irreg., tr. passear
- **Planejar** (–> **planear**), reg., tr., cantar
- **Planificar** (pianificare), reg., tr., brincar
- **Plantar** (piantare, mettere, porre), reg., tr. e refl., cantar
- **Plasmar** (plasmare), reg., tr., cantar
- **Plebiscitar** (votare mediante plebiscito), reg., tr., cantar
- **Poder** (potere), irreg., tr. e intr., poder
- **Poetizar** (poetizzare, poetare), reg., tr. e intr., cantar
- **Polemicar** (polemizzare), reg., intr., brincar
- **Polemizar** (–> **polemicar**), reg., tr. e intr., cantar
- **Policiar** (vigilare, sorvegliare), reg., tr., cantar
- **Politicar** (fare politica), reg., intr., brincar
- **Poluir** (inquinare, macchiarsi), irreg., tr. e refl., poluir
- **Polvilhar** (cospargere, spolverizzare), reg., tr., cantar
- **Ponderar** (ponderare), reg., tr. e intr., cantar
- **Pontapear** (prendere a calci, calciare), irreg., tr. passear
- **Pontar** (fare il suggeritore)(–> **apontar**), reg., tr. e intr., cantar
- **Pontificar** (pontificare), reg., intr., brincar
- **Pôr** (mettere, porre), irreg., tr. e refl., pôr
- **Pormenorizar** (particolareggiare, dettagliare), reg., tr., cantar
- **Portear** (affrancare), irreg., tr. passear
- **Posicionar** (posizionare), reg., tr., cantar
- **Pospor** (posporre, rimandare), irreg., tr. pôr
- **Possibilitar** (rendere possibile, facilitare, agevolare), reg., tr., cantar
- **Possuir** (possedere, avere), irreg., tr. e refl., poluir
- **Potenciar** (rafforzare, elevare a potenza), reg., tr., cantar
- **Poupar** (risparmiare, economizzare, evitare), reg., tr., intr., refl., cantar
- **Pousar** (posare, mettere, collocare, poggiare, pernottare, alloggiare), reg., tr. e intr., cantar
- **Povoar** (popolare), reg., tr. magoar
- **Pracear** (mettere, vendere all'asta), irreg., tr. passear
- **Praguejar** (imprecare, bestemmiare, maledire), reg., tr. e intr., cantar
- **Prantear** (piangere), irreg., tr. e intr., passear
- **Praticar** (praticare, commettere, fare, eseguire, far pratica), reg., tr. e intr., brincar
- **Prazer** (piacere), defec., intr., prazer
- **Precaver** (prevenire, premunire, mettere in guardia), reg., tr. e refl., vender
- **Preceder** (precedere), reg., tr. e intr., vender
- **Precipitar** (precipitare, affrettare), reg., tr., intr., refl., cantar
- **Precisar** (precisar, avere bisogno), reg., tr. e intr., cantar
- **Preconceber** (concepire prima, pressuporre, immaginare), reg., tr., vender
- **Preconizar** (preconizzare, lodare, elogiare, divulgare), reg., tr., cantar
- **Predefinir** (predefinire, predire), reg., tr., partir
- **Predestinar** (predestinare), reg., tr., cantar
- **Predeterminar** (predeterminare), reg., tr., cantar
- **Predicar** (predicare, consigliare), reg., intr., brincar

- **Predispor** (predisporre), irreg., tr. e refl., pôr
- **Predizer** (predire), irreg., tr. dizer
- **Predominar** (predominare, prevalere), reg., intr., cantar
- **Preencher** (riempire, compilare), reg., tr., vender
- **Preestabelecer** (prestabilire), reg., tr. conhecer
- **Preexistir** (preesistere), reg., intr., partir
- **Preferir** (preferire), irreg., tr. e intr., mentir
- **Prefigurar** (prefigurare), reg., tr. e refl., cantar
- **Prefixar** (prefiggere, prestabilire), reg., tr., cantar
- **Pregar** (inchiodare, fissare, predicare), reg., tr. e intr., alugar
- **Preguiçar** (poltrire, oziare), reg., tr. dançar
- **Pregustar** (pregustare, assaggiare), reg., tr., cantar
- **Preitear** (rendere omaggio), irreg., tr. passear
- **Prejudicar** (danneggiare, pregiudicare, compromettere), reg., tr. e refl., brincar
- **Prelevar** (scusare, giustificare), reg., tr. e intr., cantar
- **Prelibar** (prelibare, degustare), reg., tr., cantar
- **Preludiar** (preludere), reg., tr. e intr., cantar
- **Premeditar** (premeditare), reg., tr., cantar
- **Premer** (premere), reg., tr., vender
- **Premiar** (premiare), reg., tr., cantar
- **Premir** (premere), irreg., tr., mentir
- **Premunir** (premunire, mettere in guardia), reg., tr. e refl., partir
- **Prendar** (fare un regalo, premiare), reg., tr., cantar
- **Prender** (prendere, legare, fissare, arrestare, impedire, trattenere), reg., tr., intr., refl., vender
- **Prenunciar** (preannunciare, pronunciare), reg., tr., cantar
- **Preocupar** (preoccupare), reg., tr. e refl., cantar
- **Preparar** (preparare, allestire, predisporre), reg., tr. e refl., cantar
- **Prepor** (preporre), irreg., tr. pôr
- **Prescindir** (prescindere), reg., intr., partir
- **Prescrever** (prescrivere, ordinare), reg., tr. e intr., vender
- **Presenciar** (presenziare, assistere), reg., tr., cantar
- **Preservar** (preservare), reg., tr. e refl., cantar
- **Presidiar** (presidiare, difendere), reg., tr., cantar
- **Presidir** (presiedere), reg., intr., partir
- **Pressentir** (presentire), irreg., tr. sentir
- **Pressupor** (presupporre), irreg., tr. pôr
- **Prestar** (prestare, concedere, dare, servire, valere), reg., tr., intr., refl., cantar
- **Prestigiar** (dare prestigio), reg., tr., intr., refl., cantar
- **Presumir** (presumere, supporre), reg., tr. e intr., partir
- **Pretender** (volere, desiderare, pretendere, aspirare), reg., tr. e intr., vender
- **Preterir** (preferire, omettere), irreg., tr., mentir
- **Prevalecer** (prevalere, approfittare), reg., intr., e refl., conhecer
- **Prevaricar** (prevaricare), reg., tr. e intr., brincar
- **Prevenir** (prevenire, anticipare, evitare, avvertire, predisporre), irreg., tr., agredir
- **Prever** (prevedere), irreg., tr. ver
- **Prezar** (pregiare, stimare, apprezzare), reg., tr. e refl., cantar
- **Primar** (primeggiare, eccellere), reg., intr., cantar
- **Principiar** (principiare, iniziare), reg., tr. e intr., cantar
- **Privar** (privare, convivere, privarsi), reg., tr., intr., refl., cantar
- **Privilegiar** (privilegiare), reg., tr., cantar
- **Proceder** (procedere, agire, comportarsi, derivare), reg., intr., vender
- **Processar** (processare, verificare), reg., tr., cantar
- **Proclamar** (proclamare), reg., tr. e refl., cantar
- **Procriar** (procreare, generare), reg., tr. e intr., cantar
- **Procurar** (cercare, ricercare, procurare), reg., tr. e intr., cantar
- **Produzir** (produrre, originare, succedere, causare), reg., tr. e refl., produzir
- **Profanar** (profanare), reg., tr., cantar
- **Proferir** (proferire, pronunziare), irreg., tr., mentir
- **Profetizar** (profetare, predire), reg., tr., cantar

- **Profundar** (approfondire, profondare, penetrare), reg., tr. e intr., cantar
- **Programar** (programmare), reg., tr., cantar
- **Progredir** (progredire, avanzare), irreg., intr., agredir
- **Proibir** (proibire, vietare, impedire), reg., tr., partir
- **Projetar** (proiettare, progettare), reg., tr. e refl., cantar
- **Proliferar** (proliferare), reg., intr., cantar
- **Prolificar** (prolificare, proliferare), reg., intr., brincar
- **Prolongar** (prolungare, rinnovare, prorogare, costeggiare), reg., tr. e refl., alugar
- **Prometer** (promettere, far sperare), reg., tr. e intr., vender
- **Promover** (promuovere, favorire, nominare), reg., tr., vender
- **Promulgar** (promulgare), reg., tr., alugar
- **Prontificar** (offrirsi, prestarsi, essere) (–> **aprontar**), reg., tr. e refl., brincar
- **Pronunciar** (pronunziare, proferire), reg., tr. e refl., cantar
- **Propagar** (propagare, diffondere, moltiplicarsi), reg., tr., intr., refl., alugar
- **Propender** (propendere), reg., tr. e intr., vender
- **Propiciar** (propiziare, dare, offrire), reg., tr., cantar
- **Propinar** (propinare), reg., tr., cantar
- **Propor** (proporre, suggerire, offrire), irreg., tr. e refl., pôr
- **Proporcionar** (proporzionare, dare, offrire, adattarsi), reg., tr. e refl., cantar
- **Prorrogar** (prorogare, aggiornare), reg., tr., alugar
- **Prorromper** (prorompere), reg., intr., vender
- **Prospectar** (sondare, dominare), reg., intr., cantar
- **Prosperar** (prosperare), reg., tr. e intr., cantar
- **Prosseguir** (proseguire, continuare), irreg., tr. e intr., seguir
- **Prosternar** (prosternare, prostrarsi), reg., tr. e refl., cantar
- **Prostituir** (prostituire), irreg., tr. e refl., poluir
- **Prostrar** (prostrare, abbattere), reg., tr. e refl., cantar
- **Proteger** (proteggere), reg., tr. proteger
- **Protestar** (protestare, dichiarare), reg., tr. e intr., cantar
- **Provar** (provare, dimostrare, assaggiare), reg., tr. e refl., cantar
- **Prover** (provvedere, fornire, disporre, nominare, promuovere), irreg., tr., intr., refl., ver
- **Providenciar** (provvedere, disporre, determinare), reg., tr. e intr., cantar
- **Provir** (provenire, procedere, derivare), irreg., intr., vir
- **Provocar** (provocare, sfidare, causare), reg., tr., brincar
- **Publicar** (pubblicare), reg., tr., brincar
- **Publicitar** (reclamizzare), reg., tr., cantar
- **Puir** (consumare, logorare), irreg., tr., poluir
- **Pujar** (vincere, superare, sforzarsi), reg., tr. e intr., cantar
- **Pular** (saltare, balzare, battere, saltellare, palpitare), reg., tr. e intr., cantar
- **Pulsar** (spingere, agitare, pulsare), reg., tr. e intr., cantar
- **Pungir** (pungere, addolorare, spuntare), reg., tr. e intr., agir
- **Punir** (punire), reg., tr. e intr., partir
- **Purificar** (purificare), reg., intr., brincar
- **Putrefazer** (putrefare, imputridire), irreg., tr. e refl., fazer
- **Puxar** (tirare, attillarsi), reg., tr., intr., refl., cantar
- **Quadrar** (quadrare, squadrare, elevare al quadrato, garbare, piacere, adattarsi), reg., tr. e intr., cantar
- **Qualificar** (qualificare), reg., tr., brincar
- **Quantificar** (quantificare), reg., tr., brincar
- **Quebrar** (rompere, spaccare, interrompere, troncare, piegare, curvare, annullare, cancellare, vincere, superare, fallire), reg., tr., intr., refl., cantar
- **Quedar** (fermar, fermarsi, restare), reg., tr., intr., refl., cantar
- **Queimar** (bruciare, ardere, scottare, svendere, bruciarsi, abbronzarsi), reg., tr., intr., refl., cantar
- **Queixar-se** (lamentarsi, lagnarsi, sporgere, querela, denuncia), reg., refl., cantar
- **Querelar** (querelare, lamentarsi), reg., intr., e refl., cantar
- **Querer** (volere, amare, volere bene), irreg., tr. e intr., querer
- **Questionar** (discutere, disputare, litigare), reg., tr. e intr., cantar
- **Quietar** (quietare, acquietare), reg., tr., cantar
- **Quitar** (condonare, rimettere, esimere, dispensare), reg., tr., cantar

- **Rabear** (scodinzolare, muoversi), irreg., tr. e intr., passear
- **Rabiscar** (scarabocchiare, racimolare), reg., tr. e intr., brincar
- **Rachar** (spaccare, fendere, screpolarsi), reg., tr. e intr., cantar
- **Racionalizar** (razionalizzare), reg., tr., cantar
- **Racionar** (razionare), reg., tr., cantar
- **Radiar** (raggiare, irradiare, sfavillare), reg., tr. e intr., cantar
- **Radicar** (radicare, radicarsi), reg., tr., intr., refl., brincar
- **Raiar** (raggiare, risplendere, spuntare, sorgere, rigare, sfiorare), reg., tr. e intr., cantar
- **Ralar** (grattugiare, grattare, scocciare), reg., tr., cantar
- **Ralear** (diradare), irreg., tr. passear
- **Ralhar** (sgridare, rimproverare), reg., intr., cantar
- **Ramificar** (dividere in rami, ramificarsi), reg., tr., intr., refl., brincar
- **Ranger** (stridere, digrignare), reg., tr. e intr., proteger
- **Rapar** (radere, rapare, grattare, rubare), reg., tr. e refl., cantar
- **Rapinar** (rapinare), reg., tr. e intr., cantar
- **Raptar** (rapire, rubare), reg., tr., cantar
- **Rarear** (diradare, scarseggiare), irreg., tr. e intr., passear
- **Rasar** (radere, rasare, riempirsi), reg., tr. e refl., cantar
- **Rasgar** (stracciare, strappare, allargare, squarciarsi), reg., tr., intr., refl., alugar
- **Raspar** (raschiare, raspare, grattare), reg., tr., intr., refl., cantar
- **Rastejar** (strisciare, serpeggiare, indagare, investigare, braccare), reg., tr. e intr., cantar
- **Ratear** (distribuire in quote proporzionali), irreg., tr. passear
- **Ratificar** (ratificare, confermare), reg., tr., brincar
- **Reabilitar** (riabilitare), reg., tr. e refl., cantar
- **Reabrir** (riaprire, riaprirsi), reg., tr. e intr., partir
- **Reagir** (reagire), reg., intr., agir
- **Reajustar** (raggiustare, adeguare, rimpastare), reg., tr., cantar
- **Realçar** (rialzare, elevare, elevarsi), reg., tr. e intr., dançar
- **Realizar** (realizzare, attuare), reg., tr. e refl., cantar
- **Reanimar** (rianimare, ravvivare), reg., tr., cantar
- **Reaparecer** (riapparire, ricomparire), reg., intr., conhecer
- **Reassumir** (riassumere), reg., tr., partir
- **Reatar** (riallacciare, riannodare), reg., tr., cantar
- **Reaver** (riavere, recuperare), defec., tr. haver
- **Reavivar** (ravvivare), reg., tr., cantar
- **Rebaixar** (abbassare, ribassare, umiliare, sminuire), reg., tr., intr., refl., cantar
- **Rebater** (ribattere, controbattere), reg., tr., vender
- **Rebentar** (scoppiare, esplodere, sgorgare, rompere), reg., tr. e intr., cantar
- **Reboar** (rimbombare, risonare), reg., intr., magoar
- **Rebuscar** (ricercare, indagare, spigolare, raffinare), reg., tr., brincar
- **Recair** (ricadere), irreg., intr., sair
- **Recalcar** (ricalcare, comprimere, reprimere), reg., tr., brincar
- **Recapitular** (ricapitolare, riepilogare), reg., tr., cantar
- **Recatar** (custodire, conservare, cautelarsi, essere pudico), reg., tr. e refl., cantar
- **Recear** (temere, avere paura), irreg., tr. e intr., passear
- **Receber** (ricevere, accogliere), reg., tr., intr., refl., vender
- **Receitar** (consigliare), reg., tr., cantar
- **Rechear** (farcire, arricchire), irreg., tr. e refl., passear
- **Recingir** (ricingere, recingere), reg., tr., agir
- **Recitar** (recitare, declamare), reg., tr. e intr., cantar
- **Reclamar** (reclamare, rivendicare, richiedere, protestare, reclamizzare), reg., tr. e intr., cantar
- **Reclinar** (reclinare, inclinarsi), reg., tr. e refl., cantar
- **Recobrir** (ricoprire), irreg., tr. cobrir
- **Recolher** (raccogliere, ritirarsi, radunare, ricevere), reg., tr., intr., refl., vender
- **Recomeçar** (ricominciare), reg., tr. dançar
- **Recomendar** (raccomandare, consigliare, affidare), reg., tr. e refl., cantar
- **Recompensar** (ricompensare, premiare, rifarsi), reg., tr., cantar
- **Recompor** (ricomporre, riconciliare), irreg., tr. e refl., pôr
- **Reconciliar** (riconciliare), reg., tr. e refl., cantar

- **Reconduzir** (ricondurre, rieleggere, accompagnare, rinnovare, prorogare), reg., tr. produzir
- **Reconhecer** (riconoscere, ravvisarsi), reg., tr. e refl., conhecer
- **Reconstituir** (ricostituire, ricostruire), irreg., tr., poluir
- **Reconstruir** (ricostruire, riedificare), irreg., tr., poluir
- **Reconverter** (riconvertire), reg., tr., vender
- **Reconvir** (riconvenire), irreg., tr., vir
- **Recordar** (ricordare, ripassare), reg., tr. e intr., cantar
- **Recorrer** (ricorrere, percorrere, ricomporre, rivolgersi), reg., tr. e intr., vender
- **Recortar** (ritagliare, frastagliare), reg., tr., cantar
- **Recrear** (ricreare, svagare, divertire), irreg., tr. e refl., passear
- **Recriar** (ricreare), reg., tr., cantar
- **Recriminar** (recriminare), reg., tr., cantar
- **Recrutar** (reclutare, arruolare), reg., tr., cantar
- **Recuar** (arretrare, ritardare, indietreggiare, rinculare), reg., tr., cantar
- **Recuperar** (ricuperare, riprendersi), reg., tr. e refl., cantar
- **Recusar** (rifiutare, ricusare, negare), reg., tr. e refl., cantar
- **Redarguir** (rispondere, replicare, redarguire), reg., tr. distinguir
- **Redigir** (redigere), reg., tr., agir
- **Redundar** (ridondare, abbondare), reg., intr., cantar
- **Reduplicar** (reduplicare, raddoppiare), reg., tr., brincar
- **Reduzir** (ridurre, diminuire, trasformare, ridursi), reg., tr. e refl., produzir
- **Reeditar** (ristampare, ripubblicare), reg., tr., cantar
- **Reeducar** (rieducare), reg., tr., brincar
- **Reelaborar** (rielaborare), reg., tr., cantar
- **Reemergir** (riemergere), reg., intr., agir
- **Reempregar** (reimpiegare), reg., tr., alugar
- **Reencarnar** (reincarnare), reg., intr., cantar
- **Reentrar** (rientrare, rincasare), reg., intr., cantar
- **Reentregar** (riconsegnare), reg., tr., alugar
- **Reenviar** (rinviare, rimandare), reg., tr., cantar
- **Reexaminar** (riesaminare), reg., tr., cantar
- **Referenciar** (fare riferimento, localizzare), reg., tr., cantar
- **Referir** (riferire), irreg., tr. e refl., mentir
- **Refilar** (riaddentrare, reagire, replicare), reg., intr., cantar
- **Refinar** (raffinare, perfezionare, migliorare), reg., tr., intr., refl., cantar
- **Refletir** (riflettere, rispecchiare, meditare), irreg., tr., intr., refl., mentir
- **Reforçar** (rinforzare, rafforzare), reg., tr., intr., refl., dançar
- **Reformar** (riformare, pensionare, correggersi), reg., tr. e refl., cantar
- **Refrear** (raffrenare, frenare), irreg., tr. e refl., passear
- **Refrescar** (rinfrescare, raffreddare, ristorarsi), reg., tr., intr., refl., brincar
- **Refrigerar** (refrigerare, rinfrescare), reg., tr., cantar
- **Refugiar-se** (rifugiarsi, riparare), reg., refl., cantar
- **Refugir** (rifuggire, rifuggere), irreg., tr. e intr., fugir
- **Refulgir** (rifulgere, risplendere), defec., tr. fugir
- **Refutar** (confutare, ribattere), reg., tr., cantar
- **Regenerar** (rigenerare), reg., tr. e refl., cantar
- **Reger** (reggere, regolare), reg., tr. e refl., proteger
- **Regimentar** (regulamentar), reg., tr., cantar
- **Registrar** (registrare, raccomandare), reg., tr., cantar
- **Regrar** (rigare, regolare, moderare), reg., tr. e refl., cantar
- **Regredir** (regredire), irreg., intr., agredir
- **Regressar** (ritornare, tornare), reg., intr., cantar
- **Regulamentar** (regolamentare), reg., tr., cantar
- **Regularizar**, (regolarizzare, regolare), reg., tr., cantar
- **Regurgitar** (rigurgitare, traboccare), reg., tr. e intr., cantar
- **Reimprimir** (ristampare, rimprimere), reg., tr., partir
- **Reinar** (regnare, dominare), reg., intr., cantar
- **Reiniciar** (ricominciare), reg., tr., cantar
- **Reintegrar** (reintegrare), reg., tr., cantar

- **Reinvestir** (reinvestire), irreg., tr. e intr., sentir
- **Reiterar** (reiterare), reg., tr., cantar
- **Reivindicar** (rivendicare, ricuperare), reg., tr., brincar
- **Rejeitar** (respingere, rifiutare), reg., tr., cantar
- **Rejuvenescer** (ringiovanire), reg., tr., intr., refl., conhecer
- **Relacionar** (riferire, relazionare, enumerare, ricollegarsi, essere in rapporto), reg., tr. e refl., cantar
- **Relampaguear** (lampeggiare), defec., intr., passear
- **Relampejar** (–> **relampaguear**), defec., intr., cantar
- **Relatar** (riferire, riportare, narrare, fare la cronaca, menzionare), reg., tr., cantar
- **Relaxar** (allentare, rilassare, distendere, esentare, perdonare), reg., tr., intr., refl., cantar
- **Relegar** (confinare, relegare), reg., tr., alugar
- **Relembrar** (ricordare), reg., tr., cantar
- **Reler** (rileggere), irreg., tr., ler
- **Reluzir** (rilucere, brillare, luccicare), reg., intr., produzir
- **Remarcar** (rimarcare, marcare), reg., tr., brincar
- **Rematar** (finire, concludere), reg., tr. e intr., cantar
- **Remediar** (rimediare, riparare), irreg., tr. e refl., incendiar
- **Rememorar** (rammentare, ricordare), reg., tr., cantar
- **Remendar** (rammendare, rattoppare), reg., tr., cantar
- **Remeter** (inviare, spedire, mandare, rimandare, affidarsi), reg., tr., intr., refl., vender
- **Remexer** (rimuovere, muovere, agitare, rimescolare, frugare), reg., tr. e refl., vender
- **Remitir** (rimettere, perdonare, allentare), reg., tr. e intr., partir
- **Remunerar** (remunerare, compensare), reg., tr., cantar
- **Renascer** (rinascere, risorgere), reg., intr., conhecer
- **Render** (sottomettere, soggiogare, sostituire, rendere, produrre), reg., tr., intr., refl., vender
- **Renegar** (rinnegare, abiurare), reg., tr. e intr., alugar
- **Renovar** (rinnovare, rinvigorire), reg., tr. e intr., cantar
- **Renunciar** (rinunziare, rifiutare), reg., tr. e intr., cantar
- **Reordenar** (riordinare), reg., tr., cantar
- **Reorganizar** (riorganizzare), reg., tr., cantar
- **Repagar** (ripagare), reg., tr., alugar
- **Reparar** (riparare, accomodare, aggiustare, rimediare, recuperare, fare attenzione, badare), reg., tr. e intr., cantar
- **Repartir** (ripartire, distribuire, dividere, separare), reg., tr., partir
- **Repassar** (ripassare, rivedere, ripetere), reg., tr. e intr., cantar
- **Repelir** (respingere, repellere), irreg., tr., mentir
- **Repensar** (riesaminare, ripensare), reg., tr. e intr., cantar
- **Repetir** (ripetere, riflettere), irreg., tr. e refl., mentir
- **Replicar** (replicare, ribattere, rispondere), reg., tr., intr., refl., brincar
- **Repor** (rimettere, riporre), irreg., tr. pôr
- **Repousar** (riposare, tranquillizzare), reg., tr. e intr., cantar
- **Reprimir** (reprimere, contenersi), reg., tr., partir
- **Reproduzir** (riprodurre, imitare, copiare), reg., tr. e refl., produzir
- **Reprovar** (rimproverare, riprovare), reg., tr., cantar
- **Repugnar** (ripugnare, rifiutare) reg., tr. e intr., cantar
- **Repulsar** (respingere, rifiutare), reg., tr., cantar
- **Reputar** (reputare, ritenere, stimare), reg., tr., cantar
- **Requerer** (richiedere, domandare), irreg., tr. requerer
- **Requintar** (raffinare, raffinarsi), reg., tr., intr., refl., cantar
- **Reservar** (riservare, serbare, prenotare), reg., tr. e refl., cantar
- **Resfolegar** (fiatare, respirare, sbuffare, soffiare), reg., tr. e intr., alugar
- **Resfriar** (raffreddare, raffreddarsi), reg., tr., intr., refl., cantar
- **Resgatar** (riscattare, redimere), reg., tr., cantar
- **Resguardar** (conservare, custodire, riparare, proteggere, vigilare), reg., tr., intr., refl., cantar
- **Residir** (risiedere, stare), reg., intr., partir
- **Resignar** (rassegnare, rinunziare), reg., tr. e refl., cantar
- **Resistir** (resistere), reg., intr., partir
- **Resmungar** (brontolare, borbottare), reg., intr., alugar
- **Revolver** (risolvere, scomporre, decidersi), reg., tr., intr., refl., vender

- **Respeitar** (rispettare, riguardare), reg., tr. e intr., cantar
- **Respirar** (respirare), reg., tr., cantar
- **Resplandecer** (risplendere, rifulgire), reg., intr., conhecer
- **Responder** (rispondere), reg., tr. e intr., vender
- **Responsabilizar** (responsabilizzare), reg., tr. e refl., cantar
- **Ressaltar** (risaltare, spiccare), reg., tr. e intr., cantar
- **Ressarcir** (risarcire, rifarsi), reg., tr. e refl., partir
- **Ressurgir** (risorgere, riapparire), reg., intr., agir
- **Ressuscitar** (risuscitare, risorgere), reg., tr. e intr., cantar
- **Restabelecer** (ristabilire, ripristinare), reg., tr. e refl., conhecer
- **Restar** (restare, rimanere, avanzare), reg., tr. e intr., cantar
- **Restaurar** (restaurare, ristorare), reg., tr. e refl., cantar
- **Restituir** (restituire, recuperare), irreg., tr. e refl., poluir
- **Restringir** (limitare, ridurre, restringere), reg., tr., agir
- **Resultar** (risultare, derivare), reg., intr., cantar
- **Resumir** (riassumere, riepilogare, ridurre, concentrare), reg., tr., intr., refl., partir
- **Retalhar** (ritagliare, spezzettare), reg., tr., cantar
- **Retardar** (ritardare, differire, tardare, rallentare), reg., tr., intr., refl., cantar
- **Reter** (ricordare, trattenere, fermare), irreg., tr. ter
- **Retificar** (rettificare), reg., tr., brincar
- **Retirar** (ritirare, ritrarre), reg., tr. e refl., cantar
- **Retocar** (ritoccare, modificare), reg., tr., brincar
- **Retomar** (riprendere, riconquistare), reg., tr., cantar
- **Retorcer** (ritorcere, storcere), reg., tr. e refl., conhecer
- **Retornar** (ritornare, rimandare), reg., tr. e intr., cantar
- **Retorquir** (ritorcere, ribattere, replicare), defec., tr. e intr., poluir
- **Retrair** (ritrarre, ritirare, impedire), irreg., tr. e refl., sair
- **Retratar** (ritrattare), reg., tr. e refl., cantar
- **Retribuir** (retribuire, ricompensare), irreg., tr., poluir
- **Retroceder** (retrocedere, arretrare), reg., tr. e intr., vender
- **Reunir** (riunire, radunare), reg., tr., intr., refl., partir
- **Revelar** (rivelare, svelare, sviluppare, manifestarsi), reg., tr., intr., refl., cantar
- **Rever** (rivedere, specchiarsi, dilettarsi, stillare, manifestarsi), irreg., tr., intr., refl., ver
- **Reverenciar** (riverire, onorare), reg., tr., cantar
- **Reversar** (rovesciare, vomitare), reg., tr. e intr., cantar
- **Reverter** (ritornare, diventare), reg., intr., vender
- **Revestir** (indossare, rivestire, ricoprire), irreg., tr. e refl., mentir
- **Reviver** (rivivere), reg., intr., vender
- **Revocar** (revocare, annullare), reg., tr., brincar
- **Revoltar** (rivoltare, ribellare, disgustare), reg., tr., intr., refl., cantar
- **Revolucionar** (rivoluzionare, sconvolgere), reg., tr., cantar
- **Revolver** (girare, rigirare, rivoltare, mischiare, sollevare, agitare), reg., tr. e refl., vender
- **Rezar** (pregare, dire, riferire), reg., tr. e intr., cantar
- **Ridicularizar** (ridicolizzare), reg., tr., cantar
- **Rimar** (rimare, fare rima), reg., tr. e intr., cantar
- **Rir** (ridere, stracciarsi, burlarsi), irreg., intr., rir
- **Riscar** (rigare, graffiare, cancellare, abbozzare, svanire), reg., tr., intr., refl., brincar
- **Rivalizar** (rivaleggiare, competere), reg., tr. e intr., cantar
- **Rodar** (girare, ruotare, vagare), reg., tr. e intr., cantar
- **Rodopiar** (volteggiare, roteare, girare), reg., intr., cantar
- **Roer** (rodere, rosicchiare, corrodere), irreg., tr. e intr., moer
- **Rogar** (chiedere, supplicare), reg., tr. e intr., alugar
- **Rojar** (trascinare, lanciare), reg., tr. e intr., cantar
- **Romancear** (romanzare, romanzeggiare), irreg., tr. e intr., passear
- **Romper** (rompere, troncare, logorare), reg., tr. e intr., vender
- **Rosnar** (ringhiare, brontolare, borbottare), defec., tr., intr., refl., cantar
- **Rotar** (rotare, girare), reg., intr., cantar
- **Roubar** (rubare, rapire), reg., tr. e refl., cantar
- **Ruir** (crollare, franare, cadere), irreg., intr., poluir

- **Ruminar** (ruminare, rimuginare), reg., tr. e intr., cantar
- **Rumorejar** (rumoreggiare, sussurrarereg., intr., cantar
- **Saber** (sapere), irreg., tr. e intr., saber
- **Saborear** (insaporire, condire, assaporare, gustare), irreg., tr. e refl., passear
- **Sabotar** (sabotare), reg., tr., cantar
- **Sacar** (estrarre, strappare, emettere, tirar fuori), reg., tr. e intr., brincar
- **Sacramentar** (sacramentare, consacrare, confessare), reg., tr. e refl., cantar
- **Sacrificar** (sacrificare, sacrificarsi), reg., tr., intr., refl., brincar
- **Sacudir** (scuotere, scrollare, agitare), irreg., tr. subir
- **Safar** (estrarre, cavare, sgomberare, logorare, rubare, cancellare), reg., tr. e refl., cantar
- **Sair** (uscire, provenire, risultare, spuntare, cavarsela), irreg., intr., sair
- **Saldar** (saldare), reg., tr., cantar
- **Salgar** (salare, vendere caro), reg., tr., alugar
- **Salientar** (risaltare, emergere, mettere in evidenza), reg., tr. e refl., cantar
- **Salivar** (salivare, sputare), reg., intr., cantar
- **Salpicar** (spruzzare, schizzare), reg., tr., brincar
- **Saltar** (saltare, balzare, esplodere), reg., tr. e intr., cantar
- **Saltear** (ássalire, attaccare, saltare), irreg., tr. passear
- **Saludar** (guarire atraverso preghiere), reg., tr., cantar
- **Salvaguardar** (salvaguardare, tutelarereg., tr., cantar
- **Salvar** (salvare, giustificare, rifugiarsi), reg., tr., intr., refl., cantar
- **Sanar** (sanare, guarire, rimediare), reg., tr. e intr., cantar
- **Sancionar** (sancire, sanzionare), reg., tr., cantar
- **Sangrar** (sanguinare, salassare), reg., tr. e intr., cantar
- **Santificar** (santificare, consacrare), reg., tr., brincar
- **Sapatear** (pestare, scalpitare, ballare lo zapateado), irreg., intr., passear
- **Saquear** (saccheggiare, devastare), irreg., tr. passear
- **Saraivar** (grandinare, devastare), defec., tr. e intr., cantar
- **Sarapintar** (screziare, variegare), reg., tr., cantar
- **Sarar** (sanare, guarire), reg., tr. e intr., cantar
- **Satisfazer** (soddisfare, saziarsi), irreg., tr., intr., refl., fazer
- **Saturar** (saturare, saziare), reg., tr., cantar
- **Saudar** (salutare, felicitare), reg., tr., cantar
- **Sazonar** (maturare, stagionare), reg., tr., intr., refl., cantar
- **Secar** (seccare, essiccare, asciugare, appassire), reg., tr., intr., refl., brincar
- **Seccionar** (sezionare, suddividere), reg., tr., cantar
- **Sedar** (sedare, calmare, placare), reg., tr., cantar
- **Seduzir** (sedurre, lusingare, affascinare), reg., tr. produzir
- **Segar** (falciare, segare, tagliare), reg., tr., alugar
- **Segredar** (dire segreti, sussurrare), reg., tr. e intr., cantar
- **Segregar** (segregare, secernere), reg., tr. e refl., alugar
- **Seguir** (seguire), irreg., tr., intr., refl., seguir
- **Segurar** (reggere, tenere, sostenere, sorreggere, fissare, assicurare), reg., tr. e refl., cantar
- **Selecionar** (selezionare, scegliere), reg., tr., cantar
- **Semear** (seminare, propagare, spargere, diffondere), irreg., tr. passear
- **Semelhar** (somigliare, sembrare, imitare), reg., tr., intr., refl., cantar
- **Sensibilizar** (sensibilizzare), reg., tr. e refl., cantar
- **Sentar** (sedersi) (–> **assentar**), reg., tr. e refl., cantar
- **Sentenciar** (sentenziare, giudicare), reg., tr. e intr., cantar
- **Sentimentalizar** (rendere sentimentale), reg., tr., cantar
- **Sentir** (sentire, dispiacere, rincrescere, sentirsi), irreg., tr., intr., refl., mentir
- **Separar** (separare, dividere), reg., tr. e refl., cantar
- **Sepultar** (seppellire), reg., tr., cantar
- **Sequestrar** (sequestrare), reg., tr., cantar
- **Ser** (essere), irreg., /auxiliarintr., ser
- **Seringar** (siringare, seccare), reg., tr., alugar
- **Serpentear** (–> **serpear**), irreg., intr., passear
- **Servir** (servire, adoperare, usare), irreg., tr., intr., refl., mentir
- **Sibilar** (sibilare, fischiare), reg., intr., cantar

- **Sigilar** (sigillare), reg., tr., cantar
- **Significar** (significare, voler dire), reg., tr., brincar
- **Silabar** (sillabare), reg., tr. e intr., cantar
- **Silenciar** (silenziare, tacere, imporre silenzio), reg., tr., intr., refl., cantar
- **Simbolizar** (simboleggiare, simbolizzare, parlare), reg., tr. e intr., cantar
- **Simpatizar** (simpatizzare), reg., intr., cantar
- **Simplificar** (semplificare), reg., tr., brincar
- **Simular** (simulare, fingere), reg., tr., cantar
- **Sincretizar** (riunire, amalgamare), reg., tr., cantar
- **Sindicalizar** (organizzare/iscriversi a un sindacato), reg., tr. e refl., cantar
- **Sindicar** (sindacare), reg., tr. e intr., brincar
- **Singularizar** (singolarizzare, rendere singolare, emergere), reg., tr. e refl., cantar
- **Sintetizar** (sintetizzare), reg., tr., cantar
- **Sistematizar** (sistemare), reg., tr., cantar
- **Sitiar** (assediare), reg., tr., cantar
- **Situar** (situare, esporre, ambientare, collocare), reg., tr., cantar
- **Soalhar** (pavimentare, divulgare, agitare i sonagli), reg., tr., cantar
- **Soar** (suonare, cantare), reg., tr. e intr., magoar
- **Sobalçar** (alzare molto, esaltare), reg., tr. dançar
- **Sobrar** (restare, avanzare), reg., intr., cantar
- **Sobrelevar** (soprelevare, eccedere, superare), reg., tr. e intr., cantar
- **Sobrenomear** (–> **cognominar**), irreg., tr. passear
- **Sobrepor** (sovrapporre), irreg., tr. e refl., pôr
- **Sobressair** (risaltare, spiccare, sporgere), irreg., intr., sair
- **Sobressaltar** (assalire, spaventare, saltare, attraversare, sobbalzare), reg., tr. e refl., cantar
- **Sobrevir** (sopravvenire), irreg., intr., vir
- **Sobreviver** (sopravvivere), reg., intr., vender
- **Socar** (cazzottare, calcare, stringere, impastare), reg., tr. e intr., brincar
- **Socializar** (socializzare), reg., tr., cantar
- **Socorrer** (soccorrere), reg., tr. e refl., vender
- **Sofisticar** (sofisticare, adulterare), reg., tr., brincar
- **Sofrer** (soffrire, patire, sopportare), reg., tr. e intr., vender
- **Soldar** (saldare, unire, cicatrizzare), reg., tr., intr., refl., cantar
- **Solicitar** (sollecitare, chiedere, pregare), reg., tr. e intr., cantar
- **Solidarizar** (rendere solidale, solidalizzare), reg., tr. e refl., cantar
- **Solidificar** (solidificare, consolidare), reg., tr. e refl., brincar
- **Soltar** (sciogliere, liberare, pronunziare, risolvere, correre), reg., tr., intr., refl., cantar
- **Soluçar** (singhiozzare, ruggire), reg., tr. e intr., dançar
- **Solucionar** (risolvere), reg., tr., cantar
- **Solver** (risolvere, dissolvere ,liquidare), reg., tr., vender
- **Somar** (sommare, riassumere), reg., tr. e intr., cantar
- **Sombrear** (ombreggiare, ombrare), irreg., tr. passear
- **Sondar** (sondare, specillare), reg., tr., cantar
- **Sonhar** (sognare), reg., tr. e intr., sonhar
- **Sopesar** (soppesare, equilibrarsi), reg., tr. e refl., cantar
- **Soprar** (soffiare, tirare, sbuffare), reg., tr. e intr., cantar
- **Sorrir** (sorridere, arridere), irreg., tr. e intr., rir
- **Sortear** (sorteggiare, assortire), irreg., tr. passear
- **Sorver** (sorbire, sorseggiare, succhiare), reg., tr. e refl., vender
- **Sossegar** (calmare, tranquillizzare, acquietare, addormentarsi), reg., tr., intr., refl., alugar
- **Soterrar** (sotterrare), reg., tr., cantar
- **Sotopor** (sottoporre, sottomettersi), irreg., tr. pôr
- **Soverter** (sovvertire, corrompere), reg., tr., vender
- **Suar** (sudare), reg., tr. e intr., cantar
- **Suavizar** (addolcire, lenire, mitigare), reg., tr., cantar
- **Subalternar** (subalternare, darsi il cambio), reg., tr., intr., refl., cantar
- **Subentender** (sottintendere), reg., tr., vender
- **Subir** (salire, montare), irreg., tr. e intr., subir
- **Subjugar** (soggiogare), reg., tr., alugar

- **Sublevar** (sollevare, sommuovere), reg., tr. e refl., cantar
- **Sublimar** (sublimare), reg., tr. e refl., cantar
- **Sublinhar** (sottolineare), reg., tr., cantar
- **Submergir** (sommergere), reg., tr. e refl., agir
- **Submeter** (sottomettere, sottoporre), reg., tr. e refl., vender
- **Subordinar** (subordinare, limitarsi), reg., tr. e refl., cantar
- **Subornar** (subornare, corrompere), reg., tr., cantar
- **Subpor** (sottoporre), irreg., tr. pôr
- **Subscrever** (sottoscrivere, firmare, aderire), reg., tr., intr., refl., vender
- **Subseguir** (susseguire) reg., tr. distinguir
- **Subsidiar** (sovvenzionare, aiutare), reg., tr., cantar
- **Subsistir** (sussistere, rimanere), reg., intr., partir
- **Substanciar** (nutrire di cibi sostanziosi, fortificare), reg., tr., cantar
- **Substituir** (sostituire), irreg., tr. e refl., poluir
- **Subtender** (sottendere), reg., tr., vender
- **Subtrair** (sottrarre, rubare), irreg., tr. e refl., sair
- **Sucumbir** (soccombere, cedere), reg., intr., partir
- **Sufocar** (soffocare, asfissiare), reg., tr., intr., refl., brincar
- **Sufragar** (suffragare, approvare), reg., tr., alugar
- **Sugerir** (suggerire), irreg., tr., mentir
- **Sugestionar** (suggestionare), reg., tr. e refl., cantar
- **Sujar** (sporcare, insudiciare, insozzare, defecare), reg., tr., intr., refl., cantar
- **Sujeitar** (assoggettare, assicurare, fissare), reg., tr. e refl., cantar
- **Sumir** (sparire, scomparire, nascondere, assorbire, fuggire), irreg., tr. e refl., subir
- **Superar** (superare), reg., tr., cantar
- **Superiorizar** (rendere superiore, distinguere), reg., tr. e refl., cantar
- **Superlativar** (rendere superlativo), reg., tr., cantar
- **Suplantar** (soppiantare, pestare), reg., tr., cantar
- **Suplicar** (supplicare), reg., tr., brincar
- **Supliciar** (suppliziare, torturare), reg., tr., cantar
- **Supor** (supporre, immaginare), irreg., tr. pôr
- **Suportar** (sopportare, sostenere, reggere, tollerare), reg., tr., cantar
- **Suprimir** (sopprimere), reg., tr., partir
- **Suprir** (sopperire, supplire, sostituire), reg., tr. e intr., partir
- **Surdinar** (mormorare), reg., intr., cantar
- **Surgir** (sorgere, apparire, spuntare, approdare), reg., intr., agir
- **Surpreender** (sorprendere, stupire), reg., tr. e refl., vender
- **Surrar** (picchiare, pestare, conciare), reg., tr. e refl., cantar
- **Surtir** (sortire, produrre, fare, ottenere, riuscire), reg., tr. e intr., partir
- **Suscitar** (suscitare), reg., tr. e refl., cantar
- **Suspeitar** (sospettare), reg., tr. e intr., cantar
- **Suspender** (sospendere, appendere, interrompere, squalificare), reg., tr. e refl., vender
- **Suspirar** (sospirare), reg., tr. e intr., cantar
- **Sussurrar** (sussurrare), reg., tr. e intr., cantar
- **Sustar** (fermare, sospendere), reg., tr. e intr., cantar
- **Sustentar** (sostenere, reggere, difendere, mantenere, alimentarsi), reg., tr. e refl., cantar
- **Suster** (sostenere, reggere, mantenere), irreg., tr. e refl., ter
- **Tachar** (fissare con puntine, trovare difetti, criticare), reg., tr. e refl., cantar
- **Tactear** (tastare, palpare, toccare), irreg., tr. passear
- **Talhar** (tagliare, intagliare, incidere, fendere, adattare), reg., tr., intr., refl., cantar
- **Tanger** (suonare, pungolare, tangere, riguardare), reg., tr. e intr., proteger
- **Tapar** (tappare, chiudere, ostruire), reg., tr. e refl., cantar
- **Tapear** (ingannare), irreg., tr. passear
- **Tardar** (ritardare, tardare, indugiare), reg., tr. e intr., cantar
- **Tarefar** (dare /fare compiti), reg., tr., cantar
- **Tarjar** (fregiare, orlare, listare), reg., tr., cantar
- **Tascar** (scotolare, scapecchiare, gramolare, masticare, mordere), reg., tr., brincar
- **Tasquinhar** (scotolare, mangiare), reg., tr. e intr., cantar
- **Taxar** (tassare, tacciare), reg., tr. e refl., cantar

- **Tecer** (tessere, tramare, macchinare), reg., tr., intr., refl., conhecer
- **Teimar** (intestardirsi, ostinarsi), reg., tr. e intr., cantar
- **Telefonar** (telefonare), reg., tr. e intr., cantar
- **Temer** (temere, avere paura), reg., tr., vender
- **Temperar** (condire, temprare, temperare, moderarsi), reg., tr., cantar
- **Temporejar** (nascere o apparire allo stesso tempo), reg., intr., cantar
- **Tencionar** (intendere, avere l'intenzione), reg., tr. e intr., cantar
- **Tender** (stendere, tendere, inclinare), reg., tr. e intr., vender
- **Tentar** (tentare, sedurre), reg., tr., intr., refl., cantar
- **Ter** (avere, tenere), irreg., /auxiliartr. e refl., ter
- **Tergiversar** (tergiversare), reg., intr., cantar
- **Terminar** (terminare, finire), reg., tr. e intr., cantar
- **Terrificar** (terrificare, atterrire), reg., tr. e intr., brincar
- **Tesourar** (sforbiciare, tagliare), reg., tr., cantar
- **Testar** (lasciare per testamento, sottoporre a un test, collaudare), reg., tr. e intr., cantar
- **Testemunhar** (testimoniare, manifestare, affermare), reg., tr. e intr., sonhar
- **Tilintar** (tintinnare), reg., intr., cantar
- **Timbrar** (bollare, timbrare, qualificare, vantarsi), reg., tr. e intr., cantar
- **Tingir** (tingere, colorare), reg., tr. e refl., agir
- **Tiranizar** (tiranneggiare), reg., tr., cantar
- **Tirar** (tirare, trarre, estrarre, cavare), reg., tr., intr., refl., cantar
- **Tiritar** (tremare, battere i denti), reg., intr., cantar
- **Tirocinar** (fare il tirocinio), reg., intr., cantar
- **Titubear** (titubare, vacillare), irreg., intr., passear
- **Titular** (intitolare), reg., tr., cantar
- **Tocaiar** (tendere un agguato), reg., intr., cantar
- **Tocar** (toccare, colpire, riguardare, spettare, suonare), reg., tr., intr., refl., brincar
- **Toldar** (coprire con telone, offuscare, intorbidarsi), reg., tr. e refl., cantar
- **Tolerar** (tollerare), reg., tr., cantar
- **Tomar** (prendere, incamminarsi, bere), reg., tr., intr., refl., cantar
- **Tombar** (revesciare, abbattere, cadere), reg., tr., intr., refl., cantar
- **Tonificar** (tonificare, rinvigorire), reg., tr., brincar
- **Tontear** (avere delle vertigini, intontire), irreg., intr., passear
- **Topar** (incontrare, trovare, imbattersi, incimapare), reg., tr., intr., refl., cantar
- **Torcer** (torcere, deviare, arrendersi, tifare), reg., tr., intr., refl., conhecer
- **Tornar** (tornare, rendere, ripetere, ritornare, fare di nuovo), reg., tr., intr., refl., cantar
- **Torrar** (tostare, torrefare, bruciare), reg., tr., cantar
- **Torturar** (torturare, tormentare), reg., tr. e refl., cantar
- **Tosar** (tosare, cimare, picchiare), reg., tr., cantar
- **Tossir** (tossire), irreg., tr. e intr., cobrir
- **Tostar** (tostare, abbrustolire, abbronzare), reg., tr., cantar
- **Trabalhar** (lavorare), reg., tr. e intr., cantar
- **Traçar** (tracciare, delineare, tramare, ordire), reg., tr., intr., refl., dançar
- **Traduzir** (tradurre), reg., tr. e refl., produzir
- **Trafegar** (trafficare, commerciare), reg., intr., alugar
- **Traficar** (trafficare, imbrogliare), reg., tr. e intr., brincar
- **Tragar** (trangugiare, tracannare, ingoiare, aspirare), reg., tr., alugar
- **Trair** (tradire, tradirsi), irreg., tr. e refl., sair
- **Trajar** (vestire, vestirsi), reg., tr., cantar
- **Tramar** (tramare, ordire, tessere, combinare), reg., tr., intr., refl., cantar
- **Tramontar** (tramontare), reg., tr., cantar
- **Trancar** (sprangare, terminare, chiudersi), reg., tr. e refl., brincar
- **Trançar** (intrecciare), reg., tr. dançar
- **Tranquilizar** (tranquillizzare), reg., tr., cantar
- **Transcender** (trascendere), reg., tr. e intr., vender
- **Transcorrer** (trascorrere, decorrere), reg., intr., vender
- **Transcrever** (trascrivere), reg., tr., vender
- **Transferir** (trasferire, rimandare), irreg., tr. sentir
- **Transfigurar** (trasfigurare), reg., tr., cantar

- **Transformar** (trasformare), reg., tr. e refl., cantar
- **Transgredir** (trasgredire), irreg., tr., agredir
- **Transigir** (transigere), reg., tr. e intr., agir
- **Transitar** (transitare, passare, percorrere), reg., intr., cantar
- **Transluzir** (tralucere, trasparire, rivelarsi), reg., tr., intr., refl., produzir
- **Transmitir** (trasmettere), reg., tr., partir
- **Transparecer** (trasparire, trapelare), reg., intr., conhecer
- **Transparentar** (rendere trasparente), reg., tr., cantar
- **Transpassar** (–> **trespassar**), reg., tr., cantar
- **Transpirar** (traspirare, sudare), reg., tr. e intr., cantar
- **Transplantar** (trapiantare), reg., tr., cantar
- **Transpor** (trasporre, superare), irreg., tr. pôr
- **Transportar** (trasportare, trasferire), reg., tr. e refl., cantar
- **Tratar** (trattare, negoziare, curare, medicare), reg., tr., intr., refl., cantar
- **Travar** (unire, legare, impastoiare, intavolare, frenare, afferrare), reg., tr., intr., refl., cantar
- **Travestir-se** (travestirsi), irreg., refl., mentir
- **Trazer** (portare, condurre, recare), irreg., tr. trazer
- **Treinar** (allenare, addestrare), reg., tr. e refl., cantar
- **Tremer** (tremare, agitare), reg., tr. e intr., vender
- **Tremular** (tremolare, sventolare, agitare), reg., tr. e refl., cantar
- **Trepar** (arrampicarsi, inerpicarsi), reg., tr. e intr., cantar
- **Trepidar** (trepidare, esitare), reg., intr., cantar
- **Tresloucar** (far impazzire), reg., tr. e intr., brincar
- **Trespassar** (attraversare, oltrepassare, trapassare, violare), reg., tr., cantar
- **Trilhar** (trebbiare, frantumare, battere, calcare, seguire), reg., tr., cantar
- **Trinchar** (trinciare, tagliare), reg., tr., cantar
- **Triturar** (tritare, triturare), reg., tr., cantar
- **Triunfar** (trionfare, vincere,superare), reg., tr. e intr., cantar
- **Trocar** (scambiare, cambiare, permutare), reg., tr. e refl., brincar
- **Troçar** (prendere in giro, canzonare), reg., tr. dançar
- **Tropear** (pestare, battere i piedi, scalpitare), irreg., intr., passear
- **Tropeçar** (inciampare, intoppare), reg., intr., dançar
- **Trovar** (poetare, comporre), reg., tr. e intr., cantar
- **Trovejar** (tonare, tuonare), defec., tr. e intr., cantar
- **Tufar** (gonfiare, gonfiarsi), reg., tr., intr., refl., cantar
- **Tumefazer** (tumefare, gonfiare), irreg., tr., fazer
- **Turbar** (intorbidare, turbare), reg., tr., cantar
- **Turgir** (rendere turgido), reg., tr. e intr., agir
- **Tutelar** (tutelare, proteggere), reg., tr., cantar
- **Ulcerar** (ulcerare/-rsi, esacerbare/-rsi, affliggere, alterare), reg., tr., intr., refl., cantar
- **Ultimar** (ultimare, concludere, finire), reg., tr., cantar
- **Ultrajar** (oltraggiare, recare oltraggio), reg., tr., cantar
- **Ultrapassar** (superare, oltrepassare, sorpassare), reg., tr., cantar
- **Umectar** (umettare, inumidire), reg., tr., cantar
- **Umedecer** (inumidire, umettare), reg., tr. conhecer
- **Unanimar** (rendere unanime, mettere d'accordo), reg., tr., cantar
- **Ungir** (ungere, consacrare, ungersi), reg., tr. e refl., agir
- **Unhar** (graffiare, propagginare), reg., tr. e intr., cantar
- **Unificar** (unificare), reg., tr., brincar
- **Uniformar** (uniformare, diventare uniforme, vestire l'uniforme), reg., tr. e refl., cantar
- **Unir** (unire, congiungere, unirsi, congiungersi), reg., tr., intr., refl., partir
- **Urdir** (ordire, tramare), reg., tr., partir
- **Urgir** (urgere, incalzare, premere), reg., tr. e intr., agir
- **Urrar** (urlare, ruggire), reg., tr. e intr., cantar
- **Usar** (usare, logorare, consumare, servirsi, usarsi), reg., tr., intr., refl., cantar
- **Usufruir** (usufruire), irreg., tr., poluir
- **Usurar** (prestare a usura), reg., intr., cantar
- **Utilizar** (utilizzare, adoperare, impiegare, essere utile, servirsi), reg., tr., intr., refl., cantar
- **Vacilar** (vacillare, essere perplesso, esitare), reg., intr., cantar

- **Vacinar** (vaccinare, immunizzare), reg., tr., cantar
- **Vadiar** (vagabondare, oziare, gironzolare), reg., intr., cantar
- **Vagabundar** (vagabundear), reg., intr., cantar
- **Vagar** (vacare, essere vacante, essere libero, restare, avanzare, mancare), reg., tr. e intr., alugar
- **Valer** (valere, procurare, valersi), irreg., tr., intr., refl., valer
- **Validar** (convalidare), reg., tr., cantar
- **Valorizar** (valorizzare), reg., tr., cantar
- **Vampirizar** (sfruttare, succhiare), reg., tr., cantar
- **Vangloriar** (rendere vanaglorioso, vanagloriarsi), reg., tr. e refl., cantar
- **Vanguejar** (vacillare, oscillare, scivolare), reg., intr., cantar
- **Vaporar** (evaporare, vaporare, svaporare), reg., tr. e intr., cantar
- **Varar** (bastonare, battere, trefiggere, attraversare, passare oltre, incagliare, uscire), reg., tr. e intr., cantar
- **Variar** (variare, mutare, declinare), reg., tr. e intr., cantar
- **Variegar** (variegare, screziare, variare), reg., tr., alugar
- **Varrer** (scopare, spazzare, dissiparsi, svanire, cancellarsi), reg., tr., intr., refl., vender
- **Vazar** (vuotare, svuotare, versare, sboccare, abbassarsi, uscire, versarsi), reg., tr., intr., refl., cantar
- **Vedar** (vietare, proibire, impedire, ostacolare, chiudere, murare, tappare), reg., tr. e intr., cantar
- **Vegetar** (vegetare), reg., tr. e intr., cantar
- **Veicular** (veicolare, trasportare), reg., tr., cantar
- **Velar** (velare,vegliare, velarsi, vigilare), reg., tr. e refl., cantar
- **Vencer** (vincere, percepire, guadagnare, dominarsi, scadere), reg., tr., intr., refl., conhecer
- **Vendar** (bendare, fasciare, accecare, offuscare, sconvolgere), reg., tr., cantar
- **Vender** (vendere, vendersi), reg., tr. e refl., vender
- **Venerar** (venerare), reg., tr., cantar
- **Ventar** (tirare vento, essere propizio, favorevole), defec., intr., cantar
- **Ventilar** (ventilare, discutere, dibattere), reg., tr., cantar
- **Ver** (vedere, fare visita, visitare, vedersi, guardarsi, trovarsi), irreg., tr. e intr., refl., ver
- **Veranear** (villeggiare), irreg., intr., passear
- **Verbalizar** (esporre verbalmente, esprimere con parole), reg., tr., cantar
- **Verberar** (fustigare, flagellare, frustare, condannare, rimproverare), reg., tr. e intr., cantar
- **Verdecer** (verdeggiare, rinverdire), reg., intr., conhecer
- **Verear** (amministrare, essere consiglire/assessore comunale), irreg., tr. e intr., passear
- **Vergar** (piegare, curvare, abbassare, piegarsi, curvarsi, abbassarsi), reg., tr. e intr., alugar
- **Verificar** (verificare, accertare, verificarsi), reg., tr. e refl., brincar
- **Versar** (maneggiare, sfogliare, voltare, vertere), reg., tr. e intr., cantar
- **Versejar** (verseggiare, comporre versi, mettere in versi), reg., tr. e intr., cantar
- **Versificar** (–> **versejar**), reg., tr. e intr., brincar
- **Verter** (colare, gocciolare, versare, rovesciare, tradurre, sorgere, nascere, sboccare, spandersi), reg., tr. e intr., conhecer
- **Vestir** (vestire, indossare, vestirsi), irreg., tr., intr., refl., mentir
- **Vexar** (vessare, angariare, offendere, umiliare), reg., tr., cantar
- **Viajar** (viaggiare, percorrere), reg., tr. e intr., cantar
- **Vibrar** (vibrare, brandire), reg., tr. e intr., cantar
- **Viçar** (–> **vicejar**), reg., tr. e intr., dançar
- **Vicejar** (verdeggiare, lussureggiare, essere rigoglioso, far crescere), reg., tr. e intr., cantar
- **Viciar** (viziare, corrompere, truccare, viziarsi, corrompersi), reg., tr. e refl., cantar